Primícias
com Deus

Este devocional pertence a:

_____

_____

DÊNIO LARA

DEVOCIONAL DIÁRIO

Primícias
com Deus

Consagre ao Senhor o primeiro momento do dia

sanktō

Copyright © 2024 por Dênio Lara

Todos os direitos desta publicação reservados à Maquinaria Sankto Editora e Distribuidora LTDA. Este livro segue o Novo Acordo Ortográfico de 1990.

É vedada a reprodução total ou parcial desta obra sem a prévia autorização, salvo como referência de pesquisa ou citação acompanhada da respectiva indicação. A violação dos direitos autorais é crime estabelecido na Lei n.9.610/98 e punido pelo artigo 194 do Código Penal.

Este texto é de responsabilidade do autor e não reflete necessariamente a opinião da Maquinaria Sankto Editora e Distribuidora LTDA.

Diretora-executiva
Renata Sturm

Diretor Financeiro
Guther Faggion

Diretor Comercial
Nilson Roberto da Silva

Administração
Alberto Balbino

Editor
Pedro Aranha

Direção de Arte
Rafael Bersi

Marketing e Comunicação
Matheus da Costa, Rafaela Blanco

DADOS INTERNACIONAIS DE CATALOGAÇÃO NA PUBLICAÇÃO (CIP)
ANGÉLICA ILACQUA – CRB-8/7057

LARA, Dênio
Primícias com Deus : consagre ao Senhor o primeiro momento do dia / Dênio Lara. -- São Paulo : Maquinaria Sankto Editora e Distribuidora Ltda, 2024.
384 p. ; il., color
ISBN 978-85-94484-55-0

1. Literatura devocional 2. Bíblia – Palavra de Deus 3. Vida cristã 4. Oração I. Título

24-4550   CDD 242

ÍNDICE PARA CATÁLOGO SISTEMÁTICO:
1. Literatura devocional

Rua Pedro de Toledo, 129 - Sala 104
Vila Clementino - São Paulo - SP - CEP: 04039-030
www.sankto.com.br

"**Busquem, em primeiro lugar, o reino de Deus e a sua justiça, e todas essas coisas lhes serão dadas.**"

Mateus 6:33

APRESENTAÇÃO

Dar ao Senhor o primeiro significa tê-lo como prioridade em nossas vidas.

Primiciar é entender quem governa em todas as áreas de nossa história. O próprio Jesus, na Nova Aliança, nos ensinou a colocar o Reino de Deus em primeiro lugar e permitir que as demais coisas nos serão acrescentadas (Mt 6:33). Tê-lo como primeiro não significa apenas que Ele vem antes de todas as outras coisas, significa que Ele se torna a base para todas as outras coisas.

Entenda primícias não só como as primeiras coisas, mas como a base de todas elas. Agora, tudo o que fazemos, falamos, movemos, possui como base o Senhor.

O desafio do devocional diário é levar você a entregar o primeiro tempo do seu dia a Deus, para que a construção de tudo o que for fazer seja o Senhor.

Ele é o seu Abba Pai e ama ter relacionamento com você. Sei que a recíproca é verdadeira, e que você também ama ter relacionamento com Ele. O ponto é que, muitas vezes, abrimos mão de dar o primeiro tempo e, no final, acabamos não dando nenhum tempo. Quantas vezes abrimos mão de ter um período de intimidade no início do dia e somos roubados por muitas atividades, não tendo nenhum momento de qualidade com o nosso Abba?

De forma prática, não creio que o problema de grande parte

dos cristãos seja falta de amor pela presença de Jesus, mas o probema está na falta de prioridade de dar as primícias de seu dia a Ele. Quero que entenda esse devocional como um desafio de começar o seu dia, de estabelecê-lo como base em sua vida, de colocar o seu coração no Senhor.

Você perceberá que os devocionais também acompanham o plano de leitura bíblica anual. Assim, lhe encorajo a começar o dia lendo o devocional, tendo um tempo de oração e fazendo o seu tempo de leitura bíblica.

COMO USAR SEU DEVOCIONAL

DATA

02
JANEIRO

TABERNÁCULO

"Não sabeis que sois santuário de Deus e que o Espírito de Deus habita em vós?" 1 Co 3:16

Deus mandou Moisés construir um tabernáculo no deserto, onde Ele haveria de habitar e receber os sacrifícios e a adoração do Seu povo. Esse tabernáculo possuía três partes: pátio, lugar santo e o santíssimo. Ao observar o tabernáculo, vemos muitos motivos pelos quais o povo de Deus O adorava (a beleza do tabernáculo, as experiências que estavam tendo no deserto, e principalmente a presença que se manifestava em forma de uma coluna de fogo a noite, e uma nuvem que provia sombra e os protegia na caminhada debaixo do sol escaldante no deserto durante o dia). Desde a vinda de Cristo, porém, já não precisamos mais de um tabernáculo para adorar a Deus, pois Ele nos constitui o Seu tabernáculo, a Sua morada. Aleluia! "Vós, porém, sois raça eleita, sacerdócio real, nação santa, povo de propriedade exclusiva de Deus, a fim de proclamardes as virtudes daquele que vos chamou das trevas para a sua maravilhosa luz" (1 Pe 2.9).

O sumo sacerdote da nação de Israel e os demais sacerdotes adoravam a Deus no tabernáculo, depois no templo de Salomão, em Jerusalém. Mas agora, você é o tabernáculo e o lugar santíssimo no qual adora a Deus. Você é o tabernáculo nos dias de hoje. Você é o templo do Espírito Santo!

ORAÇÃO DIÁRIA

Oração:
Senhor, eu te adoro porque Tu és o meu Deus. É maravilhoso poder te sentir próximo. Leva-me mais fundo nessa adoração. Amém.

Gênesis 5-8

DEVOCIONAL DO DIA COM
LEITURA BÍBLICA

O ALTAR DO HOLOCAUSTO

03
JANEIRO

"Com efeito, quase todas as coisas, segundo a lei, se purificam com sangue; e, sem derramamento de sangue, não há remissão." Hebreus 9:22

O Altar do Holocausto aponta para a cruz do calvário. No altar do holocausto, o propósito era não só estabelecer comunhão entre Deus e o homem, mas, antes, o "sacrifício" representava o princípio de que sem derramamento de sangue não há remissão, ou seja, perdão de pecados. No ato do sacrifício, o israelita fiel se submetia ao sacerdote que, de acordo com os vários regulamentos detalhados em Levítico, oferecia os sacrifícios conforme as expectativas de Deus. "Porque a vida da carne está no sangue. Eu vo-lo tenho dado sobre o altar, para fazer expiação pela vossa alma porquanto é o sangue que fará expiação em virtude da vida" (Lv 17:11).

Todas as ofertas representam o Senhor Jesus sacrificado na cruz do calvário. Representam o preço da "redenção" que Cristo pagou por nós na cruz. Então, no Altar do Holocausto, eu vejo a graça redentora de Cristo fluindo no meu interior e me lavando. Eu me vejo regenerado, perdoado, santificado, reconciliado com Deus, tendo Cristo habitando em meu coração, curado e ainda tenho a plenitude do Espírito Santo.

Oração: Como é maravilhoso, Senhor, te contemplar. O teu sangue me dá possibilidade de contemplar a tua glória na minha vida. Obrigado pelo que fez por mim, Jesus.

Gênesis 9-12

"Busque no Senhor a sua alegria, e ele lhe dará os desejos de seu coração."

Salmos 37:4

INTIMIDADE

"Então, foram sós no barco para um lugar solitário." Mc 6:32 – ARA

01 JANEIRO

Um momento de intimidade não deve acontecer em qualquer lugar. A intimidade envolve segredo, profundidade e afeto. É do âmago e familiar. Interessante essa passagem de Marcos. Os apóstolos, possivelmente, chegaram à presença de Jesus e prestaram contas acerca do desenvolvimento de seus ministérios. Levou-os a uma peixaria? Não. "Vinde repousar um pouco, à parte, num lugar deserto...". Uau! Deus ama a intimidade.

A Bíblia, de Gênesis a Apocalipse, trata de Deus querendo o homem perto de Si! Ele vinha no lar de Adão, o jardim, para ter com ele. Veio a Abraão. Veio libertar o povo do Egito. Veio a Moisés no Sinai. Veio habitar no meio do povo... Veio habitar entre nós, segundo o evangelho de João – "...o Verbo se fez carne e habitou entre nós..." (Jo 1.14). Não importa nosso nível de espiritualidade. Não importa nosso nível de autoridade. Não importa a posição em que servimos na igreja, no Corpo de Cristo, no Reino de Deus. Não importam os compromissos, responsabilidades e afazeres. Jesus não abre mão: Ele nos quer na Sua intimidade.

Oração: Pai querido, eu te amo e quero trabalhar para o Senhor sem renunciar à intimidade contigo. Ajuda-me a manter a disciplina em meio aos afazeres. Em Nome de Jesus. Amém

Gênesis 1-4

02
JANEIRO

TABERNÁCULO

"Não sabeis que sois santuário de Deus e que o Espírito de Deus habita em vós?" 1 Co 3:16

Deus mandou Moisés construir um tabernáculo no deserto, onde Ele haveria de habitar e receber os sacrifícios e a adoração do Seu povo. Esse tabernáculo possuía três partes: pátio, lugar santo e o santíssimo. Ao observar o tabernáculo, vemos muitos motivos pelos quais o povo de Deus O adorava (a beleza do tabernáculo, as experiências que estavam tendo no deserto, e principalmente a presença que se manifestava em forma de uma coluna de fogo a noite, e uma nuvem que provia sombra e os protegia na caminhada debaixo do sol escaldante no deserto durante o dia). Desde a vinda de Cristo, porém, já não precisamos mais de um tabernáculo para adorar a Deus, pois Ele nos constitui o Seu tabernáculo, a Sua morada. Aleluia! "Vós, porém, sois raça eleita, sacerdócio real, nação santa, povo de propriedade exclusiva de Deus, a fim de proclamardes as virtudes daquele que vos chamou das trevas para a sua maravilhosa luz" (1 Pe 2.9).

O sumo sacerdote da nação de Israel e os demais sacerdotes adoravam a Deus no tabernáculo, depois no templo de Salomão, em Jerusalém. Mas agora, você é o tabernáculo e o lugar santíssimo no qual adora a Deus. Você é o tabernáculo nos dias de hoje. Você é o templo do Espírito Santo!

Oração: Senhor, eu te adoro porque Tu és o meu Deus. É maravilhoso poder te sentir próximo. Leva-me mais fundo nessa adoração. Amém.

Gênesis 5-8

O ALTAR DO HOLOCAUSTO

03 JANEIRO

"Com efeito, quase todas as coisas, segundo a lei, se purificam com sangue; e, sem derramamento de sangue, não há remissão." Hebreus 9:22

O Altar do Holocausto aponta para a cruz do calvário. No altar do holocausto, o propósito era não só estabelecer comunhão entre Deus e o homem, mas, antes, o "sacrifício" representava o princípio de que sem derramamento de sangue não há remissão, ou seja, perdão de pecados. No ato do sacrifício, o israelita fiel se submetia ao sacerdote que, de acordo com os vários regulamentos detalhados em Levítico, oferecia os sacrifícios conforme as expectativas de Deus. "Porque a vida da carne está no sangue. Eu vo-lo tenho dado sobre o altar, para fazer expiação pela vossa alma porquanto é o sangue que fará expiação em virtude da vida" (Lv 17:11).

Todas as ofertas representam o Senhor Jesus sacrificado na cruz do calvário. Representam o preço da "redenção" que Cristo pagou por nós na cruz. Então, no Altar do Holocausto, eu vejo a graça redentora de Cristo fluindo no meu interior e me lavando. Eu me vejo regenerado, perdoado, santificado, reconciliado com Deus, tendo Cristo habitando em meu coração, curado e ainda tenho a plenitude do Espírito Santo.

Oração: Como é maravilhoso, Senhor, te contemplar. O teu sangue me dá possibilidade de contemplar a tua glória na minha vida. Obrigado pelo que fez por mim, Jesus.

Gênesis 9-12

A PIA DE BRONZE

04 JANEIRO

"Mas vindo a plenitude dos tempos, Deus enviou seu filho, nascido de mulher, nascido sob a lei, para remir os que estavam debaixo da lei, a fim de recebermos a adoção de filhos". Gálatas 4.4,5

Este era o lugar do pátio onde os sacerdotes lavavam as mãos, o rosto e os pés antes de entrar no lugar santo. Mãos apontam para atitudes e comportamentos; e pés apontam para caminhos. As atitudes e comportamentos de um sacerdote devem se alinhar aos princípios da Palavra de Deus. Os passos e caminhos do sacerdote devem ser dirigidos pelo Senhor. Na Nova Aliança, todos somos sacerdotes. Que privilégio! Aleluia! A Pia era feita de bronze polido para servir de espelho, de forma que o sacerdote via a sua própria imagem. Ao me achegar pela imaginação diante da Pia, eu vejo o meu coração, as minhas imperfeições, as minhas fragilidades, as minhas carnalidades, e agradeço ao Senhor Jesus porque Ele me redimiu da lei para que eu pudesse receber a adoção de filho, tornando-me tão justo quanto Ele mediante Sua obra consumada na cruz.

Deus é fiel por causa da perfeição do Seu caráter. Ele não depende da fidelidade humana para abençoar alguém, pois sabemos que não há perfeição no homem. Contudo, seja fiel a Ele e, quando você falhar, mude de vida e Ele o mudará.

Oração: Quando medito em tua Palavra, no mesmo instante em que te contemplo, vejo minhas limitações e defeitos. Sinto um misto de realidade humana e espiritual, meu eu e a Sua presença. E a Sua presença me transforma e me encoraja a não desistir e a acreditar que está me moldando à imagem de Jesus. Amém.

O CANDELABRO

"Farás também um candelabro de ouro puro; de ouro batido se fará este candelabro; o seu pedestal, a sua hástea, os seus cálices, as suas maçanetas e as suas flores formarão com ele uma só peça. Seis hásteas sairão dos seus lados: três de um lado e três do outro." Ex 25.31-33

O Candelabro era de ouro com três braços que se estendiam em cada lado do suporte central. Esse Candelabro simboliza, principalmente, o Espírito Santo. Sete pontas que significam os sete Espíritos de Deus: Espírito de sabedoria, de entendimento, de conselho, de poder, de conhecimento, de temor do Senhor e de santidade. Durante o Antigo Testamento, Deus Pai operou coordenando todas as coisas em unidade do Filho e do Espírito Santo. Já no Novo Testamento, o Filho Jesus veio para redimir o homem. Por fim, o Espírito Santo foi derramado no Dia de Pentecostes. Ele é uma das três pessoas da triunidade, tem o mesmo grau de divindade pertencentes ao Pai e ao Filho. O Espírito Santo, então, não é simplesmente "o fogo", "o vento", "a água" ou qualquer outro elemento. Esses são símbolos que apontam para Ele, referindo ao seu agir. Ele é uma pessoa dotada de plena perfeição, amor, bondade, misericórdia, graça. É a pessoa mais meiga, mansa, gentil, afetuosa e carinhosa que existe. Estamos vivendo a era do Espírito Santo desde que Ele se derramou no dia de Pentecostes, em Jerusalém. Eu e você somos a habitação do Espírito Santo, desde o momento em que nos convertemos ao senhorio de Cristo.

Oração: Obrigado, Espírito Santo, por ser um comigo. Obrigado pela tua comunhão comigo, pela companhia, pela ajuda, consolo, conforto, encorajamento. Obrigado, Deus Espírito Santo, pela tua amizade. Te amo, Senhor.

Gênesis 18-20

06 A MESA DOS PÃES
JANEIRO

"Respondendo-lhe Pedro, disse: se és tu, senhor, manda-me ir ter contigo, por sobre as águas. E ele disse: vem! E Pedro, descendo do barco, andou por sobre as águas e foi ter com Jesus". Mt 14.28,29

Olho para a direita e vejo a Mesa dos Pães, que são o símbolo da Palavra de Deus. É ali que digo: "Obrigado, Pai, pela Tua Palavra, de Gênesis a Apocalipse. Obrigado pelo Logos e obrigado também pelo Rhema!" Vou lhe dizer o que é tudo isso. Logos é a Palavra de Deus escrita. Rhema é a Palavra de Deus inspirada. Deus pega a Palavra escrita e a torna viva, Ele a inspira no seu coração como Palavra de Deus presente em você. Enquanto o Logos é a palavra "geral" de Deus, para toda a humanidade, Rhema é essa palavra aplicada de forma específica, para alguém específico, para uma situação específica.

Pedro recebeu uma palavra específica de Jesus, para uma situação específica – e podemos dizer que ele "andou sobre esta palavra que recebeu" – isso é Rhema. A palavra Rhema é a palavra da fé, e não simplesmente do conhecimento. O termo "palavra" no original grego da epístola aos Romanos em 10.17 é Rhema, que significa "revelação". Então, para a fé se mover e ter êxito, isso demanda necessariamente receber do Espírito Santo uma palavra inspirada, específica, viva, percebida e ouvida no coração, que gera fé com consequente resultado positivo e de vitória.

Oração: Deus, tua palavra é luz para o meu caminho. Continue a me revelar através da tua Rhema tuas direções específicas para mim. Em Nome de Jesus, Amém.

O ALTAR DO INCENSO

JANEIRO

"Farás também um altar para queimares nele o incenso; de madeira de acácia o farás." Êxodo 30.1

O Altar do Incenso se encontrava ainda no Lugar Santo, imediatamente antes do Santo dos Santos. Era feito de madeira de acácia, recoberto de ouro. Assim como o altar do holocausto, tinha chifres em suas quatro pontas. Neste altar se queimava incenso, que era um meio de purificação depois da matança dos animais, um sacrifício caro, e também uma oferta de cheiro agradável a Deus. Aqui, os sacerdotes queimavam incenso a Deus vinte e quatro horas por dia. A fumaça do incenso enchia o Lugar Santo. A oferta de sacrifício através do incenso ainda é oferecida hoje, mas de outra forma: é o louvor dos santos, isto é, dos verdadeiros cristãos!

Então, ali eu louvo ao Pai e digo: "Pai, tu és Onipotente, Onisciente, Onipresente. Eu creio em Ti e nunca vou escolher o medo, a dúvida ou a incredulidade. Vou escolher intencionalmente a fé. Eu escolho acreditar no Senhor, pois Tu és Todo Poderoso, o Deus que não conhece impossíveis e sempre está comigo. Aleluia!" Diante do Altar do Incenso eu louvo e exalto ao Senhor, oferecendo-Lhe a minha oração.

Oração: Diante de ti, ó Pai, eu me prostro e lhe ofereço a minha oração. A oração é o meio criado por ti para nos comunicarmos e não nos distanciarmos. É um prazer estar em tua presença. Obrigado pelo privilégio de poder orar a ti, em qualquer lugar, em qualquer tempo. Amém!

Gênesis 24-25

A ARCA DA ALIANÇA

"Aquele que não conheceu pecado, ele o fez pecado por nós; para que, nele, fôssemos feitos justiça de Deus." 2 Coríntios 5.21

Finalmente, abro a cortina e entro no "Lugar Santíssimo" ou também chamado "Santo dos Santos", diretamente na presença de Deus. Vejo diante de mim a Arca da Aliança, que era o ponto central da presença de Deus para Israel, com sua tampa de ouro chamada Propiciatório, e lá está o sangue do testamento. Uma vez por ano, o sumo sacerdote trazia o sangue de um animal e espalhava sobre o Propiciatório. Através desse sangue derramado sobre o Propiciatório, o povo recebia a redenção dos pecados, no chamado "Dia da Expiação".

Nesse momento, exalto e adoro ao Senhor porque a humanidade foi redimida dos seus pecados por esse sangue: o sangue da Nova Aliança. Por esse sangue, todos os seguidores de Cristo estão regenerados e justificados, e automaticamente capacitados para viverem e andarem na unidade do Espírito e no vínculo da paz! Jesus disse, na cruz, em João 19.30, "Está consumado". Em grego, essa expressão é tetelestai, que quer dizer "todas as dívidas foram pagas". Por esse sangue derramado, Jesus pagou a dívida de todos os nossos pecados passados, presentes e também futuros. Por ele, recebemos a justiça de Jesus Cristo.

Oração: Pai, hoje tenho livre acesso, pelo novo e vivo caminho, pelo sangue de Jesus. Eu entro na sala do trono e contemplo a beleza da tua majestade. Obrigado por me fazer participante da tua comunhão. Obrigado pela tua aliança de sangue. Amém.

RHEMA

"E, assim, a fé vem pela pregação, e a pregação, pela palavra de Cristo."
Rm 10:17

09 JANEIRO

Como receber do Espírito Santo a palavra Rhema? Esperando nele, em oração, paciente e perseverantemente, até que Ele fale. Há cerca de oito mil promessas de bênçãos na Bíblia. Todas são suas potencialmente, mas na prática, somente aquelas que o Espírito inspirar, vivificar em seu coração, é que se tornam Rhema. Para isso é necessário ouvir o Senhor, ter intimidade com Ele. É algo conquistado através de uma vida devocional diária e temor ao Senhor. O Espírito Santo toma a promessa em potencial e a inspira em seu coração, tornando-a específica para você. Às vezes o Rhema vem em uma hora de oração, às vezes em duas, em três, e assim por diante. É necessário esperar no Espírito Santo para que Logos se torne em Rhema.

Eu oro: "Ó Senhor, muito obrigado pelo Logos e pelo Rhema. Senhor, transforma em meu coração o Logos em Rhema". Rhema só existe quando se tem primeiro o conhecimento do Logos. Portanto, é responsabilidade de cada cristão estudar a Palavra de Deus para aprofundar o seu conhecimento do Logos, para então receber o Rhema do Espírito Santo.

Oração: Senhor, dá-me mais palavras Rhema. Dá-me espírito de sabedoria e de revelação. Dá-me sensibilidade e discernimento espiritual, para cada dia mais distinguir tua voz das demais, ser ousado e pronto para agir conforme o que o Senhor me fala. Em Nome de Jesus, amém!

Gênesis 29-31

10 JANEIRO

TETELESTAI

"Quando, pois, Jesus tomou o vinagre, disse: Está consumado! E, inclinando a cabeça, rendeu o espírito." Jo 19.30

Tetelestai: todas as dívidas estão pagas. Que sangue tremendo! Quando vejo esse sangue, vejo a justiça de Deus totalmente satisfeita e me vejo justo diante do Pai, com livre acesso à Sua presença, e, então, O adoro por isso. "Justificados, pois, mediante a fé, temos paz com Deus por meio de nosso Senhor Jesus Cristo; por intermédio de quem obtivemos igualmente acesso, pela fé, a esta graça na qual estamos firmes; e gloriamo-nos na esperança da glória de Deus." (Rm 5.1,2) "Sabendo, contudo, que o homem não é justificado por obras da lei, e sim mediante a fé em Cristo Jesus, também temos crido em Cristo Jesus, para que fôssemos justificados pela fé em Cristo e não por obras da lei, pois, por obras da lei, ninguém será justificado." (Gl 2.16). Olhando para o sangue de Jesus sobre o Propiciatório, vejo o diabo derrotado. Embora ele continue atuando no mundo, enganando as pessoas, rugindo como leão, ele simplesmente está blefando, pois já foi vencido na cruz.

Muitos cristãos têm sido enganados pelo diabo, vivendo com medo, cheios de dúvida e incredulidade... Mas isso é resultado da falta do conhecimento de sua real posição em Cristo. Declaro que sou mais que vencedor em cada área da minha vida.

Oração: Senhor, tomo posse da obra que o Senhor fez na cruz em meu favor, me justificando. A partir de hoje, não me baseio mais nas minhas obras, mas na tua obra que me justifica. Recebo a tua paz que excede todo entendimento. Em Nome de Jesus! Aleluia!

MAIS QUE VENCEDOR

11 JANEIRO

"Mas em todas essas coisas, somos mais que vencedores por meio daquele que nos amou." Rm 8.37

É diante do Propiciatório que declaro ter vencido o diabo pelo sangue de Jesus em minha vida pessoal, familiar, financeira e ministerial. Declaro que sou mais que vencedor em todas as áreas de minha vida. O sangue é o cancelamento da lei. A lei o obriga a trabalhar, mas através do seu trabalho, segundo a lei, você nunca poderá cumprir a justiça de Deus. Você sempre se sentirá culpado diante da lei – esta é a função da lei: demonstrar a justiça de Deus e o quanto somos incapazes de corresponder a ela por nós mesmos. Mas o sangue de Jesus satisfaz a lei, e ela, agora, já não tem mais o poder de condenação sobre nós porque Jesus derramou Seu sangue para cumprir a exigência da justiça da lei. Somente Ele pôde cumpri-la porque era inocente!

"Em quem temos a redenção pelo seu sangue, a remissão das ofensas, segundo as riquezas da sua graça." (Efésios 1.7) A lei foi cumprida no Calvário, pois ali o sangue do Filho de Deus foi derramado, satisfazendo a justiça de Deus e nos tornando santos perante Ele.

Oração: Hoje sou mais que vencedor, Senhor, porque Cristo venceu por mim e me enxertastes nele. Hoje eu me encho de coragem e ousadia para dizer que nada vai me paralisar ou deter, porque Jesus está comigo. Aleluia! Obrigado, Deus.

Gênesis 36-38

12 JANEIRO — LIVRE DA LEI

"E é evidente que pela lei ninguém será justificado diante de Deus, porque o justo viverá pela fé." Gálatas 3.11

A lei, portanto, é como um espelho no qual alguém retoca a maquiagem. Diante da lei, eu consigo dimensionar a grandeza do sacrifício de Jesus por mim, pois através dele eu posso me apresentar santo, inculpável e irrepreensível, em plena paz. "Em quem temos a redenção pelo seu sangue, a remissão das ofensas, segundo as riquezas da sua graça." (Efésios 1.7) "Tendo sido, pois, justificados pela fé, temos paz com Deus, por nosso Senhor Jesus Cristo." (Romanos 5.1). O papel da lei mudou a partir da Nova Aliança em Cristo. Ela agora é o parâmetro através do qual posso perceber a dimensão do livramento que Deus proveu para mim em Jesus. Ela não é mais um agente de condenação sobre a minha vida, pois sou justificado pelo sangue de Jesus e hoje o Espírito Santo está em mim para, diariamente, me aperfeiçoar segundo a imagem de Cristo.

Posso descobrir o meu rosto diante do espelho da lei e contemplar a face de Jesus. Cada vez que a contemplo, através da Sua Palavra, sou transformado à imagem dele – algo que se aperfeiçoa dia após dia, até a Sua volta!

Oração: Graças te dou, ó Pai, porque através do sangue de Jesus desfruto de plena comunhão contigo, porque a tua justiça já foi satisfeita pelo sacrifício e pelo sangue dele, e nenhuma condenação há para mim que estou em Cristo Jesus. Aleluia!

Gênesis 39-41

DESENVOLVA SUA SALVAÇÃO 1

"...desenvolvei a vossa salvação com temor e tremor;" Fp 2.12c

13 JANEIRO

Pode parecer estranho o que a Bíblia diz no trecho citado acima: desenvolvei a salvação. Mas, deixe-me explicar: toda pessoa que é encontrada por Cristo e se converte ao Seu senhorio nasce de novo. Este novo nascimento – ou regeneração – acontece no espírito humano e não na alma, tampouco no corpo físico. Conforme I Ts 5.23 o homem é um ser triuno, tal qual Deus é.

Deus é Pai, Filho e Espírito Santo. O homem é espírito, alma e corpo. O novo nascimento – salvação – acontece no espírito, porém, a salvação da alma precisa ser desenvolvida. Já o corpo há de ser salvo no futuro. Sendo assim, o cristão possui um espírito vivificado, uma alma que está sendo salva, desenvolvida ou aperfeiçoada e um corpo que será glorificado.

Testificando que a alma do cristão, sede da personalidade humana, está sendo salva, ou desenvolvida, ou aperfeiçoada. "Tendo por certo isto mesmo: que aquele que em vós começou a boa obra a aperfeiçoará até ao Dia de Jesus Cristo." Fp 1:6. Desenvolver a salvação da alma não é algo instantâneo, mas é um processo que envolve parceria entre o homem e Deus. O seu andamento e resultado dependem da nossa resposta ao Senhor e sua duração segue até o último dia de vida terrena.

Oração: Deus Pai, sou grato a Ti pela obra que começou e está realizando em mim. Estás me transformando e modelando à imagem de Jesus. Confio em Ti plenamente. Amém.

Gênesis 42-43

14 JANEIRO
DESENVOLVEI A VOSSA SALVAÇÃO 2

"Assim, pois, amados meus, como sempre obedecestes, não só na minha presença, porém, muito mais agora, na minha ausência, desenvolvei a vossa salvação com temor e tremor;" Fp 2:12

A operação do Espírito Santo na vida cristã, para levar à maturidade, depende da disposição do crente em fazer a sua parte. A operação acontece apenas quando há disposição pessoal para a mudança. É como um doente que almeja a cura de uma doença. O diagnóstico de uma doença demanda um tratamento clínico, caso contrário, o óbito vai ocorrer. Se o paciente não aceitar a terapia médica, não haverá cura. Tal qual este doente necessita da cura, você é alguém que precisa da transformação da alma. Para que isto aconteça, é necessário que você se disponha a pisar no seu ego, pois a luz do Espírito Santo virá iluminar você. O Espírito Santo é Onisciente – sabe de todas as coisas – e, por essa razão, Ele conhece nossas necessidades de transformação.

Não tenha medo de se dispor a este processo, tudo o que Ele fizer para cooperar com você no processo de desenvolvimento ou aperfeiçoamento da sua alma é para o seu próprio bem. Não se preocupe, Deus te ama e Ele irá te oferecer tudo aquilo que você precisa para o aperfeiçoamento da sua alma.

Oração: Em fé, eu me disponho. Em confiança, Senhor, me coloco diante de Ti. Faça o que for preciso e necessário. Transforma-me, Senhor. Eu aceito o Teu querer e o teu agir em mim. Em nome de Jesus.

Gênesis 44-46

UM COM ELE

"Mas o que se ajunta com o Senhor é um mesmo espírito." I Co 6.17

15 JANEIRO

Vida cristã é uma parceria entre o cristão e o Espírito Santo. Paulo fala em I Co 3.16 que somos templo do Espírito Santo. Então, não há nada que possa ser feito para que o Espírito de Deus esteja mais próximo, ou para que esteja mais perto do cristão, pois Ele habita no espírito humano regenerado – nascido de novo. Essa proximidade é tal que, ambos, o espírito humano regenerado e o Espírito Santo de Deus, tornam-se um só.

Apesar desta união tão íntima em que os dois se tornam um, ainda assim é necessária a cooperação do homem para que seja operada a salvação da alma. À medida que o Espírito Santo ilumina o coração do cristão, deve haver o desejo ardente e a disposição à mudança. Daí a necessidade de falarmos sobre quebrantamento, a arte de Deus sondar o nosso coração e nos mostrar aquilo que precisa ser mudado em nós. Mude de vida e Deus te mudará, pois é a vontade do Pai que seus filhos sejam Um com ele, que haja uma harmonia única entre o Pai e o filho. Para isso, é necessária a santificação da nossa alma.

Oração: Muda-me Senhor. Quebranta-me. Que eu seja a cada dia mais maleável, disposto a mudar e não tenha em mim resistências, áreas e reservas de domínio. Eu me rendo ao teu mover. Em Nome do Senhor Jesus Cristo, Amém!

Gênesis 47-50

16 JANEIRO
INOCENTE

"E ordenou o SENHOR Deus ao homem, dizendo: De toda árvore do jardim comerás livremente, mas da árvore da ciência do bem e do mal, dela não comerás; porque, no dia em que dela comeres, certamente morrerás." Gn 2.16-17

No meio do jardim, Deus plantou duas árvores, além das demais. Adão tinha a liberdade para se alimentar de todas, com exceção de uma: a árvore do bem e do mal. Adão foi criado neutro, isto é, nem pecador nem santo, mas inocente. Essas duas árvores no jardim foram colocadas para que ele pudesse pôr em prática a faculdade do livre arbítrio. O conhecimento do bem e do mal, embora fosse proibido a Adão, não é mal em si mesmo. Sem ele, Adão estava limitado e não podia, por si mesmo, decidir acerca de questões de ordem moral. O julgamento do que era certo e bom não lhe pertencia, e sim a Deus. O único recurso de Adão ao encarar qualquer problema era remetê-lo a Deus e assim, depender dele.

Aqui há um princípio: Deus não criou o homem para ser independente. Caso o homem tivesse optado pela obediência em não comer da árvore do bem e do mal, seria aprovado no teste. Automaticamente, comeria da árvore da vida e preservaria a sua comunhão com o Criador, desfrutando da justiça, paz e alegria de Deus.

Oração: Senhor, eu escolho te amar e te servir. Eu escolho e decido ser dependente de ti. Eu uso meu livre arbítrio para escolher o Senhor, embora eu saiba que o Senhor foi quem me escolheu. Pois só tu tens as palavras de vida eterna. Obrigado pelo teu sacrifício, que me possibilitou ter acesso ao Pai e a tudo o que Ele tem preparado para mim, desde a fundação do mundo. Em nome de Jesus, amém.

Êxodo 1-4

ÁRVORE DA VIDA

"Disse-lhe Jesus: Eu sou o caminho, e a verdade, e a vida. Ninguém vem ao Pai senão por mim." Jo 14.6

17 JANEIRO

A árvore da vida, em primeiro lugar, representa Deus como vida. Em segundo lugar, simboliza dependência de Deus. O seu fruto é nosso Senhor Jesus Cristo. Essa árvore é fonte de vida, e usufruir da vida advinda desta fonte exige dependência, constante, vigilância e fraqueza diante de Deus.

Dependência: Ora, o SENHOR disse a Abrão: "Sai-te da tua terra, e da tua parentela, e da casa de teu pai, para a terra que eu te mostrarei. E far-te-ei uma grande nação, e abençoar-te-ei, e engrandecerei o teu nome, e tu serás uma bênção. E abençoarei os que te abençoarem e amaldiçoarei os que te amaldiçoarem; e em ti serão benditas todas as famílias da terra." Gn 12.1-3.

Vigilância: "Vigiai e orai, para que não entreis em tentação; na verdade, o espírito está pronto, mas a carne é fraca." Mt 26.41. Experimentar da árvore da vida exige também fraqueza, como Paulo disse em 2 Co 12: "E, para que me não exaltasse pelas excelências das revelações, foi-me dado um espinho na carne, a saber, um mensageiro de Satanás, para me esbofetear, a fim de não me exaltar. Acerca do qual três vezes orei ao Senhor, para que se desviasse de mim. E disse-me: A minha graça te basta, porque o meu poder se aperfeiçoa na fraqueza.

Oração: Senhor, quero mais de Ti. Quero me alimentar do fruto dessa árvore que o Senhor sempre quis que o homem comesse. Faça-me a cada dia um homem segundo Cristo. Amém!

Êxodo 5-7

18 JANEIRO — O FRACO FORTE

Porque, quando sou fraco, então, é que sou forte." 2 Co 12.10b

Essa fraqueza é semelhante ao princípio da vida feminina que aponta para dependência, submissão e obediência. Para com Cristo, cada homem é a noiva e deve viver uma vida de submissão ao Senhor Jesus Cristo, tal qual a mulher deve se submeter ao marido. O caminho da fraqueza é o caminho do discipulado, do conselho e da submissão. É melhor você confessar uma tentação no discipulado do que confessar um pecado. Paradoxalmente, a árvore da vida exige também força: A força é o princípio da vida masculina que aponta para a liderança, segurança e provisão. "Mas quero que saibais que Cristo é a cabeça de todo varão, e o varão, a cabeça da mulher; e Deus, a cabeça de Cristo." 1 Co 11.3. Conforme o versículo, a ordem de Deus é: Deus, Cristo, homem e mulher.

Eis aí o princípio da força que a árvore da vida requer. Quando essa ordem é invertida e o homem deixa de ser o cabeça da mulher, o princípio é invertido, e então, nos alimentamos da árvore do conhecimento do bem e do mal. Assim: Perca suas forças!

Oração: Querido Aba, clamo a ti em Nome do Senhor Jesus Cristo. Venha me ajudar. Quero perder as minhas forças, parar de recalcitrar contra os aguilhões. E hoje, rendo-me a Ti, para que me tornes forte diante do Senhor. Amém.

O PROPÓSITO ETERNO DE DEUS

19 JANEIRO

"E disse Deus: Façamos o homem à nossa imagem, conforme a nossa semelhança; e domine sobre os peixes do mar, e sobre as aves dos céus, e sobre o gado, e sobre toda a terra, e sobre todo réptil que se move sobre a terra. E criou Deus o homem à sua imagem; à imagem de Deus o criou; macho e fêmea os criou. E Deus os abençoou e Deus lhes disse: Frutificai, e multiplicai-vos, e enchei a terra, e sujeitai-a; e dominai sobre os peixes do mar, e sobre as aves dos céus, e sobre todo o animal que se move sobre a terra."
Gn 1:26-28

"Porque os que dantes conheceu, também os predestinou para serem conformes à imagem de seu Filho, a fim de que ele seja o primogênito entre muitos irmãos." Rm 8.29. Já no início, o Senhor Deus fala no livro de Gênesis acerca do propósito para o qual Ele criou o homem. Esse propósito é chamado de 'Propósito Eterno de Deus'.

Querido leitor, Deus te criou para o cumprimento de um propósito eterno! Você sabe qual é esse propósito? Deus te criou para desenvolver um relacionamento de intimidade com Ele. Siga os passos do Mestre, dedique tempo à oração, faça seu devocional e seja disciplinado nisso. Entregue suas primícias materiais e espirituais para Deus, reconhecendo-o como dono de cada área da sua vida. Persevere em meio às lutas e provações, que são testes de fé para o cristão se manter em pé.

Oração: Senhor, quero mais de Ti. Quero me alimentar do fruto dessa árvore que o Senhor sempre quis que o homem comesse. Eu abro mão da independência, da distração e força. Faça-me a cada dia um homem segundo Cristo. Eu oro por isso, em Nome de Jesus, Amém!

20 JANEIRO
NOIVOS

"O Espírito e a noiva dizem: Vem!" Ap 22.17a

Tal qual um homem e uma mulher se unem no enlace matrimonial para desenvolverem um relacionamento de intimidade um com o outro, assim também deve ser o seu relacionamento com Deus. Ele te presenteou com o Seu Filho Jesus Cristo lá na cruz para que Ele recebesse sobre Si a ira de Deus em punição ao seu pecado, de forma que, uma vez livre de toda culpa e condenação, você pudesse desfrutar um relacionamento de intimidade com o Seu Espírito.

Jesus Cristo lhe foi dado como redentor e também como noivo. Como redentor, Ele te resgatou da escravidão do pecado e do domínio de Satanás. Como Noivo, Ele foi dado pelo Pai para se relacionar em intimidade com você. A Bíblia diz que todo aquele que tem a Cristo Jesus como Senhor e Salvador é templo do Seu Espírito Santo. Todo aquele que é templo do Espírito, é reconhecido como Noiva de Jesus Cristo. Que privilégio! Ele te foi dado como Noivo para se relacionar intimamente contigo, cuidando de ti como Sua querida e preciosa noiva.

Oração: Senhor, sou grato pelo relacionamento em intimidade que o Senhor projetou para mim, enquanto parte do corpo de Cristo, a sua noiva: igreja. É maravilhoso viver à sombra dos teus cuidados. Ajude-me a desenvolver esta intimidade mais profunda a cada dia. Em nome de Jesus, Amém!

PARCERIA

21 JANEIRO

"E Deus os abençoou e lhes disse: Sede fecundos, multiplicai-vos, enchei a terra e sujeitai-a; dominai sobre os peixes do mar, sobre as aves dos céus e sobre todo animal que rasteja pela terra." Gn 1:28

Vida cristã é uma parceria entre você e o Espírito Santo. Esta parceria acontece através de um relacionamento de intimidade cujo alvo final é a geração de filhos. Eu pergunto a você: se o relacionamento do Noivo (Cristo) com a noiva (cada cristão) é por meio de intimidade, seria possível imaginar a vida cristã como algo pesado, difícil, ou como um fardo a ser carregado? É claro que não! Deus, em Gn 1.26-28, diz que o homem foi criado à Sua imagem e semelhança para ser fecundo, isto é, ser frutífero e se multiplicar, e isso só pode acontecer mediante um relacionamento de intimidade. Esta intimidade resulta no cumprimento do propósito eterno de Deus: filhos e filhas espirituais.

A intimidade com Deus na vida cristã se manifesta pela expressão do caráter de Cristo e pela representação da autoridade delegada por Deus. Gerar filhos é a consequência de um relacionamento de intimidade

Oração: Querido Deus e Pai, peço ao Senhor que nos dê filhos espirituais. Remova toda infertilidade de nossas vidas. Dê-nos paixão pelo Senhor e pelas almas perdidas. Em Nome de Jesus! Amém.

Êxodo 17-20

22 JANEIRO

PEQUENO CRISTO

"Digo, porém: Andai em Espírito e não cumprireis a concupiscência da carne. Porque a carne cobiça contra o Espírito, e o Espírito, contra a carne; e estes opõem-se um ao outro; para que não façais o que quereis. Mas, se sois guiados pelo Espírito, não estais debaixo da lei. Porque as obras da carne são manifestas, as quais são: prostituição, impureza, lascívia, idolatria, feitiçarias, inimizades, porfias, emulações, iras, pelejas, dissensões, heresias, invejas, homicídios, bebedices, glutonarias e coisas semelhantes a estas, acerca das quais vos declaro, como já antes vos disse, que os que cometem tais coisas não herdarão o Reino de Deus. Mas o fruto do Espírito é: caridade, gozo, paz, longanimidade, benignidade, bondade, fé, mansidão, temperança. Contra essas coisas não há lei. E os que são de Cristo crucificaram a carne com as suas paixões e concupiscências. Se vivemos no Espírito, andemos também no Espírito. Não sejamos cobiçosos de vanglórias, irritando-nos uns aos outros, invejando-nos uns aos outros." Gl 5.16-26

Expressar o caráter de Cristo e representar Deus na Sua autoridade é o resultado de uma vida guiada pelo Espírito. Ser guiado pelo Espírito significa crucificar as paixões e concupiscências da carne por meio do despojamento do ego. É se submeter ao memorável convite de Cristo quando Ele diz, em Mt 11.28-29: "Vinde a mim, todos os que estais cansados e oprimidos, e eu vos aliviarei. Tomai sobre vós o meu jugo, e aprendei de mim, que sou manso e humilde de coração, e encontrareis descanso para a vossa alma."

Devemos entender que cristão é toda pessoa que abre mão de viver a sua própria vida para fazer do estilo de vida de Cristo a sua própria maneira de ser e viver.

Oração: Pai, eu oro para que sejamos guiados pelo teu Espírito. Nos capacite. Nos ajude a negar nossa própria vida e assim possamos expressar o Senhor aqui na terra. Amém.

RESTAURADOR DE CAOS

23 JANEIRO

"No princípio, criou Deus os céus e a terra. E a terra era sem forma e vazia; e havia trevas sobre a face do abismo; e o Espírito de Deus se movia sobre a face das águas." Gn 1.1,2

Ao criar o homem, Deus lhe concedeu alguns privilégios visando o cumprimento de um propósito: Restauração de todas as coisas. Em Gênesis 1, é praticamente consenso dizer que, entre os versículos um e dois, houve um cataclisma causado pela chegada de Lúcifer à terra. Isto está demonstrado em Isaías 14.13-15: "E tu dizias no teu coração: Eu subirei ao céu, e, acima das estrelas de Deus, exaltarei o meu trono, e, no monte da congregação, me assentarei, da banda dos lados do Norte. Subirei acima das mais altas nuvens e serei semelhante ao Altíssimo. E, contudo, levado serás ao inferno, ao mais profundo do abismo." Diante da soberba de Lúcifer na ambição de se igualar a Deus, a resposta imediata do Senhor foi esta: destituí-lo eternamente de Sua presença. Era como se Deus estivesse dizendo a Lúcifer: - Você tinha um lugar especial diante de mim e não soube guardar essa posição tão privilegiada por causa da soberba do teu coração. Agora, vou criar a minha imagem e semelhança do pó da terra.

O homem foi criado inferior a Lúcifer, contudo escolheu, voluntariamente, amar a Deus.

Oração: Deus amado, obrigado por me criar escolher e me chamar para ser uma agente de restauração no caos desse mundo. Que privilégio Senhor! Guia-me e usa-me com poder e autoridade para isso. Em Nome de Jesus. Amém.

Êxodo 24-27

24
JANEIRO

ADOTADO

"O mesmo Espírito testifica com o nosso espírito que somos filhos de Deus. E, se nós somos filhos, somos, logo, herdeiros também, herdeiros de Deus e co-herdeiros de Cristo; se é certo que com ele padecemos, para que também com ele sejamos glorificados." Rm 8.16-17

Veja o privilégio em que fomos colocados diante do Pai: em Cristo Jesus, tornamo-nos filhos de Deus por adoção. Deixe-me explicar o conceito de adoção: no império romano, domínio mundial na época de Cristo, um filho só tinha direito à herança depois de adulto. Para tal, o pai tinha que adotá-lo logo que ele completava a maioridade. A garantia da herança, portanto, era a adoção. Daí, Paulo ter dito que recebemos a adoção de filhos pelo Pai por meio de Jesus Cristo.

Na velha aliança, a lei dava 2/3 da herança para o primogênito. O 1/3 restante era para ser repartido entre os demais filhos. Pense comigo nos filhos de Jacó: Rúbem, o primogênito, tinha direito aos 2/3 da herança. Simeão, Levi, Judá, Issacar, Zebulom, Dã, Naftali, Gade, Aser, José e Benjamim ficavam com cerca de 3% da herança, cada um. Ou seja, de cem por cento, Rúbem ficaria com 22 vezes mais do que cada um dos irmãos. Quando Paulo fala em Romanos 8.17 que somos herdeiros de Deus e co-herdeiros com Cristo, diz que, além de desfrutarmos dos 1/3, desfrutamos também dos outros 2/3, pois somos co-herdeiros com Cristo.

Oração: Deus, obrigado por ter me adotado como filho e ter me dado uma herança. Quão abençoado e privilegiado sou.

PRIVILÉGIOS

"Façamos o homem à nossa imagem..." Gn 1.26

25 JANEIRO

O homem tem o privilégio de expressar a imagem de Deus. Imagem aponta para caráter. Manifestamos o caráter de Deus à medida que nos permitimos ser aperfeiçoados na nossa alma, isto é, transformados de glória em glória à imagem de Cristo. O caráter de Cristo é o fruto do Espírito Santo. Portanto, expressamos Deus, no Seu caráter, de forma proporcional à medida em que o fruto do Espírito for gerado em nós.

Fomos predestinados para refletir a imagem de Cristo. Como consequência disso, tornamo-nos frutíferos, gerando filhos espirituais para Deus, segundo a Sua espécie. Temos poder e autoridade, no Nome do Senhor Jesus Cristo, para exercer governo curando os enfermos, expulsando os demônios, libertando os oprimidos, evangelizando, restaurando os quebrantados de coração, apregoando liberdade aos cativos, dando vista aos cegos espirituais e anunciando a volta do Senhor.

O motivo do ódio de Satanás para com o homem é a graça dada por Deus ao homem. Essa graça é aquilo que o diabo tentou obter por meio da rebeldia: pretendeu se assemelhar ao Altíssimo.

Oração: Eu me aproprio, Senhor, desses privilégios que me concedeste. E eu farei uso deles para a Tua glória. As portas do inferno não prevalecerão contra mim. Aleluia! Em nome de Jesus. Amém.

Êxodo 31-34

26 JANEIRO
IMAGEM E PROPÓSITO

"Pelo que também Deus o exaltou soberanamente e lhe deu um nome que é sobre todo o nome, para que ao nome de Jesus se dobre todo joelho dos que estão nos céus, e na terra, e debaixo da terra, e toda língua confesse que Jesus Cristo é o Senhor, para glória de Deus Pai." Fp 2.9-11

Imagine a luz do sol, ao meio-dia, batendo em um espelho e refletindo os seus raios. Alguém conseguiria olhar para esse espelho sem óculos escuros? Claro que não, ou ficaria cego. Da mesma forma, à medida que contemplamos o Senhor como por um espelho e com a face descoberta, Satanás e os demônios não suportam olhar para nós, são repelidos pela luz divina do Senhor e criador de tudo.

Que glória! Além disso, sobrenaturalmente, Cristo vai sendo construído dentro de nós à medida que contemplamos o Senhor e refletimos a Sua glória. Quanto mais Jesus, mais luz irradiamos e afastamos as tentações. Essa obra, quem faz é o Espírito Santo. O cumprimento do propósito eterno reside nisso: sermos transformados de glória em glória e expressarmos a imagem de Cristo, razão pela qual fomos criados. Pode parecer complicado e teremos provações, mas vale todo o esforço do universo, afinal, contemplaremos a eternidade com Deus.

Oração: Pai santo, queremos nos parecer com Jesus. Leve-nos a essa imagem. Ajude-nos e capacite-nos a contemplar o Senhor, dia após dia, até a medida da perfeição. Que não haja desânimo ou desistência. Em nome de Jesus, Amém.

CAMINHO DA PERFEIÇÃO

27 JANEIRO

"Nada façais por contenda ou por vanglória, mas por humildade; cada um considere os outros superiores a si mesmo. Não atente cada um para o que é propriamente seu, mas cada qual também para o que é dos outros. De sorte que haja em vós o mesmo sentimento que houve também em Cristo Jesus, que, sendo em forma de Deus, não teve por usurpação ser igual a Deus. Mas aniquilou-se a si mesmo, tomando a forma de servo, fazendo-se semelhante aos homens; e, achado na forma de homem, humilhou-se a si mesmo, sendo obediente até à morte e morte de cruz." Fp 2.3-8

Cumprir o propósito eterno de Deus é seguir o caminho de Cristo. E este é o caminho de Cristo, o caminho da humilhação: o caminho da cruz que é o caminho da vitória, não apenas em vida, mas em espírito por toda a eternidade. Ele foi obediente ao Pai até a morte e morte de cruz. Consequentemente, Ele foi exaltado acima de todo o nome e se juntou ao Senhor nos céus.

Então, ter a imagem para cumprir o propósito é uma questão de obediência. Obediência a que? Obediência ao propósito. Que propósito? O propósito de sermos como Cristo, limpos, puros, obedientes e amáveis. Assim como Cristo é a imagem de Deus, eu e você fomos criados à imagem de Cristo.

Oração: Senhor Jesus, tu és a imagem da perfeição. Como anseio te ver e te contemplar. Hoje te contemplo pela fé e pelo Espírito. Sou bem-aventurado porque não vejo, mas creio. Mesmo não vendo, a minha fé aumenta o desejo de te ver em pessoa, sentimento que cresce a cada dia. Obrigado por tua presença e pela tua manifestação. Te amo Senhor. Amém.

Êxodo 38-40

28 JANEIRO — APERFEIÇOAMENTO

"... desenvolvei a vossa salvação com temor e tremor;" Fp 2.12c ARA

Somos transformados através da ação do Espírito Santo e da Palavra de Deus (Rhema), desde que cooperemos e venhamos a dar resposta positiva. A transformação da alma, ou cura interior como muitos chamam, é biblicamente descrita como "desenvolvei a vossa salvação". Ela não envolve algo passivo, mas sim ativo da parte daquele que quer desenvolver a salvação. Por quê? Porque a vida cristã é uma parceria entre o cristão e o Espírito Santo. A nossa parte é desejar ardentemente o quebrantamento, negar a nós mesmos, tomar a cruz, jejuar, orar e estar ávidos pela presença de Deus. Somente assim, por esse esforço e abnegação intencional, reconhecendo a supremacia de Deus em nossas vidas, desenvolveremos a nossa alma.

Portanto, vá buscar a presença de Deus! Busque e se aproxime, crie intimidade com a voz e os mandamentos do Pai.

"Então, disse Jesus aos seus discípulos: Se alguém quiser vir após mim, renuncie-se a si mesmo, tome sobre si a sua cruz e siga-me" Mt 16.24.

Oração: Senhor, dá-me mais fome e mais sede pela tua presença. Preciso. Dá-me mais. Eu quero mais. Necessito de mais fome, mais sede. Não me conformo com esse mundo e não me conformo com o que tenho. Estou agradecido. Sou muito grato, todavia quero mais. Em Nome de Jesus, dá-me mais, Amém!

A VONTADE DE DEUS

29 JANEIRO

"E não vos conformeis com este mundo, mas transformai-vos pela renovação do vosso entendimento, para que experimenteis qual seja a boa, agradável e perfeita vontade de Deus." Rm 12.2

Imagine alguém numa rodovia fazendo uma longa viagem. Ao passar por um trevo ou cruzamento mal sinalizado, não percebe ter tomado o rumo errado. Depois de duas horas de viagem, se apercebe que não está viajando em direção ao destino desejado. Então, estaciona para obter informações em um posto policial e, para sua triste surpresa, conclui que viajou duzentos quilômetros fora da direção. Que stress! Agora, não há o que ser feito senão retornar ao trevo/cruzamento que ficou duzentos quilômetros para trás. Pois só a viagem longa já é um teste de paciência. Há, ainda, perda ou atraso nos compromissos. Dependendo do horário, interrupção da viagem para uma parada de descanso e alimentação, etc...

Com esta simples ilustração, quero mostrar quão danoso será, naquele grande dia do tribunal de Cristo, o acerto de contas, quando as nossas obras serão provadas pelo fogo da justiça de Deus. Será extremamente frustrante saber que, de repente, fizemos tanto pela obra de Deus à custa de muita renúncia e esforço físico e, no entanto, fizemos uma obra que não tocou a eternidade, para a qual não haverá qualquer galardão. A vontade de Deus nos é revelada tanto quanto mais crescemos em intimidade com o Senhor.

Oração: Senhor, oro a ti para que nos dê espírito de sabedoria e de revelação para podermos entender qual a tua boa, agradável e perfeita vontade para as nossas vidas. Não nos deixe enganados ou confundidos. Que possamos discernir o que é nosso dever fazer para cumprirmos seu propósito para nossas vidas. Em nome do Senhor Jesus Cristo, Amém!

Levítico 5-7

30 JANEIRO
DICAS PARA DESCOBRIR A VONTADE DE DEUS 1

"E não vos conformeis com este século, mas transformai-vos pela renovação da vossa mente, para que experimenteis qual seja a boa, agradável e perfeita vontade de Deus." Rm 12:2

Como descobrir a vontade de Deus para a minha vida? Essa é uma pergunta que a maioria das pessoas faz. Aqui estão algumas dicas para conhecer a vontade de Deus: Tenha um devocional diário para se alimentar da palavra de Deus e afinar a sua comunhão com o Espírito Santo. Procure orar em línguas estranhas o máximo que puder, pois a língua estranha produz edificação, conforme Paulo diz em I Co 14.4a: "O que fala em língua estranha edifica-se a si mesmo". Edificar significa construir e vem do grego oikodomeo, que significa construir a capacidade de abrigar a presença e o poder de Deus dentro de si. Quanto mais em língua estranha você falar no decorrer do dia, tanto mais você atrairá a presença e o poder de Deus para te conduzir ao cumprimento da vontade de Deus.

Busque se relacionar com pessoas que temem ao Senhor, pois estas são sábias. Da boca delas fluirão conselhos que serão luz e vida para te iluminar a caminhar numa vida com propósito.

Oração: Deus amado, me ajude na disciplina de um devocional diário, me edifique enquanto oro em línguas. Me coloque ao lado de pessoas sábias, dê-me fontes seguras para obter dados precisos e sabedoria para entender o que deve ser feito nas decisões e escolhas. Te agradeço, Amém.

DICAS PARA DESCOBRIR A VONTADE DE DEUS 2

31 JANEIRO

"E não vos conformeis com este século, mas transformai-vos pela renovação da vossa mente, para que experimenteis qual seja a boa, agradável e perfeita vontade de Deus." Romanos 12:2

Tenha uma mente receptiva. Ter uma mente receptiva para conhecer a vontade de Deus é ter uma mente ativada para decodificar as informações que são trazidas ao seu espírito vivificado, tal qual a antena de um rádio capta as ondas sonoras e as transformam em sons. O Espírito Santo de Deus fala ao espírito humano regenerado, e esta é a principal maneira que o Espírito de Deus fala a Sua vontade ao cristão. Daí, a extrema necessidade de todo cristão ativar as faculdades ou funções do seu espírito: intuição, consciência e comunhão.

É no caminho da maturidade cristã que o Espírito Santo encontra lugar no seu coração para ativar estas funções. Quanto mais você crescer no conhecimento da Palavra de Deus, à custa de amor e paixão pelo ensino da mesma, mais o Espírito Santo poderá transformar a palavra escrita (logos) em palavra revelada (Rhema). Isso redundará em ativação da fé que te conduzirá a caminhar no Espírito e na vontade de Deus.

Oração: Meu Pai, capacita-me a entender o que o Senhor quer para minha vida. Que eu tenha uma mente receptiva, me ajude nisso. Que eu não deixe passar os teus ensinamentos ou fique sem entendimento da tua palavra. Ilumina os meus olhos da fé e me aprofunde na comunhão contigo e revelação da tua palavra. Amém!

Levítico 11-13

01 DICAS PARA DESCOBRIR A VONTADE DE DEUS 3

FEVEREIRO

"E não vos conformeis com este século, mas transformai-vos pela renovação da vossa mente, para que experimenteis qual seja a boa, agradável e perfeita vontade de Deus." Rm 12:2

Pode parecer estranho o que vou afirmar, mas acredite que é pura verdade: Deus fala ao cristão colocando desejos em seu coração. Se você tem sido consumido por um desejo, acredite, pode ser Deus falando com você acerca da Sua vontade. Por exemplo: você tem tido desejo de morar em outro país. Você não sabe explicar o motivo, mas tem sido invadido por um encargo que, frequentemente, se lembra do povo africano. As condições precárias daqueles países que se encontram naquele continente têm sido alvo das suas intercessões, a ponto de desejar dar a sua vida pelo reino de Deus a ser estabelecido na África.

Saiba: Deus, provavelmente, está te falando para ir até lá e se doar pelo povo africano. Gostaria de orar para que a vontade de Deus seja revelada a você, pois o conhecimento da vontade revelada te levará a uma vida de vitória para o cumprimento do propósito eterno de Deus e te qualificará como um vencedor. Se você está buscando e pedindo direção a Cristo, siga com fé e coragem, irmãos.

Oração: Senhor Jesus, fale comigo sobre sua vontade, colocando-a como prioridade sobre a minha vontade, para que eu queira o que o Senhor quer. Aleluia!

PRIMEIRO DEGRAU DA FÉ

02
FEVEREIRO

"Ora, sem fé é impossível agradar-lhe, porque é necessário que aquele que se aproxima de Deus creia que ele existe e que é galardoador dos que o buscam." Hb 11.6

Dentro do processo de transformação da alma, não podemos deixar de fazer menção ao bom combate para se guardar a fé. A fé é a arma mais importante para ser utilizada na vida cristã. Não é à toa que o autor de Hebreus diz que sem fé é impossível agradar a Deus. Há muitos aspectos acerca da fé que podem ser abordados. A fé pode ser vista como uma escada. Sejamos ousados em acessar os degraus dessa escada para que subamos e cheguemos ao topo.

Suba o primeiro degrau: reconheça a sua incapacidade e a sua fraqueza. É necessário reconhecer sua incapacidade. Precisamos entender que a nossa jornada da fé começa com o reconhecimento da nossa fraqueza. Quando a autoconfiança morre, a fé nasce. Em João 15.5, Jesus disse: "Sem mim nada podeis fazer". Não há glória para Deus nas possibilidades humanas. Quando os homens esgotam suas forças, a fé tem início. Deus recebe a glória quando você pensa que é fraco.

Oração: Senhor, meu Deus, em Nome de Jesus eu reconheço minha fraqueza e incapacidade. Ajuda-me e capacita-me a ativar a fé, independente das circunstâncias. Eu crerei. Eu decido crer. Glórias a Deus! Eu tomo posse da fé que me deste.

Levítico 16-18

03 SEGUNDO DEGRAU DA FÉ

FEVEREIRO

"Invoca-me, e te responderei; anunciar-te-ei coisas grandes e ocultas, que não sabes." Jr 33:3

No segundo degrau da escada da fé, clame a Deus. Não espere que Ele chame por você. Geralmente, para que os milagres aconteçam, as pessoas precisam estar sedentas por Deus, clamando, determinadas a encontrá-Lo. Várias e várias vezes, vemos isso acontecer na Bíblia. Jacó lutou com Deus durante toda a noite, até que o anjo do Senhor, que era o próprio Jesus Cristo, disse a ele para deixá-lo, mas Jacó se recusou a deixar o anjo partir. Aprendemos sobre o dever da obediência a Deus, mas, neste caso, Jacó não obedeceu. Ele lutou com Jesus a noite toda e disse: "Não te deixarei até que me abençoes." Gn 32:26.

"Chegai-vos a Deus, e Ele se chegará a vós outros" Tg 4.8. Quando medito nesse versículo tenho a seguinte imagem na minha mente: Vejo Deus dizendo "Estou aqui, não me moverei em sua direção porque quero que você corra para mim primeiro. Eu o amo e quero você perto de mim, mas quero ver a fome no seu coração. Assim que o vir se chegar a mim, correrei para o seu encontro".

Oração: Pai, eu clamo a ti porque eu sei que o Senhor me ouve. O Senhor é comigo e está pronto a me ouvir. Eu te peço: leva-me mais perto de ti. Quero ser íntimo teu. Eu clamo por isso. Amém.

TERCEIRO DEGRAU DA FÉ

04 FEVEREIRO

"E não vos conformeis com este século, mas transformai-vos pela renovação da vossa mente, para que experimenteis qual seja a boa, agradável e perfeita vontade de Deus". Rm 12:2

Suba também o terceiro degrau da fé: saber a vontade de Deus e conhecer seus planos. Há cristãos que oram tanto para que Deus abençoe seus planos, que se esquecem de pedir e buscar os planos de Deus para eles. Buscar os planos do Pai é enaltecê-lo, é colocar a vontade divina acima da humana. Qual é mais valiosa para você?

"O coração do homem pode fazer planos, mas a resposta certa dos lábios vem do SENHOR" Pv 16:1. Temos de buscar a Deus para descobrirmos qual é o Seu plano, pois como podemos ter fé sem saber os planos de Deus e estarmos seguros sobre eles? Precisamos investir tempo buscando a Deus para descobrir quais são os planos dele. Esse é um degrau muito importante na escada da fé. Jesus nos ensinou a orar para que a vontade de Deus seja feita na terra, assim como é feita no céu, mas quantas vezes tentamos fazer com que Deus abençoe os nossos planos, em outras palavras, a nossa vontade?

Oração: Nesse dia, Pai, querido Aba, oro para que o Senhor me revele a tua vontade. Preciso saber. Necessito. Para cada aspecto e cada área da minha vida. Instrua-me e conduza-me. Guia meus passos, direcione Senhor. Por favor, em Nome de Jesus e para tua glória, Amém.

Levítico 22-23

QUARTO DEGRAU DA FÉ

05 FEVEREIRO

"E esta é a confiança que temos para com ele: que, se pedirmos alguma coisa segundo a sua vontade, ele nos ouve." 1 João 5:14

Quarto degrau da escada da fé: aproprie-se de uma promessa. Nesse quarto degrau você deve se apropriar de uma promessa. A única base verdadeira para a fé bíblica é ter uma promessa de Deus. Você não pode ter uma fé que move montanhas, que traz vitória de Deus para a sua vida, se você não tiver uma promessa de Deus. Como você pode acreditar em algo em que não esteja seguro se é o que Deus tem para sua vida? Essa é uma das maiores batalhas para muitos cristãos.

Você precisa saber o que Deus quer fazer por você e qual é a vontade dele para a sua vida. O que se deve buscar vai além do que Deus pode fazer por você, mas o que Ele quer fazer. Precisamos nos apropriar de uma promessa e saber o que Deus deseja de nós. Quer saber qual é a promessa de Deus para você? Dedique tempo para estudar a Palavra de Deus e Ele vai falar ao seu coração o que pretende fazer em sua vida.

Oração: Em Nome de Jesus, Senhor, eu me aproprio das tuas promessas para mim. Tudo aquilo que o Senhor disse a meu respeito, é o que acontecerá. Eu oro e profetizo que a tua vontade será feita, porque o que o Senhor me prometeu, é a sua vontade e assim será feita. Para tua honra. Com alegria, eu já te agradeço, pela fé. Amém.

UM ENCONTRO MARCADO

06 FEVEREIRO

"E, levantando-se, foi para seu pai. Vinha ele ainda longe, quando seu pai o avistou, e, compadecido dele, correndo, o abraçou, e beijou." Lc 15:20

O pai estava esperando pacientemente pelo retorno do filho; ele não foi atrás dele, apenas esperou. Certo dia, ele viu o filho chegando, andando em sua direção, e a Bíblia diz que ele saiu de seu lugar e correu até o filho. É isso que Deus faz! Deus quer que nos acheguemos a Ele primeiramente, para que Ele possa correr até nós. Ele nos ama muito, mas não responderá a um coração dividido. O Senhor espera que o nosso coração esteja procurando por Ele, espera até que estejamos famintos pela Sua presença e o momento em que realmente O desejamos de todo o nosso coração.

Aqui está um segredo que precisamos conhecer: você sabe por que algumas pessoas são mais íntimas de Deus do que outras? Não tem nada a ver com Deus, pois Ele não tem filho favorito. Todos podem se achegar a Deus o quanto quiserem (Pois ele trata a todos com igualdade, conforme Rm 2.11 NTLH). Quando as pessoas estão sedentas e expressam isso a Deus, Ele responde porque está procurando um coração faminto para o qual responder.

Oração: Pai amado, hoje, nesse encontro contigo, eu digo ao Senhor que estou com sede. Desejo e realmente preciso de uma porção maior da tua presença e intimidade. Aguardo por isso, em Nome de Jesus, Amém.

Levítico 26-27

07 SACRIFÍCIO VIVO
FEVEREIRO

"Rogo-vos, pois, irmãos, pela compaixão de Deus, que apresenteis o vosso corpo em sacrifício vivo, santo e agradável a Deus, que é o vosso culto racional." Rm 12.1

Apresentar o corpo em sacrifício vivo, santo e agradável a Deus significa esmurrá-lo. Subjugar o corpo e reduzi-lo à servidão é outra maneira que o apóstolo Paulo, pelo Espírito, usa para falar da necessidade de esmurrar o corpo. Falar disso não é nada agradável. Imagino que você seja como eu. Gosto de dormir boas horas de sono, de me alimentar bem com a culinária que mais me apetece, de tirar férias e de me envolver em entretenimentos que me são agradáveis. Gosto de "jogar conversa fora", no bom sentido da palavra, trocar ideias com pessoas agradáveis, desprendendo-me de uma agenda de compromissos e responsabilidades. E todas essas coisas, em si mesmas, não são pecaminosas. São lícitas e de direito.

Porém, para experimentar a agradável e perfeita vontade de Deus, deve-se cumprir o pré-requisito: sacrificar-se. O reino tem preço e descobrir a vontade de Deus também. Deus quer a mim e a você sacrificando e sacrificados, ou seja, sacrificando nossos desejos, aqueles que são carnais e egoístas. Sacrificar-se a Deus e dar a ele o nosso Tempo e também colocar todos os nossos bens terrenos a serviço do avanço da proclamação do evangelho.

Oração: Deus, em Nome de Jesus, eu me coloco em teu altar como sacrifício vivo. Abro mão da minha agenda pessoal, sonhos e projetos lícitos, desejos pessoais para poder experimentar a tua perfeita vontade. Abro mão de mim mesmo, do meu ego. Receba esse sacrifício. Amém.

CONSAGRE SUA VIDA

08
FEVEREIRO

"Tendo, pois, a Jesus, o Filho de Deus, como grande sumo sacerdote que penetrou os céus, conservemos firmes a nossa confissão." Hb 4.14

Quando começo a pensar na necessidade de ter uma vida consagrada, cheia do fluir do Espírito Santo; quando olho para a necessidade de salvação dos perdidos; quando me lembro que há mais de trinta anos eu estava perdido, caminhando a passos largos em direção ao inferno e fui salvo por Cristo quando alguém falou do Seu amor para mim; quando volto o meu olhar para as nações e, em meio a um cenário mundial de caos e catástrofes, vejo a necessidade do estabelecimento do reino de Deus entre os povos; quando vejo crianças no semáforo pedindo moedas pela manipulação de adultos que as usam para coisas ruins... sou constrangido pelo amor de Deus a esmurrar o meu corpo e subjugá-lo à servidão em prol da edificação do reino de Deus.

Todo esse cenário gera no meu coração uma indignação contra o império da injustiça que tem ganhado tanto terreno à medida que a volta de Cristo se aproxima. Clamo que consegue a sua vida em prol do cumprimento do propósito eterno de Deus.

Oração: Senhor, eu me rendo. Eu me entrego, eu me consagro, eu me coloco em tuas mãos para fazer de mim o que quiseres. Sei que és fogo consumidor. Consome a minha vida com o fogo da tua presença, do teu Espírito para que o teu propósito se cumpra em mim. Eu oro por isso, em Nome de Jesus. Amém.

Números 3-4

09 FEVEREIRO — VOCÊ É A SOLUÇÃO

"Porque assim diz o SENHOR que tem criado os céus, o Deus que formou a terra e a fez; ele a estabeleceu, não a criou vazia, mas a formou para que fosse habitada: Eu sou o SENHOR, e não há outro." Is 45.18

Nós fomos criados para resolver um problema de Deus. Que privilégio! Antes da criação do homem, Lúcifer já tinha caído e se tornado Satanás. Ele fora lançado na terra e essa tornou o único lugar no universo onde a autoridade de Deus é questionada. Deus é plenamente perfeito e jamais criaria algo imperfeito. Há, praticamente, um consenso na interpretação por parte dos teólogos em dizer que esse caos na criação foi promovido pela expulsão de Lúcifer do céu devido ao seu pecado de inveja contra Deus. Pecado este que levou a outro, o de rebelião.

Deus agora tem um problema a ser resolvido na terra: restaurar a Sua criação. Quem Ele cria para a execução dessa tarefa? O homem. Meu amado, você foi criado para conter Deus em seu espírito, para ser o Seu conteúdo e a Sua satisfação. Este é o propósito da existência humana, mas não fica só nisso. Ele planejou fazer de você um instrumento em Suas mãos para ser usado por Ele para exercer governo, domínio e sujeição.

Oração: Deus todo-poderoso, neste dia eu oro a ti, colocando-me à tua disposição para ser usado. Quero cumprir o propósito, o porquê fui criado e para o que fui criado. Eu te agradeço pelo privilégio de fazer parte do Teu projeto na terra. Em Nome de Jesus. Aleluia!

Números 5-6

FILHO DO REI

"E nos ressuscitou juntamente com ele, e nos fez assentar nos lugares celestiais, em Cristo Jesus;" Ef 2.6

10 FEVEREIRO

Permita-me imaginar que você tem um cachorrinho de estimação. Você o ama tanto a ponto de desejar matá-lo para então fazê-lo ressuscitar como gente e transformá-lo em seu filho? Sabemos que isso é impossível. Há uma experiência cristã que ilustra esse fato: o batismo nas águas. No batismo, nós morremos e ressuscitamos. Embora tenhamos nascido em Adão, fomos batizados para dentro de Cristo. O significado do batismo é colocar as pessoas dentro de Cristo. O batismo não é uma mera cerimônia, é uma experiência espiritual. Todo esse processo que estou mencionando acontece por meio do encontro entre a Palavra de Deus e o Espírito Santo no coração do homem, realizando no seu espírito humano o maior milagre chamado regeneração (ou novo nascimento).

A regeneração é o centro e o início da salvação. Por meio dela, recebemos uma nova vida e uma posição de honra assentando-nos em lugares celestiais com Cristo. Como seus súditos, passamos a pertencer a um grupo de pessoas que constitui o Corpo de Cristo na terra, isto é, a Sua igreja. O novo nascimento é uma mudança de natureza: de pecadores a justos.

Oração: Obrigado Jesus, por ter morrido por mim lá na cruz e pela tua obra, pode me dar uma nova vida e um novo nascimento. Sou nova criatura e agora sou filho. Obrigado Senhor, por fazer parte dos teus planos e saber que sou amado! Amém! Aleluia!

Números 7

11 FEVEREIRO — CONQUISTANDO TERRITÓRIOS

"Quanto ao mais, irmãos, tudo o que é verdadeiro, tudo o que é honesto, tudo o que é justo, tudo o que é puro, tudo o que é amável, tudo o que é de boa fama, se há alguma virtude, e se há algum louvor, nisso pensai." Fp 4.8

Muitas das nossa maiores lutas e batalhas se dão na nossa mente. E, para conquistarmos coisas durante as nossas vidas, precisamos conquistar territórios dentro da nossa própria mente. Isso porque a palavra de Deus diz que a nossa luta não é contra carne e sangue, mas contra principados e potestades nos lugares celestiais (Ef 6.12). A Bíblia diz também que enfrentamos essa luta quando lutamos contra sofismas e pensamentos – no campo da mente. Para a conquista do território da mente precisamos dar alguns passos.

Renuncie aos parâmetros contaminados acerca de si e dos outros. Exemplos: parâmetros de autoestima baixa, insegurança, medo, covardia, dúvida ou outros sentimentos indesejáveis como: as pessoas não me amam, etc. Outros exemplos... Eu não vou conseguir; eu não sou capaz; eu sou fraco; ninguém me ama; ninguém se importa comigo; eu sou um fracasso. Exerça governo sobre seus pensamentos e não permita a passividade na mente.

Oração: Pai, em nome de Jesus, eu rejeito ser governado pela passividade da minha alma, mas assumo racionalmente o governo da minha vida para ser guiado pelo Espírito. Eu tomo posse da Tua palavra, renovarei minha mente com ela, porque os Teus pensamentos são mais altos que os meus. Aleluia, Senhor!

PROSSEGUINDO NA CONQUISTA DE TERRITÓRIOS

12 FEVEREIRO

"Quanto ao mais, irmãos, tudo o que é verdadeiro, tudo o que é honesto, tudo o que é justo, tudo o que é puro, tudo o que é amável, tudo o que é de boa fama, se há alguma virtude, e se há algum louvor, nisso pensai" Fp 4.8

Para continuar conquistando territórios, você precisa também ativar a mente meditando na Palavra de Deus e dando graças por tudo. "Bem-aventurado o varão que não anda segundo o conselho dos ímpios, nem se detém no caminho dos pecadores, nem se assenta na roda dos escarnecedores. Antes, tem o seu prazer na lei do SENHOR, e na sua lei medita de dia e de noite." Sl 1.1-2. Dando sempre graças por tudo a nosso Deus e Pai, em nome de nosso Senhor Jesus Cristo, Ef 5.20

Recuse os dardos inflamados do diabo na mente, através do escudo da fé. "Tomando sobretudo o escudo da fé, com o qual podereis apagar todos os dardos inflamados do maligno" (Ef 6.16 6). Não dar lugar ao diabo obedecendo a Deus de maneira irrestrita. "Não deis lugar ao diabo" Ef 4.27. Sujeite sua mente ao controle do espírito. Orando em línguas estranhas; orando a Palavra; tendo um estilo de vida de adoração; contemplando o Senhor. Vamos! Entregue suas primícias e dons ao Senhor, nosso Deus.

Oração: Ore em línguas por alguns instantes e, na sua mente, diga: Pai, te dou graças por tudo. Anseio por mais de ti, preciso ser cheio da tua presença. Enche-me. Transforma o meu interior enquanto medito na tua palavra. Em Nome do Senhor Jesus, Amém!

Números 11-13

13 FEVEREIRO — TERRITÓRIO DAS EMOÇÕES

"Certamente, ele tomou sobre si as nossas enfermidades e as nossas dores levou sobre si;" Is 53:4a

As emoções fluem em linha com aquilo que acontece na mente e expressam a sua resposta àquilo que entra em você. As portas da alma são os olhos e os ouvidos. Esse é um princípio tremendo a ser observado e praticado. Esses fatores são os causadores de feridas emocionais: abandono – também demanda grande esforço em busca da cura para não ter que buscar nas pessoas o suprimento de uma carência de pai ou de mãe. Há também a experiência de ter passado por momentos de grande necessidade como, por exemplo, fome; a depreciação e a desvalorização intelectual como, por exemplo, "Você é burro", "você é um idiota";

Precisamos aprender a conquistar as nossas emoções para sair da gangorra espiritual, na qual os sentimentos vêm e vão, para acabar com o ciclo maldito em que um dia nos sentimos vitoriosos e, no outro, um completo fracasso. Pessoas instáveis nas emoções não são confiáveis, consequentemente, a influência que têm não se torna autoridade. Só ganhamos autoridade quando temos estabilidade nas emoções.

Oração: Senhor, como disse Davi: "bendize ó minha alma ao Senhor", eu te bendigo! Eu não me esqueço de nenhum dos seus benefícios. Ainda que existam dores, feridas e enfermidades, a tua palavra é verdadeira e vai acontecer na minha vida. Ainda que a dor esteja na minha alma, a tua palavra vai curar. Amém.

CONQUISTANDO O TERRITÓRIO DAS EMOÇÕES

14 FEVEREIRO

"Portanto, tomai toda a armadura de Deus, para que possais resistir no dia mau e, depois de terdes vencido tudo, permanecer inabaláveis. Estai, pois, firmes, cingindo-vos com a verdade e vestindo-vos da couraça da justiça. Calçai os pés com a preparação do evangelho da paz; embraçando sempre o escudo da fé, com o qual podereis apagar todos os dardos inflamados do Maligno. Tomai também o capacete da salvação e a espada do Espírito, que é a palavra de Deus;" Ef 6:13-17

Conquistamos o território das emoções através das duas peças mais importantes da armadura divina: o escudo da fé e a espada do Espírito. Com o escudo da fé, apagamos todos os dardos inflamados do maligno, que são pensamentos relâmpago, isto é, que são pensamentos de destruição e tentações. Com a espada do Espírito, que é a Palavra de Deus, usamos para ativar nossas emoções e impor o Verbo em nossa vida.

Como? Trazendo para nossa mente um texto bíblico por meio do qual Deus falou conosco. Assim, imediatamente, estaremos ativando nossas emoções, porque elas estarão alinhadas à mente e aos pensamentos de Deus expressos nas Escrituras. Acolhemos a palavra com a mente, cremos com o coração e proclamamos com a boca. "Se, com a tua boca, confessares Jesus como Senhor e, em teu coração, creres que Deus o ressuscitou dentre os mortos, serás salvo. Porque com o coração se crê para justiça e com a boca se confessa a respeito da salvação". Rm 10:9-10. Qual é a Palavra que você usa como espada?

Oração: Senhor, em Nome de Jesus eu tomo posse do território emocional. Eu declaro domínio pelo Espírito e pela palavra que traz cura e saúde, pelo escudo da fé, eu apago todo dardo do maligno. Ele nada tem em mim! Nada! Amém.

Números 16-18

15
FEVEREIRO

CONQUISTANDO O TERRITÓRIO DA VONTADE

"Pedi, e dar-se-vos-á; buscai e encontrareis; batei, e abrir-se-vos-á. Porque aquele que pede recebe; e o que busca encontra; e, ao que bate, se abre"
Mt 7:7,8.

A nossa vontade determina nosso destino, portanto, se ela estiver alinhada com o Espírito Santo, se escolhermos dar-lhe a primazia, seremos poderosos em Deus e poderosos em obras. Existe um princípio: Deus não se move e não responde, a menos que tomemos a iniciativa. Ele escolheu este parâmetro e não irá mudá-lo: ou nossa vontade busca a Deus, ou Ele permanecerá aguardando o dia em que resolveremos ativá-la. Essa atitude demonstra o respeito que Deus tem pelo nosso livre arbítrio. "E buscar-me-eis e me achareis quando me buscardes de todo o vosso coração" Jr 29.13. Nos primeiros anos da nossa vida cristã, somos imaturos e precisamos avançar para desenvolver disciplina e gerar hábitos por decisão, por escolha. A vontade ativada para pedir, buscar e bater, consequentemente, nos faz receber, encontrar e abrir aquilo que precisamos.

A nossa vontade deve ser ativada em todas as áreas: para melhorar nosso casamento; liderar melhor nossos filhos; conhecer mais a Bíblia; fé, amor, prosperidade etc. Qual o resultado disso? Alguém inteiro, com harmonia interior, cheio de segurança em Deus, cheio de paz e de fácil relacionamento.

Oração: Eu declaro que a minha vontade está ativada para desejar conforme a palavra de Deus. Declaro que decido querer o que Tu queres. Estou ciente de que o Teu querer está expresso em sua palavra. Aleluia! Amém.

Números 19-21

CONFISSÃO QUE CONQUISTA - I

16 FEVEREIRO

"Quanto ao mais, irmãos, tudo o que é verdadeiro, tudo o que é honesto, tudo o que é justo, tudo o que é puro, tudo o que é amável, tudo o que é de boa fama, se há alguma virtude, e se há algum louvor, nisso pensai." Fp 4.8

Construa seus pensamentos já ao amanhecer de cada dia dizendo: eu sou feliz porque a minha felicidade está em Cristo. "Deleita-te também no SENHOR, e ele te concederá o que deseja o teu coração." Sl. 37:4. Eu sou justo porque a minha justiça é Cristo. Àquele que não conheceu pecado, o fez pecado por nós; para que, nele, fôssemos feitos justiça de Deus. Porque, como, pela desobediência de um só homem, muitos foram feitos pecadores, assim, pela obediência de um, muitos serão feitos justos.

Eu sou próspero porque vivo a justiça de Deus. "Bem-aventurado o varão que não anda segundo o conselho dos ímpios, nem se detém no caminho dos pecadores, nem se assenta na roda dos escarnecedores. Antes, tem o seu prazer na lei do SENHOR, e na sua lei medita de dia e de noite. Pois será como a árvore plantada junto a ribeiros de águas, a qual dá o seu fruto na estação própria, e cujas folhas não caem, e tudo quanto fizer prosperará." Sl 1: 1-3.

Oração: Eu confesso que a Tua palavra é viva. Ela penetra no mais profundo do meu ser e me convence de que o que ela diz certamente tornar-se-á visível aos olhos, se ainda não é! Eu sou o que ela diz que sou. Eu tenho o que ela diz que tenho. Eu confesso e retenho essa confissão. Eu creio, por isso falo. Em nome de Jesus, Amém!

Números 22-24

17 FEVEREIRO — CONFISSÃO QUE CONQUISTA - II

"Pois tu, SENHOR, abençoarás ao justo; circundá-lo-ás da tua benevolência como de um escudo." Sl 5.12

Eu sou mais que vencedor! "Que diremos, pois, a estas coisas? Se Deus é por nós, quem será contra nós? Aquele que nem mesmo a seu próprio Filho poupou, antes, o entregou por todos nós, como nos não dará também com ele todas as coisas? Quem intentará acusação contra os escolhidos de Deus? É Deus quem os justifica. Quem os condenará? Pois é Cristo quem morreu ou, antes, quem ressuscitou dentre os mortos, o qual está à direita de Deus, e também intercede por nós. Quem nos separará do amor de Cristo? A tribulação, ou a angústia, ou a perseguição, ou a fome, ou a nudez, ou o perigo, ou a espada? Como está escrito: Por amor de ti somos entregues à morte todo o dia: fomos reputados como ovelhas para o matadouro. Mas em todas estas coisas somos mais do que vencedores, por aquele que nos amou. Porque estou certo de que nem a morte, nem a vida, nem os anjos, nem os principados, nem as potestades, nem o presente, nem alguma outra criatura nos poderá separar do amor de Deus, que está em Cristo Jesus, nosso Senhor!" Rm 8: 31-39

Oração: Eu confesso, Jesus, esse cântico de vitória. Ele resume o triunfo que o Senhor providenciou para mim. É com esse espírito que eu avanço, em fé, crendo, me alegrando, esperançando, profetizando, declarando e vendo pelos olhos espirituais tudo aquilo que o Senhor declara em sua palavra como uma realidade em minha vida. Em Nome do Senhor Jesus Cristo! Amém! Aleluia!

CONFISSÕES PARA MAIS CONQUISTAS

18 FEVEREIRO

"Ora, o medo produz tormento; logo, aquele que teme não é aperfeiçoado no amor." 1 Jo 4.18

Desfruto de plena saúde no corpo e na alma porque o Senhor Jesus Cristo levou sobre si todas as dores e enfermidades. "Porque foi subindo como renovo perante ele e como raiz de uma terra seca; não tinha parecer nem formosura; e, olhando nós para ele, nenhuma beleza víamos, para que o desejássemos. Era desprezado e o mais indigno entre os homens, homem de dores, experimentado nos trabalhos e, como um de quem os homens escondiam o rosto, era desprezado, e não fizemos dele caso algum. Verdadeiramente, ele tomou sobre si as nossas enfermidades e as nossas dores levou sobre si; e nós o reputamos por aflito, ferido de Deus e oprimido. Mas ele foi ferido pelas nossas transgressões e moído pelas nossas iniquidades; o castigo que nos traz a paz estava sobre ele, e, pelas suas pisaduras, fomos sarados." Is 43:2-5. Eu sou livre de toda acusação, culpa e condenação.

Durante o dia, abra a sua boca e confesse essas verdades bíblicas. À medida que você confessar essas verdades bíblicas que falam da sua identidade em Cristo, elas renovarão a sua mente e produzirão aperfeiçoamento em sua personalidade.

Oração: Eu sou mais que vencedor. Eu sou curado. Sou alegre. Estou restaurado. Sou próspero. Abençoado. Estou sendo guiado para e pelo centro da vontade de Deus e cumprirei o propósito para o qual fui criado.

Números 27-29

19 FEVEREIRO

NÃO PARE

"Mas vós sois a geração eleita, o sacerdócio real, a nação santa, o povo adquirido, para que anuncieis as virtudes daquele que vos chamou das trevas para a sua maravilhosa luz;" I Pedro 2:9

Para exercermos o sacerdócio de maneira aprovada, devemos caminhar na maturidade cristã, ter um coração quebrantado e permitir que o Senhor nos aperfeiçoe e transforme segundo a Sua imagem. Não desista quando você enxergar deformidades de caráter e personalidade em si. Avance e marche porque Ele conta contigo e vai te aperfeiçoar.

Insisto em dizer: Ele não desiste de você! Ao perceber falhas no seu caráter, mude de vida e então Ele te mudará! "E ele mesmo deu uns para apóstolos, e outros para profetas, e outros para evangelistas, e outros para pastores e doutores, querendo o aperfeiçoamento santos, para a obra do ministério, para edificação do corpo de Cristo, até que todos cheguemos à unidade da fé e ao conhecimento do Filho de Deus, a varão perfeito, à medida da estatura completa de Cristo, para que não sejamos mais meninos inconstantes, levados em roda por todo vento de doutrina, pelo engano dos homens que, com astúcia, enganam fraudulosamente. Antes, seguindo a verdade em caridade, cresçamos em tudo naquele que é a cabeça, Cristo," Ef 4.11-15.

Oração: Deus querido e eterno, obrigado por não desistir de mim. Tu não desistirás de mim e isso é muito tremendo. Tu me encorajas, me confortas e me estimulas a prosseguir. Obrigado por acreditar e não desistir de mim, até que eu seja o que projetou. Aleluia!

SACERDOTE APROVADO

20 FEVEREIRO

"Falou mais o SENHOR a Moisés, dizendo: Fala a Arão, dizendo: Ninguém da tua semente, nas suas gerações, em quem houver alguma falta, se chegará a oferecer o pão do seu Deus. Pois nenhum homem em quem houver alguma deformidade se chegará: como homem cego, ou coxo, ou de nariz chato, ou de membros demasiadamente compridos, ou homem que tiver o pé quebrado, ou quebrada a mão, ou corcovado, ou anão, ou que tiver belida no olho, ou sarna, ou impigens, ou que tiver testículo quebrado. Nenhum homem da semente de Arão, o sacerdote, em quem houver alguma deformidade, se chegará para oferecer as ofertas queimadas do SENHOR; falta nele há; não se chegará para oferecer o pão do seu Deus. O pão do seu Deus, das santidades de santidades e das coisas santas, poderá comer. Porém até ao véu não entrará, nem se chegará ao altar, porquanto falta há nele, para que não profane os meus santuários; porque eu sou o SENHOR que os santifico." Lv 21:16-23

Deus nos chamou para sermos reis e sacerdotes conforme Ele é. O sacerdote tinha o dever de representar Deus diante dos homens, e também representar os homens diante de Deus. O sacerdote vai diante de Deus pelo seu cônjuge, filhos, familiares, amigos, colegas e até inimigos, pois o Senhor Jesus nos ensina a amar os nossos inimigos.

Todas as suas imperfeições e defeitos são cobertos pelo sangue de Cristo e trabalhados pelo Espírito Santo através do Seu poder em nós. Tenha bom ânimo, não aceite acusação e se alegre, pois fiel é Aquele que te chamou e te aperfeiçoará até ao dia de Cristo.

Oração: Que privilégio ministrar ao Senhor e aos homens. Que ofício santo e extraordinário. Realize prodígios e milagres usando a mim, alguém tão imperfeito, mas totalmente amado por ti. Transbordado da tua graça, eu te agradeço. Em Nome de Jesus, Amém.

21 UM EXCELENTE CAMINHO

FEVEREIRO

"Entretanto, procurai, com zelo, os melhores dons. E eu passo a mostrar-vos ainda um caminho sobremodo excelente" 1 Coríntios 12:31

Quando digo que é possível trilhar o caminho do aperfeiçoamento através do amor, estou literalmente me referindo ao amor ágape, o caminho sobremodo excelente. As pessoas normalmente se amam movidas pelo amor phileo, que é o amor da amizade. Esse amor exige uma correspondência. Então, se amo alguém com o amor phileo e não me sinto correspondido, fico frustrado e deixo de amar essa pessoa. Se um casal se ama pelo amor eros, o amor da paixão e do romantismo que leva duas pessoas a se casarem pela atração física, quando uma das duas não se sentir correspondida, haverá frustração e o casamento tende a se dissolver. É por isso que tem havido tanto divórcio.

O amor ágape de Deus é o único tipo de amor que mantém duas pessoas verdadeiramente vinculadas e conectadas em um relacionamento de aliança que não se dissolve por nada. É desse amor que todo cristão precisa ter revelação e dele se alimentar, para cumprir o propósito eterno de Deus, e se constranger a dar resposta positiva ao Senhor em cada situação adversa.

Oração: Preciso da revelação do teu amor ágape, Aba. Pai amado, ensina-me e capacita-me a amar com o Teu amor. Eu preciso. Ensina-me, em Nome de Jesus, Amém.

O AMOR ÁGAPE

"Porque o amor de Cristo nos constrange..." 2 Co 5:14a

22 FEVEREIRO

Vamos falar, então, sobre este amor, pois ele é o único combustível capaz de constranger o coração humano para caminhar de quebrantamento em quebrantamento no processo do aperfeiçoamento da alma. O que é o amor ágape? É o amor de Deus. O que é o amor de Deus? É o próprio Cristo, o Filho de Deus. Jesus Cristo é a personificação do amor do Pai. "No princípio era o Verbo, e o Verbo estava com Deus, e o Verbo era Deus. Ele estava no princípio com Deus. Todas as coisas foram feitas por ele, e sem ele nada do que foi feito se fez." Jo 1:3.

O verbo, isto é, a palavra de Deus, tomou forma humana na pessoa bendita de Jesus Cristo, o Filho de Deus. Quando Jesus Cristo vai à cruz levando sobre Si, naquele madeiro, os nossos pecados para que, mortos para os pecados, pudéssemos viver para a justiça. Ele expressa o amor do Pai, nos transportando das trevas para a luz e nos transformando de pecadores em justos. Isso se chama amor de Deus, é o amor ágape. Esse amor é incondicional, sacrificial. É um amor que não precisa ser correspondido, pois ele não tem limites.

Oração: Eu usufruo, Senhor, do teu amor. Me alegro no que fez por mim. Mergulho nesse amor. Me deleito nesse amor. E então, impactado e embriagado com esse amor, quero amar as pessoas como o Senhor as ama. Me ajude a fazer isso. Amém.

Deuteronômio 3-4

23 FEVEREIRO — GERE

"Contudo, se o que alguém edifica sobre o fundamento é ouro, prata, pedras preciosas, madeira, feno, palha, manifesta se tornará a obra de cada um; pois o Dia a demonstrará, porque está sendo revelada pelo fogo; e qual seja a obra de cada um o próprio fogo o provará" 1 Co 3:12-13

Gerar é edificar uma obra com ouro, prata e pedras preciosas. Uma obra que, no grande dia, ao passar no fogo, permanecerá. Repare que a madeira, palha e feno ao passarem pelo fogo são queimados, não sobra nada, esse é o resultado de toda obra que teve como objetivo final simplesmente o fazer. Ouro, prata e pedras preciosas são menores em volume, porém maiores em valor. Ao passarem pelo fogo, ao invés de serem consumidos, são refinados, tornam-se mais puros. Por isso, naquele grande dia, veremos obras que humanamente pareciam grandiosas demais sendo reprovadas por Deus.

A missão de Jesus em todo tempo teve como principal objetivo gerar discípulos. Por conta disso, não vemos a Bíblia mencionando Jesus vinculado a nenhuma obra que tivesse como seu fim o fazer, ainda que eu creia que Jesus tenha feito muitas coisas, todas elas tinham como seu alvo final o "gerar".

Oração: Espírito Santo, ajuda-me a gerar como ajudaste a Maria gerar Cristo. Que o mesmo princípio ali, Senhor, aconteça através de mim. A palavra foi enviada e Maria creu. Que quando eu falar, que as pessoas creiam, e o Senhor faça a obra no coração delas. Eu te peço isso, em Nome do Senhor Jesus! Para tua glória!

Deuteronômio 5-8

DEPENDÊNCIA

"Portanto ide, fazei discípulos de todas as nações, batizando-os em nome do Pai, e do Filho, e do Espírito Santo;" Mt 28.19

24 FEVEREIRO

Jesus foi enviado à terra com o objetivo de fazer, de todos os homens, discípulos do Pai. Ele investiu Sua vida nessa edificação, treinou seus discípulos e deixou a eles uma grande comissão em Suas últimas palavras. As últimas palavras de alguém devem ser cuidadosamente avaliadas por expressarem o que de mais importante aquela pessoa tem a dizer. "Portanto ide, fazei discípulos de todas as nações, batizando-os em nome do Pai, e do Filho, e do Espírito Santo" Mt 28.19. O interessante é que Jesus disse aos seus discípulos que só iniciassem a obra de gerar discípulos a partir do momento que tivessem sido revestidos pelo Espírito Santo, e aqui mora uma diferença importante sobre aquilo que é "gerar" e "fazer".

"Gerar" só pode ser realizado pela dependência do Espírito, enquanto "fazer" pode ser fruto de capacidades humanas. Não tenho nada contra o "fazer", aliás, ele é necessário para o funcionamento da igreja, mas é extremamente nocivo quando o "fazer" é o centro da edificação de nossas vidas. Gere tudo aquilo que o Senhor te prometeu em Sua palavra e especificamente para você.

Oração: Senhor, neste dia, quero me colocar diante de ti em dependência. Abro mão da confiança na minha força. Declaro, em Nome de Jesus, que minha força está em ti e que eu cumprirei o propósito na dependência da tua força e sabedoria. É pelo teu Espírito! Em Nome de Jesus! Amém.

Deuteronômio 9-11

25 FEVEREIRO — OBRAS QUE ECOAM

"E, por assim dizer, também Levi, que recebe dízimos, pagou-os na pessoa de Abraão. Porque aquele ainda não tinha sido gerado por seu pai, quando Melquisedeque saiu ao encontro deste." Hebreus 7:9-10

Gerar é o tipo de obra geracional que alcança a eternidade. Esse texto acima é um exemplo de uma obra geracional. Abraão deu os dízimos de tudo, pela fé, para Melquisedeque, sacerdote do Deus Altíssimo. Essa atitude foi tão espiritual que atravessou gerações a ponto de Levi, seu bisneto, ser considerado dizimista, pois seu bisavô (Abraão) dizimou.

"Fazer" terá um fim em si mesmo. Prédios ficam velhos. Músicas ficam ultrapassadas. Se alguém investir toda sua vida somente em fazer canções, ao morrer terá suas músicas tocadas por breves anos e depois não se lembrarão mais. Serviços são substituíveis. Se alguém investir todo seu potencial em servir água ao pastor, ajudar nas escalas da igreja, ficar na recepção, lavar as salas, ao morrer, certamente será lembrado em algum momento, mas de maneira prática encontrarão outro irmão que poderá realizar aquele serviço. Faça o que vai para a eternidade: discípulos.

Oração: Deus Pai, em Nome de Jesus, dá-me discípulos. É um pedido que sei que a resposta é sim! Dê-me foco. Que eu enxergue com clareza o que devo fazer. Dá-me estratégias. Faça-me frutífero, em Nome de Jesus, para Tua glória!

OBRAS

26 FEVEREIRO

"E, por assim dizer, também Levi, que recebe dízimos, pagou-os na pessoa de Abraão. Porque aquele ainda não tinha sido gerado por seu pai, quando Melquisedeque saiu ao encontro deste." Hebreus 7:9-10

O que quero te mostrar é que nenhum "fazer" tem o mesmo alcance e importância para Deus. Ou seja, obras únicas, isoladas e individuais não chegam ao coração de Deus. O "gerar" só pode ser realizado pela dependência do Espírito, enquanto "fazer" pode ser fruto de capacidades humanas. O coração de Deus espera uma obra que venha do gerar, que depende da força eterna e espiritual do Senhor.

Uma obra proveniente do "gerar" é eterna. Obras provenientes do "fazer", todas elas morrem conosco, por isso não são obras geracionais, são matérias, existem apenas no mundo dos homens. O que é mais importante para você, o reino de Deus ou o mundo terreno? "Gerar" remete a uma obra eterna, espiritual, os discípulos que faremos para Jesus se reproduzirão eternamente, serão valiosos até o fim dos tempos. Meu desejo e oração é que você gere tudo aquilo que você venha fazer para o Reino de Deus.

Oração: Eu oro Jesus, para que o Senhor me dê encargo para gerar. Que eu não caia na tentação de querer "fazer" ao invés de "gerar". Obrigado, Senhor, pela habitação do teu Espírito em mim, que me inspira a gerar, a perseverar, a crer. Obrigado Senhor, Em Nome de Cristo Jesus, amém!

Deuteronômio 16-19

27 FEVEREIRO — VOCÊ É INDISPENSÁVEL

"ensinando-os a guardar todas as coisas que vos tenho ordenado. E eis que estou convosco todos os dias até à consumação do século." Mt 28:20

Posso lhe afirmar que você é indispensável para Deus e para o cumprimento de seu propósito. Talvez algumas proclamações que às vezes ouvimos dentro da igreja como: "O Reino de Deus não espera ninguém", "Se você não quiser Deus irá passar de você", "Essa é sua última chance" ou "Você não é capacitado o bastante", acabam nos fazendo crer em uma mentira. Muitas vezes imaginamos um Deus cheio de planejamento e programações de avanço, sentado em uma mesa, movimentando pinos, semelhante a um patrão descartando aquilo que não gera algum retorno, porém eu prefiro acreditar em um Deus que é pai e todo trabalho no Reino de Deus é um pressuposto para Ele estar em comunhão conosco, que tem prazer em nós.

Todo trabalho no Reino de Deus é um pressuposto para Ele estar em comunhão conosco. Ele poderia fazer por si mesmo, Suas palavras são altamente criativas e não dependem em nada de nós, Ele poderia salvar os homens sem cooperação humana alguma, no entanto, Ele escolhe trabalhar em parceria conosco, por quê? Para que Ele se relacione contigo. Você é indispensável.

Oração: Que privilégio Senhor, trabalhar para ti enquanto desfruto da sua companhia. Obrigado porque enquanto caminhamos juntos, aprendo contigo. Temos comunhão. Obrigado por tudo isso, Senhor!

ENCHA SEU TANQUE

28 FEVEREIRO

"Quem crer em mim, como diz a Escritura, do seu interior fluirão rios de água viva. Isto ele disse com respeito ao Espírito que haviam de receber os que nele cressem; pois o Espírito até aquele momento não fora dado, porque Jesus não havia sido ainda glorificado." Jo 7.38,39

O Senhor Jesus fez a promessa de fluir o Espírito Santo no interior de todo aquele que tem sede pela Sua presença. Este fluir é abundante por meio dos rios de água viva que apontam para a pessoa do Espírito Santo. Analisando a expressão "fluir", na língua grega, vemos que se trata de "correr como águas", dando a entender que assim como as águas de um rio correm em direção ao mar, igualmente as águas do Espírito Santo correm do nosso interior concedendo-nos vida eterna. Esta "água viva" é o próprio Espírito Santo gerando vida eterna dentro de todo aquele que crê em Jesus Cristo como Senhor e Salvador.

O fluir do Espírito Santo no interior do cristão tem início no momento da sua conversão a Cristo. A partir de então, o Espírito Santo se torna residente no espírito humano regenerado (nascido de novo) concedendo ao crente o privilégio da sua habitação contínua. Em I Co 3.16 o apóstolo Paulo diz: "Não sabeis vós que sois templo de Deus e que o Espírito de Deus habita em vós?". Este fluir do Espírito não é uma promessa para pastores, obreiros e uns poucos cristãos especiais. Ela diz respeito a todos aqueles que creem em Cristo como Senhor!

Oração: Glorioso Espírito Santo, preciso de mais. Quero mais da Tua presença e da Tua unção. Enche-me. Cabe mais, tem mais espaço em mim para o Teu fluir, Teu mover, Teu poder. Em Nome de Jesus, faz isso, Pai!

○ Deuteronômio 23-25

01 MARÇO

DEIXE FLUIR

"não é comida e nem bebida, mas justiça, paz e alegria no Espírito Santo".
Rm 14:17

Frequentemente, sou golpeado nas minhas entranhas pelo amor paternal de Deus e pelo fogo de Sua glória, é um privilégio que desfruto, isso me leva a um quebrantamento e, em meio a lágrimas, sou constrangido pelo fluir do Espírito Santo em meu interior como rios de água viva.

Estive algumas vezes em Jerusalém, a "Terra Santa", e observei as águas do mar Morto. Muito me encantei com o nascimento das águas do rio Jordão no monte Hermom. As águas do Jordão atravessam Jerusalém até se desembocarem no mar Morto. Enquanto as águas fluem pelo leito do rio Jordão, existe vida. Porém, ao chegar ao mar Morto, estas águas já não mais servem de vida para os peixes, para vegetação, para os animais. Sabe a razão? Porque o mar Morto estanca o fluir das águas.

Se um cristão estanca o mover e o fluir de Deus em sua vida, torna-se inerte, letárgico, indolente, triste, frustrado, perturbado, sem paz, sem vida de Deus como o mar Morto. Dê vazão ao fluir dos rios de Deus que apontam para o mover do Espírito Santo na sua vida.

Oração: Senhor Jesus Cristo, libera os canais da minha vida que possam estar impedindo o teu fluir do teu Espírito. Que os teus rios de águas vivas me tirem do lugar, me movam, impactem outras pessoas. Que a Tua glória seja manifesta através de mim. Em Nome de Jesus! Aleluia!

FLUA NO ESPÍRITO

"Se vivemos no Espírito, andemos também no Espírito." Gl 5:25

02
MARÇO

Quando fluímos no Espírito, automaticamente somos guiados pelo Espírito. A exortação de Paulo citada acima em Gálatas 5.25 é que não só vivamos no Espírito, mas também "andemos" no Espírito. A consequência disso é que não estaremos debaixo da lei que nos condena, mas debaixo da graça que nos absolve. A crucificação das obras da carne e suas concupiscências é uma consequência de quem vive e anda no Espírito. Aí está o segredo de uma vida cristã prazerosa e deleitosa no Senhor. Fomos chamados como ministros de uma nova aliança para exercermos o sacerdócio. Já ouvi tantos cristãos dizerem: "ser cristão é muito difícil". Eu discordo desta afirmação. Ser cristão não é difícil, é impossível! O Senhor Jesus Cristo estava falando acerca da renúncia a ser feita para se entrar no reino de Deus "E os que O ouviam disseram: quem pode se salvar? E Ele lhes respondeu: "Para o homem é impossível, mas para Deus nada é impossível". (Lc 18.26-27).

Quando somos guiados pelo Espírito fazemos aquilo que o Senhor nos comunica e ainda que nos pareça algo estranho, ao obedecer ao Seu comando as coisas dão certo, funcionam e nós alcançamos o êxito na vida pessoal, familiar, profissional, financeira e ministerial.

Oração: Pai, eu submeto o meu coração à tua vontade, que o teu Espírito me auxilie a viver a tua vontade que é boa, perfeita e agradável, amém!

○ Deuteronômio 28-29

03 MARÇO — COMO DEUS FALA

"Examinais as Escrituras, porque vós cuidais ter nelas a vida eterna, e são elas que de mim testificam." Jo 5.39

Como Deus fala? A primeira e principal maneira é através do "testemunho interior" no nosso íntimo, gerando paz no coração. Esse testemunho interior é a maneira com que o Espírito Santo se comunica conosco na nossa intuição. O nosso espírito humano possui três funções: intuição, consciência e comunhão. A palavra intuição vem do latim e ela é a somatória de duas outras: in+tueor. Essas duas palavras juntas significam "professor interior". Então, o testemunho interior é a maneira com que o Espírito Santo, como nosso professor interior, fala no nosso íntimo. E a consequência disso é um sentimento de paz que domina o nosso coração. Essa é a maneira número um da forma como Ele fala.

Fazer a obra de Deus que toca a eternidade e agrada ao Senhor só é possível no poder do Espírito Santo, fluindo nos seus rios de água viva e guiados por Ele. Talvez você esteja questionando: "ainda mais do que através do estudo e conhecimento de Sua palavra"? A resposta é: "não". O testemunho interior que gera paz sempre se alinha com a Palavra de Deus. Se você tiver um sentimento de paz que não se alinha à Palavra de Deus, não dê ouvidos.

Oração: Pai, obrigado pela tua voz no meu interior. Que coisa maravilhosa é poder ouvir a tua voz, o Senhor, mesmo sendo um Deus tão grande, com uma voz tão poderosa, consegue falar suavemente no interior de alguém tão pequeno como eu. Dê-nos discernimento para entendermos o que o Senhor quer falar. Para Tua glória e honra. Amém.

Deuteronômio 30-32

VOZ PERFEITA

"As minhas ovelhas ouvem a minha voz, e eu conheço-as, e elas me seguem;"
Jo 10.27

04
MARÇO

Deus fala também por meio da Sua voz. Voz que é mansa, meiga, suave, porém forte, cheia de poder e de autoridade. O Espírito de Deus fala no nosso íntimo o que Ele ouve Jesus dizer, e essa é a Sua voz mansa e delicada. Essa voz não chega até nós se não buscarmos. Reflita: o que você tem feito para buscar a voz perfeita de Deus? O que você tem feito para ouvir o direcionamento do Senhor e Criador da sua vida?

Se você ouvir a voz, mas não tiver testemunho interior, não ouça essa voz, pois as duas se alinham à Palavra de Deus. Exemplificando o que estou dizendo: Já houve momentos em que recebi uma profecia, mas não senti nenhuma presença de Deus, nenhum testemunho interior. A confirmação divina é incontestável, não deixa dúvidas. Neste caso, não dou nenhuma importância às palavras que me profetizam. Dou importância à voz que traz paz, consolo, direção e afasta toda confusão. Mas essa sabedoria e discernimento é alcançada com a maturidade do cristão, que se desvencilha da sua voz para buscar a Deus. A voz do Senhor é perfeita!

Oração: A voz do Senhor é perfeita, Pai. Eu te adoro porque tenho desfrutado do privilégio de ouvir a tua voz. Quero e desejo te ouvir, mais e mais. Dá-me um coração que obedece, cada dia mais. Tua voz me alimenta. Fala comigo Senhor! Em Nome de Jesus, amém.

Deuteronômio 33-34

05 DEUS ESTÁ FALANDO

MARÇO

"À noite, sobreveio a Paulo uma visão na qual um varão macedônio estava em pé e lhe rogava, dizendo: Passa à Macedônia e ajuda-nos." At 16:9

A terceira maneira através da qual Deus nos fala é por meio de uma visão. Vemos aqui Paulo tendo uma visão e nela, um homem da Macedônia vinha até ele, dizendo: "Por favor, venha nos ajudar". Isso era o Espírito Santo usando uma visão para dizer ao testemunho interior, é a maneira com que o Espírito Santo, como nosso professor interior, fala a Paulo: "Vá à Macedônia". Há pessoas com as quais Deus fala muito através de visões.

Não é o meu caso. No dia da minha conversão, há quase quarenta anos, minha mãe na fé orava por mim e teve uma visão: ela me via com roupas brancas de médico carregando no pescoço um estetoscópio, caminhando no corredor de um hospital e adentrando um consultório médico onde havia um doente. Eu tomava um aparelho medidor de pressão (esfigmomanômetro) e colocava no braço do enfermo que estava numa cama. Ela me perguntou: "Você é médico?". Uma observação: EU NÃO ESTAVA DE BRANCO. Eu disse: "Sim". Ela respondeu: "Pois bem, o Senhor Jesus Cristo que é o Médico dos médicos me mostrou em visão que você é médico". Isso é Deus falando através de uma visão.

Oração: Pai, abre os meus olhos para que eu possa ver. Dá-me visões celestiais e me capacita a ver e edificar tanto a minha fé como a das pessoas. Fale comigo através de visões. Dá-me essa experiência, em Nome de Jesus. Para tua glória. Amém.

Josué 1-4

SONHOS

06 MARÇO

"E sonhou ainda outro sonho, e o contou a seus irmãos, e disse: Eis que ainda sonhei um sonho; e eis que o sol, e a lua, e onze estrelas se inclinavam a mim. E, contando-o a seu pai e a seus irmãos, repreendeu-o seu pai e disse-lhe: Que sonho é este que sonhaste? Porventura viremos eu, e tua mãe, e teus irmãos a inclinar-nos perante ti em terra? Seus irmãos, pois, o invejavam; seu pai, porém, guardava este negócio no seu coração." Gênesis 37.9-11

Neste sonho, Deus falou com José que toda a sua família estaria debaixo da sua autoridade. Foi exatamente isso o que aconteceu. Depois de José interpretar o sonho de faraó do Egito, esse lhe concedeu autoridade para governar todo o Egito. A família de José estava passando necessidades em Canaã e tiveram que ir ao Egito. Quando lá chegaram, quem exercia liderança no império mundial da época? José, sob a delegação de Faraó.

Existem sonhos que são naturais e nada tem a ver com Deus falando. Acredito que, quando Ele fala por meio de um sonho, temos a convicção que é Deus falando. Os sonhos são importantes pois eles fazem com que nossas vidas sejam ativadas no Espírito, como que turbinadas e impulsionadas para o futuro, mesmo em meio às maiores dificuldades e tribulações. Peça ao Senhor sonhos que sejam revelações.

Oração: Senhor Jesus, eu oro pedindo sonhos espirituais, revelações do futuro sobre mim, minha família e meu grupo de relacionamento, para que minha fé e deles sejam edificadas e nós todos tenhamos experiências sobrenaturais contigo. Aleluia! Amém.

Josué 5-7

07 MARÇO
...E CONTINUA FALANDO

"E ouviu-se uma voz que se dirigia a ele: Levanta-te, Pedro!" At 10:15

Pedro estava orando no terraço da casa de Simão "o curtidor", na cidade de Jope e, de repente, teve um arrebatamento de sentidos em que ele via um grande avental branco atado nas quatro pontas e descendo do céu com todo tipo de animais, considerados impuros pelos judeus, E foi-lhe dirigida uma voz: Levanta-te, Pedro! Mata e come. E segunda vez lhe disse a voz: Não faças tu comum ao que Deus purificou. E aconteceu isto por três vezes; e o vaso tornou a recolher-se no céu. Atos 10.13 e 16

Paulo teve a experiência de ouvir o Espírito em um arrebatamento de sentidos, é uma experiência sobrenatural em que se tem um êxtase. É algo inexplicável. No caso de Pedro, ele viu um grande avental descendo do céu e ouviu Deus falando. Com essa experiência, o Senhor estava dando uma antevisão do que aconteceria na casa de Cornélio: o Espírito Santo se derramando na vida de homens gentios! Os judeus convertidos a Cristo não acreditavam que o Espírito Santo pudesse se derramar na vida de um gentio (não judeu). "Conheço um homem em Cristo que, há catorze anos (se no corpo, não sei; se fora do corpo, não sei; Deus o sabe), foi arrebatado até ao terceiro céu. E sei que o tal homem (se no corpo, se fora do corpo, não sei; Deus o sabe) foi arrebatado ao paraíso e ouviu palavras inefáveis, de que ao homem não é lícito falar." 2 Co 12.2-4.

Oração: Senhor, tudo é possível para aquele que crê. E eu creio que o Senhor pode me dar a experiência espiritual do arrebatamento de sentidos. Que seja para tua glória e para abençoar vidas. Amém.

ANDE NO ESPÍRITO

"Se vivemos no Espírito, andemos também no Espírito". Gálatas 5:25

08 MARÇO

Como andar no espírito? O que devo fazer no dia a dia para andar no Espírito? Primeiro - Consagre as primícias ao Senhor – Pv 3.9 "Honra ao SENHOR com a tua fazenda e com as primícias de toda a tua renda" Esse texto está fazendo menção de questões materiais e financeiras. Quero usá-lo para fazer uma aplicação na questão espiritual. Assim como existe a exortação para se consagrar ao Senhor a primeira parte do nosso rendimento, assim também devemos consagrar os primeiros momentos de cada dia em devocional ao Senhor para render-Lhe graças, louvá-Lo, adorá-Lo, pedir, consagrar, entregar e interceder. Neste tempo de qualidade a sós com Deus também devemos nos alimentar da Sua Palavra.

Quando assim procedemos, os nossos celeiros espirituais se enchem e se transbordam da vida de Deus. O primeiro é de Deus! Comece cada dia desfrutando de um tempo de Solitude com o Espírito Santo e você verá o quanto vale a pena. "Quem crer em mim, como diz a Escritura, do seu interior fluirão rios de água viva". Isto ele disse com respeito ao Espírito que haviam de receber os que nele cressem; pois o Espírito até aquele momento não fora dado, porque Jesus não havia sido ainda glorificado. Assim como ansiamos por um copo de água para matar a nossa sede, ainda mais devemos anelar a presença do Senhor.

Oração: Aba, Pai querido, me encha com o teu fogo para que eu ande no Espírito. Que eu tenha vida de Deus. Que eu transborde da tua unção. Que eu seja intenso e possa impactar a vida de todos aqueles que eu tiver contato. Amém.

Josué 11-13

09 — MARÇO

SUSPIRE

"Como suspira a corça pelas correntes das águas, assim, por ti, ó Deus, suspira a minha alma." Sl 42.1

Esse salmo exemplifica perfeitamente o testemunho da sede de um servo de Deus em demonstração do seu anelo (desejo ardente) pelo Senhor e pela Sua presença. Quero exaltar a Deus pela preciosidade da Sua palavra, citando alguns textos para sua meditação: "Eu sou o pão vivo que desceu do céu; se alguém comer desse pão, viverá para sempre; e o pão que eu der é a minha carne, que eu darei pela vida do mundo." Jo 6.51. Eis que Deus, o Todo-Poderoso, se apresenta como o pão, o alimento necessário para vivermos!

A condição indispensável para uma boa saúde física é se alimentar de maneira adequada com uma alimentação rica, contendo todos os nutrientes indispensáveis para saúde do corpo. Não é diferente do ponto de vista espiritual. Se queremos desfrutar de saúde espiritual para podermos então andar no Espírito, necessitamos nos alimentar da Palavra de Deus todos os dias. Qual tem sido a sua fome pela Palavra de Deus? Com que frequência você se alimenta dela? Suspire por mais de Deus.

Oração: A minha alma suspira por mais de ti, Senhor. Queremos mais de Ti, do Teu amor, da Tua presença. Mais do Teu fogo, mais da Tua santidade. Mais de Ti em nós. Tua presença nos transforma, sustenta, alimenta e nos leva a querer mais. Queremos mais, Senhor, em Nome de Jesus. Amém e amém.

Josué 14-17

DELEITANDO

"Como suspira a corça pelas correntes das águas, assim, por ti, ó Deus, suspira a minha alma." Sl 42.1

10 MARÇO

Deleitar-se no Senhor é tê-Lo como seu maior prazer, a sua verdadeira alegria e felicidade. O versículo do livro Sl 37.4 diz: Quando a nossa felicidade está no Senhor, não necessitamos de absolutamente nada para estarmos bem, porque Ele se torna a nossa verdadeira alegria. Querido, oro para que a Sua felicidade seja o Senhor.

Submeta, também, sua mente ao controle do seu espírito. "E não vos conformeis com este século, mas transformai-vos pela renovação da vossa mente, para que experimenteis qual seja a boa, agradável e perfeita vontade de Deus." Rm 12.2 ARA. Quando estamos buscando o Senhor em nosso espírito, nossa mente tenta nos levar para as coisas naturais que estão à nossa volta, talvez nos lembrando de algo que precisaríamos fazer naquela hora, como ir ao banco, fazer uma ligação telefônica, mandar uma mensagem por Whatsapp, fazer o almoço, buscar as crianças na escola, ou até nos lembrar que esquecemos o leite no fogo. Tudo isso flui nesse momento porque a mente ainda é indisciplinada, difusa, está acostumada anos a fio de ser independente. Por isso, às vezes, parecerá difícil colocar a mente no espírito, pois ela está acostumada a não seguir orientação alguma. Mas hoje o Senhor te convida a se deleitar nele.

Oração: Pai querido, Deus amado, eu me deleito em ti. Senhor, neste dia, descanso e desfruto da tua companhia. Trago à memória aquilo que me dá esperança. Pois tu és aquele que me dá vida. Te agradeço e te louvo por esse privilégio. Te amo, Senhor. Amém.

Josué 18-20

11
MARÇO

DISCIPLINE SUA MENTE

"Porque o que fala língua estranha não fala aos homens, senão a Deus; porque ninguém o entende, e em espírito fala de mistérios." I Co 14.2

Para disciplinar sua mente, ore em línguas. Paulo falava em línguas enquanto fazia qualquer outro tipo de atividade: andando, viajando, enquanto estava nas prisões, trabalhando, etc... Ele orava em línguas para edificar seu espírito e disciplinar sua mente, mantendo-a quieta, calada, cativa a seguir a direção dada pelo seu espírito. "Porque o que fala língua estranha não fala aos homens, senão a Deus; porque ninguém o entende, e em espírito fala de mistérios. O que fala língua estranha edifica-se a si mesmo, mas o que profetiza edifica a igreja. Porque, se eu orar em língua estranha, o meu espírito ora bem, mas o meu entendimento fica sem fruto. Que farei, pois? Orarei com o espírito, mas também orarei com o entendimento; cantarei com o espírito, mas também cantarei com o entendimento" 1 Co 14.2,4,14,15.

Quando tomamos a Palavra de Deus, comemos e bebemos dela como se desfrutássemos de uma gostosa sobremesa. Absorvemos cada palavra para dentro do nosso espírito, como se comêssemos algo delicioso para deleite do nosso paladar natural. E, como consequência extra, receberemos muita revelação.

Oração: Ore a Palavra comigo: "O Senhor, o Senhor, o Senhor, o Senhor, o Senhor, o Senhor é o MEU pastor. MEU pastor, MEU pastor, MEU pastor, MEU pastor, MEU pastor, MEU pastor. ALELUIA! ALELUIA! ALELUIA!

Josué 21-22

CONTEMPLANDO

12 MARÇO

"E todos nós, com o rosto desvendado, contemplando, como por espelho, a glória do Senhor, somos transformados, de glória em glória, na sua própria imagem, como pelo Senhor, o Espírito." 2 Co 3.18

Contemplar o Senhor é voltar-se para Ele em espírito, em silêncio, apenas para apreciar Sua grandeza e mergulhar em Sua presença. Contemplar o Senhor é amá-Lo apaixonadamente. Quando me volto ao Senhor no meu espírito, a primeira coisa é voltar-me ao Senhor de todo coração. A segunda coisa é crer no que Ele disse: que o Seu Espírito habita em mim. A terceira coisa é "eu vou me voltar para o meu próprio espírito, eu vou voltar a minha mente para o meu próprio espírito, e imediatamente eu terei a percepção de uma ausência de imagens, ausência de sons, pois nesse momento eu estou diante da presença de Deus" e Ele então, conforme João 14: 21 diz "me manifestarei a ele", isto é, o Senhor se manifestará "a mim". A manifestação da presença de Deus não deve ser algo raro, difícil, mas frequente. Basta cultivá-la, e se a presença manifesta do Senhor te leva a adorá-Lo; te leva a interceder, então interceda; te leva a desfrutar dEle.

Quanto mais você cultivar a presença dEle, mais você será surpreendido por manifestações da presença dEle em momentos que você não espera, e isso vai acontecer em todos os lugares, em todos os momentos. Deus é Espírito, e importa que os que o adoram o adorem em espírito e em verdade. Jo 4.24.

Oração: Pai, eu Te contemplo. Olho Tua beleza, sinto Tua luz iluminando todo o meu ser, minha mente compreende. Me sinto inspirado a me render e a querer ser, não apenas ter, mas ser como o Senhor é. Amém

Josué 23-24

13 MARÇO

ADORAÇÃO

"E eis que uma mulher da cidade, pecadora, sabendo que ele estava à mesa na casa do fariseu, levou um vaso de alabastro com unguento; e, estando por detrás, aos seus pés, chorando, regava-os com suas lágrimas e os enxugava com os próprios cabelos; e beijava-lhe os pés e os ungia com o unguento"
Lc 7:37-38

Adoração é Proskuneo, na língua grega, e significa "prostrar-se de joelhos e beijar os pés". A pecadora que ungiu os pés de Jesus na casa de Simão, o fariseu, é um exemplo de uma pecadora em profunda adoração ao Senhor. Ela venceu a discriminação dos fariseus e adentrou a casa de Simão, prostrou-se aos pés do Senhor com grande contrição de coração. Lavou Seus pés com lágrimas, enxugou com seus próprios cabelos, e logo a seguir os beijou. Não se dando por satisfeita derramou um vaso de alabastro com unguento em Seus pés no valor de um ano de trabalho (Lc 7.36-50).

Querido leitor, o Senhor te ama e te criou para desenvolver com Ele um relacionamento de intimidade. Oro ao Espírito Santo para que Ele te capacite sobrenaturalmente a andar no Espírito. Declaro que andar no Espírito será uma realidade na sua vida "como se fosse algo natural". Aliás, o que é sobrenatural na vida de uma pessoa pode se tornar "natural" quando se torna uma realidade, e é por isto que eu clamo ao Espírito Santo a seu favor. Adore e desfrute do viver e andar no Espírito, em nome do Senhor Jesus Cristo!

Oração: Obrigado Senhor. Sou grato pelo teu amor. Teu amor me constrange a me aproximar de ti. Ser íntimo seu. Revela-me os teus segredos. Quero ser teu amigo, assim como és meu amigo. E que meu amor e paixão pelo Senhor cresça a cada dia, em Nome de Jesus! Amém.

COMPANHEIRISMO

14 MARÇO

"A graça do Senhor Jesus Cristo, e o amor de Deus, e a comunhão do Espírito Santo sejam com todos vós." 2 Co 13:13

O apóstolo Paulo encerra a sua segunda epístola aos Coríntios dizendo que a comunhão do Espírito Santo seja com todos. O que significa comunhão do Espírito Santo? A palavra comunhão na língua grega é koinonia. Sabemos que o Novo Testamento foi escrito na língua grega. Diante disso, vejamos o significado de koinonia para que possamos entender o que é comunhão do Espírito Santo. Koinonia é companheirismo, amizade, comunicação, intimidade, compartilhar, relação social, parceria, participação conjunta e associação mútua e íntima.

O dicionário define companheirismo como sendo um relacionamento amigável, amizade, compartilhar algo junto. Aponta para amigos íntimos ou companheiros que tem companheirismo. Significa que eles compartilham coisas juntos, conversam um com o outro e sabem o que acontece na vida um do outro. Vários exemplos bíblicos ilustram a comunhão do Espírito Santo com os filhos de Deus, dando-lhes a oportunidade de ouvi-Lo e saberem que direção tomar.

Oração: Eis-me-aqui, Doce Espírito Santo. Eu quero! Quero ser companheiro. Quero ser alguém com quem o Senhor possa contar para a Tua obra, e na caminhada, possa compartilhar comigo os Teus segredos. Oro segundo a tua vontade. Amém.

Juízes 4-5

15 MARÇO — COMPANHEIROS ÍNTIMOS

"E, agora, eis que, ligado eu pelo espírito, vou para Jerusalém, não sabendo o que lá me há de acontecer, senão o que o Espírito Santo, de cidade em cidade, me revela, dizendo que me esperam prisões e tribulações" At 20.22,23

Paulo conversava com o Espírito Santo sobre o que lhe esperava à frente. Nesta conversa, Paulo sabia que dificuldades o esperavam em todas as cidades. "E, pensando Pedro naquela visão, disse-lhe o Espírito: Eis que três varões te buscam. Levanta-te, pois, e desce, e vai com eles, não duvidando; porque eu os enviei. E, descendo Pedro para junto dos varões que lhe foram enviados por Cornélio, disse: Sou eu a quem procurais; qual é a causa por que estais aqui? E eles disseram: Cornélio, o centurião, varão justo e temente a Deus e que tem bom testemunho de toda a nação dos judeus, foi avisado por um santo anjo para que te chamasse a sua casa e ouvisse as tuas palavras." At 10.19-22. Neste texto, o Espírito de Deus deu a Pedro uma visão que revelava o desejo dele de estender a salvação aos gentios. O Espírito Santo sabia que Pedro não tinha ficado radiante com Sua direção, mas deu a instrução sem lhe dar mais explicações.

Como seu companheiro, o Espírito Santo sempre está pronto para compartilhar Seus planos, projetos e pensamentos te dando a direção clara do que fazer em cada circunstância e situação.

Oração: Eu abro o meu coração, minha vida, meus ouvidos e meus olhos. Quero receber Tua direção, Tua vida, Te ouvir e ver a Tua glória. Eu sou Teu. Estou disponível. Faça em mim a Tua vontade. Eu recebo.

Juízes 6-8

KOINONIA

16
MARÇO

"Isto fazendo, apanharam grande quantidade de peixes; e rompiam-se-lhes as redes. Então, fizeram sinais aos companheiros do outro barco, para que fossem ajudá-los. E foram e encheram ambos os barcos, a ponto de quase irem a pique." Lc 5:6,7

Parceria como segundo significado de koinonia requer tanto comunicação como ação. Vemos um exemplo de parceria. A palavra grega para companheiro aqui é metochos (um sinônimo de koinonia), que é definida como parceiro, colega, companheiro de trabalho. Estes homens eram companheiros de trabalho. A partir desta interação entendemos que uma boa parceria requer tanto comunicação como ação. Os homens fizeram sinal para seus companheiros, e então os companheiros ou parceiros, tiveram que ir e ajudar. Quando a Bíblia fala em I Co 3.9 "pois nós somos cooperadores de Deus" ela está se referindo à expressão "parceria", pois envolve ação. É como se disséssemos: nós somos companheiros de trabalho para Deus e com Deus, conforme a tradução Weymouth, é a mesma coisa de dizer que podemos trabalhar em parceria com Deus. Que coisa tremenda! Já que estamos nessa posição, o que faremos? Qual será nossa motivação diária? Ser o melhor companheiro do Senhor, nosso Deus.

Oração: Deus, eu quero ser Teu parceiro. Quero fazer uso do privilégio de poder ser um ajudador, colaborador e trabalhar junto contigo. Capacita-me para o serviço e capacita-me para ser um companheiro melhor a cada dia, ouvindo Tua voz, direção e comando. Para tua glória, amém.

Juízes 9-10

17 MARÇO — AMOR FURIOSO

"Adúlteros e adúlteras, não sabeis vós que a amizade do mundo é inimizade contra Deus? Portanto, qualquer que quiser ser amigo do mundo constitui-se inimigo de Deus. Ou cuidais vós que em vão diz a Escritura: O Espírito que em nós habita tem ciúmes?" Tg 4.4,5

A intimidade entre pessoas pode ser desenvolvida através de companheirismo, de parceria, de relacionamento, mas ela vai além. Ela acontece de fato quando atinge o profundo dos pensamentos, dos segredos e dos desejos do coração. Na versão bíblica A MENSAGEM, em 2 Co 13.14 no lugar da palavra comunhão lê-se "... e amizade profunda do Espírito Santo seja com todos vocês". Eu acredito que a intimidade é o nível mais profundo da amizade. Este tipo de intimidade tem consigo a manifestação do "ciúme", isto é, zelo. Este texto confirma o que eu acabei de dizer. A amizade profunda do Espírito Santo para com um cristão se expressa por meio da intimidade a ponto do Espírito Santo ter ciúmes dele.

Tudo aquilo que fazemos e que demonstra que o nosso interesse pelas coisas deste mundo quando se torna maior do que o desejo pelas coisas de Deus, é visto por Ele como Seu inimigo. Busque se distanciar dos inimigos do Senhor e buscar aquilo que agrada ao teu Pai.

Oração: Eu aceito a Tua correção e repreensão, ó Deus. Porque eu sei que o Senhor me ama. É o Teu amor perfeito, infinito que age para não me perder. A Tua vara e o Teu cajado me consolam. Eu sou grato por isso. Amém.

CIÚMES

"Como suspira a corça pelas correntes das águas, assim, por ti, ó Deus, suspira a minha alma." Sl 42.1

18 MARÇO

Um Deus todo-poderoso, Eterno, Soberano, suficiente em si mesmo, independente, que assenta no trono e tem a terra como estrado para os Seus pés, resolve sacrificar o Seu próprio Filho pra resgatar a humanidade do pecado e fazer habitação no coração do homem. É por isto que Ele te ama com "ciúmes", conforme diz Tiago. Valorize este amor, se permitindo desenvolver em uma amizade íntima e profunda com o Espírito Santo de maneira crescente e progressiva. Os cristãos que mais conhecem Jesus Cristo por revelação são aqueles que mais têm intimidade com o Espírito Santo. Isso faz sentido porque o Espírito Santo é aquele que revela Jesus a nós.

O encargo do meu coração é que você seja despertado a buscar um relacionamento de intimidade com o Espírito Santo. Que a sua sede por Ele seja maior do que aquela que a corça tem pelas águas. Vamos orar juntos neste sentido?

Oração: Querido Espírito Santo, muito obrigado pelo privilégio de ser a Tua morada. Humildemente Te peço o Teu mover no meu coração a ponto de me sentir constrangido todos os dias a desejar ardentemente crescer em comunhão íntima contigo, desfrutando de um verdadeiro companheirismo, parceria e amizade profunda que me leve a desfrutar do fluir dos Teus rios no meu interior.

Juízes 14-16

19 MARÇO — VOCÊ É AMADO

"Está consumado." Jo 19.30

Podemos aplicar fé na justiça de Deus porque a obra de Cristo no Calvário foi feita de maneira completa, satisfazendo plenamente a justiça de Deus e proporcionando ao homem a salvação do espírito, da alma e do corpo. Essa plena salvação do homem foi possível porque Jesus disse: "Está consumado". Naqueles dias, quando um juiz romano liberava um criminoso por ter cumprido a sua pena, ele dizia: "Está consumado". Quando Cristo disse "Está consumado", Ele libertou da morte espiritual, da escravidão do pecado, do domínio do diabo, da maldição, da doença, da condenação da lei e da morte eterna, todo pecador que O reconhece como Senhor e Salvador pessoal. O pecado é um certificado de dívida. Esse certificado é um documento que consiste nos decretos e ordenanças, isto é, nos mandamentos de Deus que foram violados. Quando há violação ou transgressão às leis de Deus, deve haver castigo.

Em Rm 6.23 está: "o salário do pecado é a morte". Quando Cristo foi à cruz, Ele recebeu sobre si o pecado da humanidade e a sua penalidade (1Pe 2.24). Basta olhar para o sacrifício de Cristo na cruz e contemplar — na sua coroa, nos seus cravos e nas suas feridas — o quanto Ele nos amou tomando o nosso lugar.

Oração: Glorioso e bendito Pai, obrigado pela Tua obra na cruz, porque enviaste o Teu Filho para me salvar. Obrigado, Senhor Jesus Cristo pela tua morte na cruz onde me libertaste da morte, da perdição eterna, das doenças, enfermidades, escravidão e miséria. Amém.

VOCÊ É LIVRE

20 MARÇO

"Mas agora, sem lei, se manifestou a justiça de Deus testemunhada pela lei e pelos profetas; justiça de Deus mediante a fé em Jesus Cristo, para todos e sobre todos os que creem; porque não há distinção[...]" Rm 3.21,22

O que é a justiça de Deus? A justiça de Deus é o próprio Cristo. Em Gênesis 2.17, o Senhor Deus disse ao homem para não comer da árvore do conhecimento do bem e do mal porque no dia em que dela comesse, certamente morreria. O homem desobedeceu e comeu, atraindo sobre si a morte espiritual – a separação de Deus. Ezequiel disse que a alma que pecar, esta morrerá (Ez 18.20). Paulo diz que o salário do pecado é a morte (Rm 6.23a). Deus é amor. Se Ele não provesse um meio legal de salvação para o homem pecador, seria tido como mal, perverso, sem misericórdia. O que fazer para salvar o homem e não ser tido como injusto para com a Sua Palavra? Ele envia o Seu próprio Filho para morrer na cruz, no lugar do homem. "Mas, vindo a plenitude dos tempos, Deus enviou seu Filho, nascido de mulher, nascido sob a lei, para remir os que estavam debaixo da lei, a fim de recebermos a adoção de filhos" (Gl 4.4,5).

O castigo de Deus foi desviado do homem pecador e lançado sobre Jesus Cristo na cruz. Isso se chama propiciação. Daí o apóstolo João ter escrito, em 1 João 2.1,2, que Cristo é a propiciação pelos nossos pecados.

Oração: Querido Aba, obrigado por ter me feito a tua justiça em Cristo. Eu deveria e merecia ser punido, sofrido a Tua ira, mas Tu a descarregou em Cristo na cruz, para que eu hoje possa ser livre. Obrigado por tão maravilhosa graça. Te amo Senhor.

Juízes 20-21

21 MARÇO

PROPICIAÇÃO

"Mas Deus prova o seu próprio amor para conosco pelo fato de ter Cristo morrido por nós, sendo nós ainda pecadores. Logo, muito mais agora, sendo justificados pelo seu sangue, seremos por ele salvos da ira." Romanos 5:8-9

Propiciação é o ato de conciliar ou reconciliar, desviar ou aplacar a ira. Cristo aplacou a ira de Deus. O castigo de Deus teve um endereço: Cristo na cruz. Esse é o amor de Deus para com a nossa vida. A propiciação é uma questão de justiça ao caráter de Deus. Cristo cumpriu plenamente a justiça de Deus, obedecendo plenamente à lei divina. De certo não foi uma decisão fácil, tanto para Deus quanto para Jesus. Entretanto, o amor transcendeu a dificuldade, a humilhação. O mais importante, para Deus, é que acabe e tenha fim a vida de pecado. Deus sempre fará de tudo pela salvação!

Sobre o Senhor Jesus na cruz, os nossos pecados foram cravados; "o castigo que nos traz a paz estava sobre Ele, e pelas Suas feridas fomos sarados" (Is 53.5). Por essa razão, dizemos que Cristo é a justiça de Deus. Você está completamente livre para viver uma vida próspera, cheia de paz e alegria no Espírito Santo.

Oração: Que alegria e que esperança de um futuro de paz e ter o fim que desejo, ó Pai Amado! O Senhor me reconciliou contigo e hoje posso usufruir de todos os benefícios, de todas as promessas e tomar posse da minha herança no Senhor. O meu coração se alegra. Aleluia! Muito obrigado, Senhor!

A FÉ DE DEUS

22 MARÇO

"Ao que Jesus lhes disse: Tende fé em Deus; porque em verdade vos afirmo que, se alguém disser a este monte: Ergue-te e lança-te no mar, e não duvidar no seu coração, mas crer que se fará o que diz, assim será com ele."
Mc 11:22-23

Jesus amaldiçoou uma figueira, e em menos de vinte e quatro horas ela secou completamente. Pedro e os demais apóstolos ficam perplexos e o Senhor lhes diz: "Tende fé em Deus[...]" (v.22). No original grego, a expressão "tende fé em Deus" significa literalmente "tenham a fé de Deus". Então, a fé que realmente funciona para realizar o impossível é a fé de Deus. O Senhor disse que quem tiver a fé de Deus terá poder para ordenar que um monte seja erguido e lançado ao mar. Isso aponta para a fé que remove obstáculos do nosso caminho para restauração conjugal, para libertação de um filho das drogas, para restauração diante de uma crise financeira, para cura de um câncer, etc.

A fé de Deus veio habitar em nós no momento em que nos convertemos a Cristo e recebemos o Espírito Santo através do novo nascimento. Ao olhar para a cruz e contemplar Jesus no seu lugar, medite no amor de Deus pela sua vida. Você é amado do Pai tanto quanto Cristo. A fé de Deus será ativada em você para atrair os milagres de Deus à medida em que você meditar no amor dele e viver conscientemente como filho amado do Pai.

Oração: Pai, eu te agradeço e tomo posse da fé, a fé de Deus, que habita em meu coração para que tudo aquilo que o Senhor tem para mim, aconteça. Que o mal seja derrotado e destruído: contra mim, minha família, contra a tua igreja sobre a terra. Amém.

☐ 1 Samuel 1-3

23 MARÇO — MAIS AMOR, MAIS FÉ

"Porque em Cristo Jesus, nem a circuncisão, nem a incircuncisão tem valor algum, mas a fé que atua pelo amor." Gl 5.6

Nada honra mais a Deus do que a fé. Em Hebreus 11.6, a palavra diz que "sem fé é impossível agradar a Deus". Como ativar a fé de Deus em nós? Alimentando-a com o amor paternal de Deus. Eu tenho o costume de, logo ao amanhecer, fazer algumas confissões: "Eu sou feliz porque a minha felicidade está em Cristo; eu sou justiça de Deus por intermédio de Cristo; eu sou próspero e vivo debaixo do favor de Deus; eu sou mais que vencedor; eu sou sarado e desfruto de plena saúde no corpo e na alma; eu sou livre do medo, da culpa e da condenação, porque sou 'muuuito' amado pelo Pai, pelo Senhor Jesus Cristo e pelo Espírito Santo. Eu sou 'muuuito' amado!"

Quanto mais você cultivar o amor de Deus no seu coração, tanto mais a fé de Deus será ativada, e você desfrutará do favor de Deus todos os dias da sua vida. Em 1 João 4.10, lemos que, "Nisto está o amor não em que nós tenhamos amado a Deus, mas em que Ele nos amou, e enviou o seu filho para propiciação pelos nossos pecados". O amor que atua como combustível e ativa a fé é o amor de Deus por nós.

Oração: Paizinho querido, acrescente amor. Me batiza no teu amor, Senhor. Me dê experiências com o teu amor. Porque eu quero andar em fé, num alto nível de fé. O teu amor me dá confiança, me acrescenta fé. E eu quero mais fé, porque isso te honra. E eu desejo honrá-lo. Obrigado. Te agradeço. Amém.

1 Samuel 4-7

HONRA

24
MARÇO

"Honra a teu pai e a tua mãe (que é o primeiro mandamento com promessa), para que te vá bem, e sejas de longa vida sobre a terra." Ef 6.2,3

Honre seus pais. Leve-os para jantar; dê lhes um presente em uma data que não seja aniversário, Natal ou boda de casamento. Diga o quanto eles significam para você. Faça-lhes frequentes ligações telefônicas simplesmente para dizer que os ama. Cante para eles canções como: "Papai, você é dez, você é dez, você é muuuuito dez!" "Mamãe, você também é dez, você também é dez, você também é muuuuito dez! "Em Atos 20.35b, a Bíblia diz que "[...]mais bem-aventurada coisa é dar do que receber". Então, não alimente pensamentos como: não tenho tempo de ficar derramando o óleo da honra sobre as pessoas, pois sou muito ocupado, tenho uma agenda muito carregada, não posso perder tempo com essas coisas. Saiba que o mais abençoado não é quem se torna o alvo da honra, e sim o que ministra honra. Quando você "levanta" outras pessoas, o próprio Deus o levanta; quando você abençoa o dia das outras pessoas, Deus abençoa o seu dia. Ilumine o dia de alguém!

Quando você sai a honrar pessoas, a honra retorna para você ou para seus filhos. Quando você tem um espírito de honra, você chama a atenção de Deus.

Oração: Senhor, hoje quero te pedir humildade, para que eu possa honrá-lo e honrar as pessoas. Aprender a cada dia a considerar os outros superiores a mim. Ajuda-me a crucificar o meu ego, e sei que honrar os outros, é uma forma providenciada por Ti para conseguir isso. Em Nome de Jesus, dou-te graças pela Tua imensa sabedoria no teu agir. Amém.

1 Samuel 8-12

25 MARÇO — A BÊNÇÃO DO SENHOR

"Oh! Como é bom e agradável viverem unidos os irmãos! É como o óleo precioso sobre a cabeça, o qual desce para a barba, a barba de Arão, e desce para a gola de suas vestes. É como o orvalho do Hermom, que desce sobre os montes de Sião. Ali, ordena o SENHOR a sua bênção e a vida para sempre."
Sl 133.1-3

Esse salmo fala do derramamento de óleo sobre a cabeça do sacerdote. Somos uma igreja de sacerdotes ou ministros da nova aliança. O óleo derramado sobre o sacerdote é comparado à bênção do Senhor que se derrama sobre o monte Sião. Ao amanhecer, o sol desfaz o gelo que está sobre o monte. Ao escorrerem, essas águas se somam às águas da nascente do rio Jordão ao pé do monte. Assim, se forma o rio Jordão para dar vida a Jerusalém.

Igualmente, a bênção do Senhor está sobre a cabeça de cada sacerdote (cristão) da nova aliança. Portanto, o derramamento de óleo aponta para manifestação da bênção. A honra de Deus sobre nós, Seus filhos, sacerdotes da nova aliança, atrai a Sua bênção e nos faz prosperar. Honre ao Senhor e Ele o honrará.

Honramos ao Senhor à medida que caminhamos no temor à Sua Palavra, fazendo a Sua vontade. Esse salmo fala de comunhão (v.1), derramamento do óleo (v.2) e bênção (v.3). Se aproprie, se alegre e viva crendo que a bênção do Senhor está sobre a sua vida.

Oração: Eu tomo posse, Senhor Jesus, de tudo aquilo que o Senhor tem para mim. Eu me alegro em Ti e em Teus planos e promessas. Eu creio, todos os dias crerei, que já fui abençoado com toda a sorte de bênçãos espirituais nas regiões celestiais em Cristo. Aleluia!

1 Samuel 13-14

DERRAME O ÓLEO

26 MARÇO

"E digo isto: Que o que semeia pouco, pouco também ceifará; e o que semeia em abundância, em abundância também ceifará." 2 Co 9.6

Toda vez que você demonstra honra, está plantando uma semente boa que volta para você. Houve uma mulher que derramou unguento (ou óleo) aos pés de Cristo. Óleo representa honra. Podemos dizer que ela estava derramando honra sobre o Senhor. Judas disse: "Para que esse desperdício? Poderia ter sido vendido para se dar aos pobres!" Mt 26:9. Por ter honrado o Senhor, a honra retornou para ela. Podemos concluir que ela foi tremendamente honrada, recebendo do Senhor o Seu reconhecimento. Aqui existe um princípio: A honra que você derrama sobre os outros virá como bênção sobre sua vida.

Portanto, sem honra não haverá bênção, promoção, prosperidade, sucesso, êxito. Todos os dias e em todos os lugares, busque encontrar oportunidades para derramar o óleo da honra sobre as pessoas, elogiando, motivando, servindo, fazendo com que elas se sintam importantes, amadas, elevando a autoestima delas. Pergunte-se todos os dias: Quem eu posso honrar hoje? A consequência disso é que você receberá a bênção de Deus sobre a sua vida.

Oração: Pai querido e amado, nesse dia, quero lhe pedir que o Senhor me mostre alguém a quem eu possa honrar no dia de hoje, servindo-o. Quero que o Senhor me dê um coração de servo para que eu possa, a cada dia mais, me parecer contigo. Amém.

1 Samuel 15-16

27 DAR É MELHOR

MARÇO

"Ser bondoso com os pobres é emprestar ao SENHOR, e Ele nos devolve o bem que fazemos". Pv 19:17 – NTLH

Lembro-me que, ao final de uma Conferência, ao término da reunião, saímos para jantar. Quando pedi à garçonete que nos atendeu que fechasse a conta, ela disse que o restaurante estava nos presenteando. Eu, pastor José Galindo e sua esposa, pastora Cláudia Galindo, ficamos espantados e perplexos. Lembro-me de que, no decorrer do jantar, eu chamei a moça que nos atendia e externei meu reconhecimento e gratidão, dizendo que a refeição estava muito deliciosa e parabenizando a excelente culinária. Derramei o óleo da honra e, como consequência, fui abençoado. A quantidade de bênçãos que você vai receber está diretamente relacionada à quantidade do óleo de honra que você derramar sobre as pessoas.

Então, seja generoso em honrar! Se você criar o hábito de derramar o óleo da honra nos outros, verá com os seus próprios olhos que o maior abençoado não é a pessoa sobre a qual você derrama a honra, mas você mesmo. Seja generoso com a sua honra, derramando óleo sobre o seu pastor, reconhecendo-o como um presente de Deus na sua vida. Diga ao seu pai, mãe, cônjuge, filhos(as), genro, nora, sogro(a), neto(a) que você o(a) ama e reconheça por palavras e atitudes o quanto é especial para você. Diga que você se orgulha dele(a).

Oração: Pai nesse dia, te agradeço pelas pessoas que o Senhor colocou em minha vida e no meu caminho. Decido honrar pessoas nesse dia. Que essa honra seja um testemunho, uma oportunidade para que o Senhor se revele a eles. Oro por isso, crendo que coisas grandes acontecerão na vida deles. Amém.

1 Samuel 17-18

MINISTRO DA HONRA

"Honra a teu pai e a tua mãe (que é o primeiro mandamento com promessa), para que te vá bem, e sejas de longa vida sobre a terra." Ef 6.2,3

28 MARÇO

Honre seus pais. Leve-os para jantar; dê lhes um presente em uma data que não seja aniversário, Natal ou boda de casamento. Diga o quanto eles significam para você. Faça-lhes frequentes ligações telefônicas simplesmente para dizer que os ama. Cante para eles canções como: "Papai, você é dez, você é dez, você é muuuuito dez!" "Mamãe, você também é dez, você também é dez, você também é muuuuito dez! "Em Atos 20.35b, a Bíblia diz que "[...]mais bem-aventurada coisa é dar do que receber". Então, não alimente pensamentos como: não tenho tempo de ficar derramando o óleo da honra sobre as pessoas, pois sou muito ocupado, tenho uma agenda muito carregada, não posso perder tempo com essas coisas. Saiba que o mais abençoado não é quem se torna o alvo da honra, e sim o que ministra honra. Quando você "levanta" outras pessoas, o próprio Deus o levanta; quando você abençoa o dia das outras pessoas, Deus abençoa o seu dia. Ilumine o dia de alguém!

Quando você sai a honrar pessoas, a honra retorna para você ou para seus filhos. Quando você tem um espírito de honra, você chama a atenção de Deus. Você tem honrado a Deus com suas atitudes, com seu testemunho de vida, com seu caráter? Honrar a Deus é temê-lo.

Oração: Pai, aumente o óleo de honra da minha botija de azeite. Mude o meu coração. Que eu não fique esperando honra, mas que eu seja o doador da honra por onde eu passe. E sei que, me parecerei mais com o Senhor e espalharei a tua presença através de ações. Amém.

1 Samuel 19-21

29 MARÇO — TEMOR

"Ora, temos, da parte dele, este mandamento: que aquele que ama a Deus ame também a seu irmão." 1 Jo 4.20,21

Tanto na língua grega quanto na hebraica, o significado de temer a Deus envolve cinco conceitos: amor, honra, submissão, obediência, medo. Por muitos anos me relacionei com Deus tendo medo dele. Medo de perder a salvação; medo de passar fome; medo de sofrer repentinamente um acidente ou uma doença grave e não ter como suprir a minha família; medo de ser envergonhado por Ele, por não saber fazer todas as coisas cem por cento corretas; todos esses medos me levavam à vergonha, acusação, culpa e condenação. À medida que fui tratado por Ele, passei a discernir, de maneira progressiva, o quanto sou amado, e essa revelação do Seu amor tem me levado ao amadurecimento e aperfeiçoamento progressivo, por meio do qual tenho a cada dia aprendido a me relacionar com Ele, amando-O, simplesmente porque Ele me ama.

Não busque fazer nada por medo de Deus. Ele amou você a ponto de entregar o Seu Filho na cruz. Medite no amor dele por você, olhando para a cruz ao amanhecer, entardecer e anoitecer de cada dia e acredite no Seu amor por você, independentemente das circunstâncias, pois elas são mentirosas. A verdade é: Deus ama você! Quanto mais você cultivar esta certeza, tanto mais se sentirá amado.

Oração: Deus querido, sinto por Ti um amor temente, não temeroso. Temo perder-Te, desagradar-Te, mas não tenho medo. Sei que me amas com um amor superior ao que te amo e me dá paz e segurança. Aleluia!

1 Samuel 22-24

GENEROSIDADE E HONRA

30 MARÇO

"Irmãos, não faleis mal uns dos outros. Aquele que fala mal do irmão ou julga a seu irmão fala mal da lei e julga a lei; ora, se julgas a lei, não és observador da lei, mas juiz. Um só é Legislador e Juiz, aquele que pode salvar e fazer perecer; tu, porém, quem és, que julgas o próximo?" Tg 4:11,12

Certifique-se de ser generoso com sua honra. Seja livre em seus elogios, faça as pessoas se sentirem importantes, especiais e amadas. Invista tempo todos os dias para derramar o óleo da honra. Faça da honra uma prioridade de vida. Ninguém ouve "Eu amo você" vezes demais, isto é, nunca é demais dizer para alguém repetidamente: "Eu amo você".

Quando você é generoso com sua honra, tudo lhe vai bem. Você está se levantando a cada dia para fazer com que alguém se sinta bem? Está aproveitando as oportunidades para mostrar honra? Está trabalhando na empresa com excelência e pontualidade? Passa do horário normal quando necessário, de maneira espontânea, sem reclamar? Essas são maneiras de derramar o óleo da honra. Não se esqueça, a honra volta para você como bênção. São provações para testar nossa bondade, nossa fidelidade à confiança e amor do Senhor sobre nossa vida.

Oração: Eu te honro Senhor, porque és o Deus da minha vida. Eu te honro com tudo o que há em mim. Me capacite e me ajude a honrar meus pais, meu cônjuge, meus líderes. Me ajude a honrar as pessoas, a amá-las e a expressar o quão importantes ela são. Obrigado Senhor. Amém.

1 Samuel 25-27

31
MARÇO

PLANTE

"porque tudo o que o homem semear, isso também ceifará" (Gl 6.7b)

Invista nas pessoas a terem um bom dia com as suas palavras de ternura, afeto, afirmação, e Deus abençoará o seu dia, porque o que se planta, se colhe. A honra volta para você como bênção. Querida irmã que ainda é solteira, ao ficar sabendo que alguém do seu relacionamento vai se casar, como você reage? Invista na contramão do natural e carnal e celebre a vitória dessa pessoa, elogie, faça festa, parabenize-a porque encontrou a sua outra metade e vai se casar. Se não está sendo correspondido(a) pelo cônjuge, não olhe para o merecimento.

Ministre honra. Leve um cafezinho à beira da cama, seja cordial, ministre carinho, afeto, ternura. Não fique esperando ser honrado(a). Invista você em honrar as pessoas, especialmente as que lhe são mais próximas (avós, pais, filhos, genro, nora, sogro(a), patrão, líder, liderado...). Abandone a competição e fale bem das pessoas, destacando as suas qualidades.

Faça isso no ambiente familiar, na faculdade, no seu local de trabalho, em meio a sua parentela, enfim, em todos os lugares.

Oração: Aba Pai, dá-me graça para plantar. Mude a minha mentalidade e disposição para que eu plante na vida das pessoas e no teu reino. Dê um coração para não esperar nada em troca. Que o teu evangelho seja uma realidade na minha vida. Para tua glória Senhor. Amém.

1 Samuel 28-31

BENDIGA

"E não nos cansemos de fazer o bem, porque a seu tempo ceifaremos, se não houvermos desfalecido. Então, enquanto temos tempo, façamos o bem a todos, mas principalmente aos domésticos da fé." Gl 6.9,10

01 ABRIL

Derrame o óleo da honra falando bem das pessoas por trás, pelas costas. Falar bem pelas costas é um ótimo depósito de honra. Além de combater a fofoca, gera mais peso de honra do que falar bem diretamente, isto é, na presença da pessoa. Um elogio de segunda mão pode ser mais poderoso do que um elogio direto. Falar com honra é poder esperar pela honra de Deus, porém não se pode falar com desonra e esperar pela honra.

É fácil falar mal das pessoas pelas costas. É fácil achar falhas e ser crítico. Quando você tem um espírito de honra, vê o melhor nas pessoas e focaliza-se nas qualidades delas. E quando você ouve alguém falando mal, não fique passivo, mas responda: Ok, mas deixe-me falar das qualidades desta pessoa, pois a conheço. A honra que você está derramando sobre tal pessoa voltará para você. Esteja sempre se questionando: estou plantando honra ou desonra?

Oração: Hoje eu quero pedir a Tua ajuda, Senhor. Perdoe-me quando desonro as pessoas. Ajude-me a derramar o óleo da honra, mesmo sobre quem não merece. Ajuda-me a derramar sobre todos. Porque os meus olhos estão em Ti. E os Teus olhos de amor estão em mim. E eu quero Te agradar. Em Nome de Jesus, agradeço ao Senhor, crendo que estou recebendo o que peço. Amém.

2 Samuel 1-3

02 ABRIL — DESONRA

"que há um só legislador e juiz", Tiago 4.12

Quando você sofre algum tipo de desonra ou maltratado por parte de um familiar ou parente, como você reage? Mesmo sendo prejudicado, não fale mal dos seus familiares e/ou parentes. Não coloque a reputação deles para baixo. Não se pode falar com desonra e esperar pela honra. Não faça desonra ao seu antigo cônjuge, caso tenha tido a infelicidade de um divórcio, principalmente se houver filhos. Você pode criticar e até discordar, sem desonrar. O apóstolo Tiago diz, em Tiago 4.12, "que há um só legislador e juiz", o Senhor Deus. Miriã desonrou o seu irmão Moisés porque ele se casou com uma mulher etíope e esse não era o costume dos hebreus – casar-se com uma mulher que não fosse hebreia. A sua atitude desrespeitosa de ficar falando mal de Moisés atraiu lepra sobre ela e, por uma semana, teve que ser afastada da família. José do Egito ministrou honra por onde passou e colheu a bênção de Deus.

A honra que você derrama sobre as pessoas voltará sempre para você. Procure sempre iluminar o dia das pessoas, ministrando honra a elas; siga o exemplo de Cristo, que se humilhou até morte de cruz para honrar ao Pai e nos abençoar.

Oração: Pai, hoje eu te peço que me mostre uma pessoa, de forma específica, para que eu a honre. Não vou escolher, mas peço que o Senhor me mostre quem é essa pessoa e eu darei a ela um gesto de honra, derramarei o óleo sobre ela. Obrigado. Já te agradeço. Aleluia!

FÉ SUFICIENTE

"Respondeu-lhes o Senhor: Se tiverdes fé como um grão de mostarda, direis a esta amoreira: Arranca-te e transplanta-te no mar; e ela vos obedecerá." Lc 17.6

03 ABRIL

Ora, tendo a Escritura previsto que Deus havia de justificar pela fé os gentios, Ele anunciou primeiro o evangelho a Abraão, dizendo: "Todas as nações serão benditas em ti". Em Gênesis 14.18, Abraão pagou dízimo e tomou ceia. Essas são duas, das poucas ordenanças do Novo Testamento, que Abraão praticou por ter sido anunciado a ele o evangelho. E Abraão creu, teve fé. "Respondeu-lhes o Senhor: Se tiverdes fé como um grão de mostarda, direis a esta amoreira: Arranca-te e transplanta-te no mar; e ela vos obedecerá" (Lc 17.6). Um grão de mostarda é um quarto de um grão de arroz. A pequena fé nos leva à verdadeira dependência de Deus. A pequena fé nos livra do orgulho, da soberba, da independência. A pequena fé é uma bênção! O grande problema é que pedimos ao Senhor para aumentar a nossa fé, quando na verdade o que devemos fazer é lançar a nossa fé em Deus. A pequena fé nos reveste do Espírito. Quando foi que você foi cheio do Espírito e batizado? Quando você era novo convertido. Não tinha feito ainda os cursos da igreja, nem lido a Bíblia algumas vezes.

Oração: Pai todo-poderoso, em Nome de Jesus eu uso minha fé no dia de hoje. Me levanto contra todas as circunstâncias adversas, contra o desânimo, doenças, enfermidades, escassez, miséria, na minha vida e na vida do meu grupo de relacionamento - família, amigos, colegas, vizinhos e declaro, em fé, que todas essas coisas caiam por terra em Nome do Senhor Jesus Cristo, e profetizo que tudo vai ser diferente, tudo vai mudar e a tua vontade prevalecerá, para tua glória. Aleluia! Aleluia!

2 Samuel 8-11

04 ABRIL — CREIA CONTRA AS CIRCUNSTÂNCIAS

"Quando eu tocar a trombeta, e todos os que comigo estiverem, então, vós também tocareis a vossa ao redor de todo o arraial e direis: Pelo SENHOR e por Gideão!" Juízes 7:18

Por muitos anos ensinei que Gideão, um dos juízes do povo de Deus, era incrédulo. Ele tinha medo, como qualquer de nós, porém, exercitou a sua pequena fé.

A pequena fé nos leva a trabalhar intensamente. Mediante a pequena fé, não abandonamos a necessidade do real trabalho para que a vontade de Deus se cumpra. Em Juízes 8.4,10, lemos que o exército de Gideão estava cansado, mas continuava perseguindo os inimigos. Trezentos homens contra cento e vinte mil: era um homem de Gideão para cada quatrocentos midianitas. Há uma frase que se fala muito nas Igrejas "devemos orar como se tudo dependesse de Deus e trabalhar como se tudo dependesse de nós". A pequena fé nos dá a glória da vitória. O exército de 300 homens de Gideão derrotou o exército de 120.000 midianitas. Conta-se sobre que uma mulher de Deus era muito elogiada por sua fé, pelo que ela respondia: "Tenho uma pequena fé e um grande Deus".

Que a graça e o favor de Deus sejam as razões para você ser constrangido a trabalhar intensa e fervorosamente na obra do Senhor, porém na dependência dele.

Oração: Pai, eu creio em milagres e eu creio que eles são para mim, agora, hoje! Eu ativo a fé de Deus, o Senhor, na minha vida, que o Senhor mesmo colocou, e declaro em nome de Jesus a Tua graça fluindo em minha vida, como rios de águas vivas e me coloco à Tua disposição para ser usado em qualquer lugar e circunstância que o Senhor queira. Amém.

2 Samuel 12-13

LEALDADE

05 ABRIL

"Jônatas e Davi fizeram aliança; porque Jônatas o amava como à sua própria alma. Despojou-se Jônatas da capa que vestia e a deu a Davi, como também a armadura, inclusive a espada, o arco e o cinto." I Sm 18.3-4

A lealdade a toda prova nos leva a ser transformados de um saco de batatas em purê, gerando unidade entre nós. Jônatas e Davi fizeram aliança porque Jônatas o amava como à sua própria alma. A Palavra do SENHOR diz que devemos amar ao próximo como amamos a nós mesmos. Jônatas deu provas de sua lealdade a Davi. Jônatas era o herdeiro direto do trono, mas enxergou em Davi a vontade de Deus para Israel. Despojou-se Jônatas da capa que vestia e deu-a a Davi, como também a armadura, inclusive a espada, o arco e o cinto. Estamos em aliança com o Senhor e com os nossos irmãos. Estamos unidos num só Corpo, a Igreja de Cristo.

Somos a família de Deus, os filhos do Senhor que se reúnem com o propósito de exaltar o nome do Pai e promover o crescimento do Seu Reino. Foi Deus mesmo quem, de uma forma misteriosa, nos inseriu nesse contexto de vida. Basta observar o amor que surge em nossos corações pelos novos irmãos logo que se convertem. Quando a gente se encontra com outro irmão, algo dentro de nós grita por algo que está dentro dele. Eu sei que é a vida de Deus nos unindo.

Oração: Ó Pai amado! A lealdade é fruto do Espírito Santo. Me ajude transformando-me em alguém leal, e que eu possa usar essa lealdade, sem que isso me seja cobrado. Ajude-me, capacite-me. Em nome de Jesus, amém.

2 Samuel 14-16

06 ABRIL — O AMOR NOS UNE

"Nisto conhecemos o amor: que Cristo deu a sua vida por nós; e devemos dar nossa vida pelos irmãos." I Jo 3.16

O amor de Deus não precisa da convivência entre as pessoas para desenvolver-se. Não confessamos o nosso amor uns pelos outros simplesmente porque estamos juntos na mesma igreja local, ou porque conhecemos as fraquezas uns dos outros e aprendemos a aceitá-las, ou porque nos identificamos com elas. A expressão desse amor tem uma motivação bem simples: existe algo — que é a vida de Deus em você, que é atraída por algo, a vida de Deus que está dentro de mim — como se fôssemos parte de um todo que procura unir-se em e através de nós.

É por isso que podemos olhar no olho do nosso irmão e dizer: -Meu irmão, eu preciso de você! Não sei como nem por quê, mas sem você eu sou incompleto! Que coisa misteriosa é esse vínculo que nos une! Ao contrário de Davi e Jônatas, nós não temos a opção de escolher uma pessoa, em particular, e fazer uma aliança com ela. Assim como não escolhemos pais e irmãos na carne, também não escolhemos nossos irmãos na fé. Deus os escolheu por nós.

Oração: Pai, reconheço que quanto mais do teu amor derramado em meu coração, mas estarei apto a conviver com as pessoas de maneira saudável e por isso oro para que o teu Espírito me faça crescer mais e mais na revelação deste tão precioso amor, amém

2 Samuel 17-19

ALIANÇADO

"Novo mandamento vos dou: que vos ameis uns aos outros; assim como eu vos amei, que também vos ameis uns aos outros. Nisto conhecerão todos que sois meus discípulos: se tiverdes amor uns aos outros." Jo 13.34,35

07 ABRIL

Na lealdade que existia entre Jônatas e Davi, encontramos alguns princípios que também se aplicam a nós. A lealdade é uma aliança de amizade. Depois de ter feito uma aliança com Deus, Abraão foi chamado amigo de Deus (Gn 12.1-3;15.6). A aliança foi a base dessa amizade. Quando andou na terra, Jesus foi chamado de amigo de pecadores. Qual a razão disso? Porque, sendo Deus, Ele se fez homem para tomar o nosso lugar na cruz. Ele estava em aliança com o homem pecador. Só há amizade genuína quando existe aliança.

Após ter firmado uma aliança com Davi, Jônatas despojou-se da capa que vestia e deu-a ao amigo. Com esse ato, ele estava dizendo que amigo é aquele que guarda e cobre o outro. O amigo não expõe em público as falhas e debilidades do seu parceiro de aliança. Pelo contrário, ele tira a própria capa e a dá ao amigo para guardar e cobrir sua vida.

Precisamos fazer alianças com as pessoas que amamos, porque são as alianças que sustentam as amizades e preservam os relacionamentos.

Oração: Pai, obrigado pelos amigos que o Senhor tem me dado, neste dia eu oro que o Senhor os guarde, que eles desfrutem sempre do teu cuidado, obrigado porque o Senhor Jesus se fez o meu melhor amigo e posso contar com ele todo o tempo. Amém

2 Samuel 20-22

08 ABRIL — LEALDADE PROTETORA

"Despojou-se Jônatas da capa que vestia e a deu a Davi, como também a armadura, inclusive a espada, o arco e o cinto." 1 Sm 18.1-4

Jônatas despojou-se da capa e também da armadura e a entregou ao amigo. Numa aliança leal, não basta colocar a capa para guardar e cobrir o outro, é preciso dispor-se a protegê-lo. Despojar-se da armadura é dizer: "Agora dependo de você para me proteger dos meus inimigos, das calúnias, traições e de todo ataque do inimigo". São muitos os tipos de ataques a que estamos sujeitos no nosso dia a dia. Por isso, só nos sentiremos seguros e protegidos quando estivermos unidos numa lealdade acima da que temos visto no mundo. Talvez nenhum outro sinal da aliança seja tão importante como esse. Se um lobo está atacando o rebanho e não percebemos, isso mostra que ainda não entramos em aliança uns com os outros.

Uma pessoa, uma equipe ou uma igreja que não aprendeu a defender seus membros ainda não é uma verdadeira família cristã, mas são apenas alguns religiosos reunidos em qualquer dia da semana, participando de uma inócua cerimônia religiosa. Paulo disse em 1 Coríntios 12.26 que, "quando um membro sofre, todo o corpo sofre com ele".

Oração: Pai, a aliança com os irmãos é uma parte tão importante de meu relacionamento contigo por isso me abro para que a cada dia o Senhor me leve a tornar mais profundo o meu vínculo com meus irmãos assim como fizeste com Jônatas e Davi. Amém

2 Samuel 23-24

DESARMADO

"Despojou-se Jônatas da capa que vestia e a deu a Davi, como também a armadura, inclusive a espada, o arco e o cinto." 1 Sm 18:1-4

09 ABRIL

Despojando-se da espada. Jônatas despojou-se também da espada. Isso tem um significado duplo. De um lado significa que estou me desarmando para o meu irmão. Caminharemos juntos, desarmados de qualquer atitude de desconfiança. Creio que possamos dizer que a Igreja é um lugar de gente desarmada. Se existe alguma arma, ela somente é usada contra o diabo. Esperamos o melhor dos irmãos. Nunca suspeitamos ou fugimos da comunhão. Este é o motivo por que relutamos em entrar numa aliança: é preciso entregar nossas armas e deixar a nossa defesa sob a responsabilidade de uma pessoa que não conhecemos profundamente.

Por outro lado, entregar a espada implica abandonar um relacionamento superficial. Entregar a espada é interferir na vida do nosso irmão. Precisamos de pessoas que não tenham nenhum receio de interferir em nossa vida, porém, com respeito, amor e carinho, sem usar de manipulação. Pergunte a si mesmo se existe alguém com liberdade de tratar abertamente com você. Se não existe, peça a Deus para que Ele coloque pessoas em sua vida.

Oração: Senhor Jesus, hoje eu quero me despojar da minha espada, de todo instrumento de defesa, de receio do que me possa acontecer. Cure-me de possíveis traumas de relacionamentos passados e me faça, de fato, livre, para que a sua vida e liberdade possa fluir da minha vida para a vida de outros irmãos também.

1 Reis 1-2

10 ABRIL — COMUNHÃO

"Melhor é a repreensão franca do que o amor encoberto. Leais são as feridas feitas pelo que ama, porém os beijos de quem odeia são enganosos." Pv 27.5,6

Quando estamos em aliança, a espada da verdade tem liberdade para atuar entre nós. O autor de Provérbios nos desarma de qualquer temor quando afirma que leais são as feridas feitas pelo que ama. Sempre existirá alguém que não aceita nenhuma interferência em sua vida pessoal. A justificativa sempre é a seguinte: "Ninguém tem nada a ver com a minha vida. Na minha vida mando eu". Isso, porém, é um grande engano. A partir do momento em que entramos, somos inseridos e, ao mesmo tempo, nos tornamos Igreja, entramos também para uma família. Essa família tem pai e muitos irmãos. Eu estou ligado ao irmão, e ele, por sua vez, está ligado a mim.

Momentos de lazer juntos são situações estratégicas para gerar comunhão. Mas o que desenvolve e fortalece a unidade de fato é a interatividade, em amor, entre os irmãos. Cultuarmos, orarmos, estudarmos juntos, estarmos em discipulado, nos exortarmos, incentivar uns aos outros; orar e jejuar uns pelos outros, declarar palavras de bênçãos, profetizar, tudo isso cria um ambiente de comunhão, que resultará em andarmos em aliança – não importando as circunstâncias. Estaremos sempre juntos.

Oração: Amado e querido Deus, eu quero que o Senhor me dê mais comunhão com os meus irmãos. Prepare mais momentos, nos dê criatividade e disposição para criarmos mais momentos juntos. Que aprofundemos nossa amizade sincera e verdadeira em ti. Dê-nos espírito de unidade e que possamos ser um, como o Senhor é um com o Pai. Amém.

1 Reis 3-5

PROVEDOR

11 ABRIL

"Despojou-se Jônatas da capa que vestia e a deu a Davi, como também a armadura, inclusive a espada, o arco e o cinto." 1 Sm 18.1-4

Nos dias de Davi e Jônatas, o arco não era, exclusivamente, uma arma de guerra. Sua utilização maior era a caça. Ao entregar o arco a Davi, Jônatas estava dizendo: "Eu não vou deixar você na mão, o que eu possuo usarei para abençoar você também". Que coisa linda quando um grupo se mobiliza para ajudar algum membro que perdeu o emprego ou que, por outro motivo qualquer, precisa de ajuda financeira. Um grande sinal de nossa lealdade é a disposição para levar a mão ao bolso, tirar nosso arco e entregá-lo ao irmão. Precisamos ser Igreja de fato e não apenas termos reuniões, encontros ou simples comunhão. Precisamos ser Igreja nos compromissos e nos relacionamentos. Se toda a vida da Igreja se resumir apenas a uma reunião de fim de semana, então eu não entendo ainda o que é a aliança do Corpo.

O nosso compromisso não deve ser somente com a estrutura da igreja e com o trabalho na obra de Deus. Deve ir além disso. Devemos estar comprometidos com o corpo de Cristo, vivendo um estilo de relacionamento de aliança, no qual não há espaço para deslealdade. Que o amor do Senhor te constranja a viver esse padrão!

Oração: Deus Pai, dá-me mais revelação acerca do cuidado com o meu próximo, como diz a tua palavra, principalmente os da família da fé. Que eu deixe os meus testemunhos nessa área no passado, e eu faça isso hoje, como se nunca tivesse feito ainda. Obrigado, Senhor.

1 Reis 6-7

12 ABRIL — SUPORTAR

"Despojou-se Jônatas da capa que vestia e a deu a Davi, como também a armadura, inclusive a espada, o arco e o cinto." 1 Sm 18.1-4

Depois de entregar a capa, a armadura, a espada e o arco, finalmente Jônatas entregou o cinto. O cinto era usado para dar firmeza e sustentação. Isso significa que o amigo é aquele que dá suporte. Nós somos a escora do nosso irmão. Se ele está com a perna quebrada, nós somos a muleta que o ampara. Muitas vezes, é desagradável; outras vezes, é como um fardo pesado, mas o amor de Deus que está em nós nos dá graça para avançar. Fomos chamados para ser companheiros de jugo.

Jônatas era o herdeiro legítimo do trono, mas isso não era o mais importante para Jônatas. O amor que ele tinha por Davi era maior do que a posição que lhe aguardava. Ele abriu caminho para que Davi assumisse a posição que era sua por direito. Essa amizade é um símbolo do verdadeiro cristianismo, onde o mais importante não é a posição que se ocupa, mas o amor.

Agora, pois, permanecem a fé, a esperança e o amor, estes três (1Co 13:13). Que Deus possa gerar em você um amor tal que você seja capaz de abrir mão da sua posição para que outro governe em seu lugar, para que o propósito de Deus seja cumprido, ou até mesmo, seja uma demonstração de amor e amizade.

Oração: Deus, que eu tenha revelação de abrir mão. Muitas vezes, pelo meu ego, penso e desejo que os outros abram mão para que eu governe. Julgo-me importante demais para que eu mesmo faça isso. Mas esse, Senhor, não é o exemplo de Cristo.

1 Reis 8-9

LEALDADE ETERNA

13 ABRIL

"Um novo mandamento vos dou: Que vos ameis uns aos outros; como eu vos amei a vós, que também vós uns aos outros vos ameis. Nisto todos conhecerão que sois meus discípulos, se vos amardes uns aos outros". Jo 13:34,35.

A lealdade na casa de Deus não tem caráter transitório, é eterna. Uma das grandes diferenças entre o céu e o inferno é esta: o inferno é individualista, enquanto o céu é uma comunidade ajudadora. Conta-se que, certa vez, um homem foi levado ao céu e ao inferno. Primeiro, levaram-no ao inferno, onde ele viu uma grande mesa com todo tipo de comida saborosa. Contudo, as pessoas sentadas à mesa tinham uma deficiência, os braços eram retorcidos para o lado de fora, então não conseguiam levar o garfo à boca. Sempre que o faziam, o garfo seguia em direção contrária. Uma agonia terrível, apesar de estarem famintas e diante de tão farto banquete, ninguém podia alimentar-se. Depois ele foi levado ao céu. Lá, ele viu uma mesa semelhante, e nela um grande banquete era servido. As pessoas ali tinham o mesmo problema em seus braços, mas todos riam e se alegravam tremendamente. Qual era o segredo? Era que, não podendo levar o garfo à própria boca, cada uma delas colocava a comida na boca do vizinho e assim todos se alimentavam.

O que dá à nossa vida um caráter celestial é justamente essa aliança de amizade e amor que temos estabelecido uns com os outros.

Oração: Senhor, dá-me mais amor pelo meu irmão. Que eu o ame, porque eu quero que as pessoas me vejam como teu discípulo. Quero parecer contigo também nesse aspecto. Eu sei que, às vezes, pode não ser fácil, ainda assim, por ser tua vontade, eu me disponho. Eis-me aqui para aprender de ti. Em Nome de Jesus, ajuda-me a amar meus irmãos. Amém.

1 Reis 10-12

14 ABRIL — SOLITUDE

"A intimidade do SENHOR é para os que o temem, aos quais ele dará a conhecer a sua aliança." Sl 25.14

Desenvolvemos intimidade com o Senhor andando no temor à Sua Palavra. Essa intimidade nos levará a desejar o Senhor como vida, alimento e deleite. Teremos prazer em nos separarmos com Ele todos os dias em oração, leitura e meditação na Sua Palavra, para dele nos alimentarmos e fortalecermos. Solitude é o tempo a sós que dedicamos no devocional diário com o Senhor. Sem solitude com Deus, sem vida. Muitas vezes queremos o "poder" para resolvermos os nossos problemas, mas o poder simplesmente não gera vida. No entanto, vida de Deus gera poder. O "poder" resolve problemas, porém a vida de Deus, além de gerar poder para solução de problemas, nos dá sensibilidade a Deus e sabedoria para vivermos uma vida de paz.

O sucesso é o êxito sem a presença de Deus. Quem tem sucesso no mundo não pensa nos outros, não dá a glória para Deus, não se despoja do ego. No reino de Deus não é assim. Ganha quem perde. Cresce quem se diminui. É exaltado quem é humilhado. Esses, que pensam e agem dessa forma, é que são os íntimos do Senhor.

Oração: Pai querido, desfrutar de sua preciosa presença é a melhor de todas as bênçãos que o Senhor pode me dar, me encha sempre de sua vida, me torna cada dia mais sensível a tua voz, o meu coração é teu. Amém!

1 Reis 13-15

ÊXITO

"Davi lograva bom êxito em todos os seus empreendimentos, pois o SENHOR era com ele." 1 Sm 18:14

15 ABRIL

A Bíblia fala de êxito, que é o sucesso com Deus. Sucesso fora da vontade de Deus é fracasso. "Fracasso é ser bem-sucedido naquilo que está fora da vontade de Deus pra nós". Temos exemplos, na Bíblia, de pessoas que tiveram êxito, isto é, sucesso com Deus. Ezequias é exemplo – "Assim, foi o SENHOR com ele; para onde quer que saía, lograva bom êxito; rebelou-se contra o rei da Assíria e não o serviu" (2Rs 18.5-7). Quantos querem ter êxito? O sucesso sem Deus nos distancia de Deus, mas o êxito nos aproxima mais e mais do propósito dele.

Não se deve pedir a Deus que Ele nos abençoe, mas que Ele nos leve ao lugar onde Ele abençoa, e o lugar onde Deus nos abençoa é o centro da Sua vontade. Como saber onde é o lugar do centro da vontade de Deus? Tendo tempo de solitude com Ele diariamente. A sensibilidade para entrar por essa ou aquela porta de emprego, para falar ou não tal coisa a tal pessoa, para tentar ou não tal estratégia, para ter disposição em perseverar no exercício de uma função no Reino de Deus, tudo isso exige tempo de solitude com Deus. Como precisamos de solitude com Deus!

Oração: Pai, leva-me ao lugar de êxito. Eu quero ser bem-sucedido segundo os padrões do teu reino. Eu quero, desejo. Só o Senhor pode me guiar a esse lugar. Mostra-me as áreas que necessito de mudanças e renúncia para poder chegar a esse lugar, pois é lá que está ordenada a bênção. Para tua glória, aleluia!

1 Reis 16-18

16 ABRIL — MATURIDADE

"Tendo-se levantado alta madrugada, saiu, foi para um lugar deserto e ali orava." Mc 1.35

O tempo de solitude com Deus possui cinco aspectos. O primeiro deles é a maturidade. Quem é maduro reconhece que há um preço para tudo, que não há nada grátis. Para tudo há um preço. Quem é maduro sabe que um casamento abençoado demanda um pagamento de preço por ambos os cônjuges. Criança não investe tempo de solitude com Deus porque não está disposta a pagar o preço da oração e meditação bíblica diária. A maturidade nos leva a ter responsabilidade com o exercício da função assumida no Reino de Deus, surgindo a necessidade de se buscar a Deus para se ter graça, sabedoria, poder e autoridade no exercício da função.

Se você não tem tempo de solitude com Deus, digo com amor e carinho: você ainda é uma criança ou, no máximo, um adolescente, espiritualmente falando. Busque crescer em maturidade cristã. Isso vai lhe custar pagar o preço de um devocional diário. A minha oração é que o seu devocional diário seja o momento mais prazeroso do seu dia, tal qual tem acontecido comigo. Nos meus primeiros anos de vida cristã, orar, jejuar, ler e meditar na Bíblia não era algo prazeroso, mas tenho tido crescimento acerca da revelação do amor do Pai, então, este tempo tornou-se o melhor momento do meu dia. Saiba, Deus não tem filhos preferidos, mas filhos que O preferem.

Oração: Pai, eu, a partir de hoje, reafirmo meu compromisso de estar em devocional diário com o Senhor. Teremos nosso tempo a sós, todos os dias. Me ajude a me disciplinar. Amém

ALVOS

"Tendo-se levantado alta madrugada, saiu, foi para um lugar deserto e ali orava." Mc 1.35

17 ABRIL

Moisés tinha um alvo. Por isso ele orou a Deus diante do mar. Ele tinha o alvo de tomar posse de Canaã, porém surgiram muitos obstáculos. Somente indo a Deus em oração e meditação na Sua Palavra é que iremos vencer os obstáculos e conquistar os alvos. Você tem alvos? Mire em nada e você acertará em cheio, isto é, em nada. Se você não tem alvo, também não terá tempo de solitude com Deus. Quem não tem rumo, não tem dificuldade, porque quando surge a dificuldade, muda de rumo e de direção. Não importam quais sejam os seus alvos, se espirituais, se financeiros, se familiares, com certeza surgirão dificuldades e elas levarão você a Deus.

Para atravessarmos as provações e tribulações sem murmurarmos, precisamos ser íntimos de Deus. Essa intimidade será aperfeiçoada tanto quanto nos dedicarmos a estar a sós com Deus no devocional, alimentando-nos dele. Alimente-se da presença do Senhor e prossiga para os seus alvos.

Oração: Senhor, hoje eu venho agradecer pelo nível de maturidade que tenho, pelo que conheço da tua palavra, pela sensibilidade que tenho da tua presença, pelas experiências que tenho, por tudo que conquistei e recebi do Senhor. Mas venho pedir também que me leve a outro nível no Senhor. Tenho alvos em todas as áreas da minha vida, mas meu alvo principal é esse: crescer em intimidade com o Senhor.

1 Reis 21-22

18 ABRIL

GUERREIE

"Tendo-se levantado alta madrugada, saiu, foi para um lugar deserto e ali orava." Mc 1.35

Se quisermos ser uma igreja que avança e cresce, precisamos do poder de Deus para vencer e ter disposição de guerrear espiritualmente. Isso demanda oração. Pouca oração, pouco poder. Nenhuma oração, nenhum poder. Muita oração, muito poder. Em 1Ts 5.17, Paulo nos exorta a orar sem cessar. Jesus vivia orando para ter poder e amarrar o valente. Temos que nos levantar e amarrar o valente. Se quisermos saquear a cidade, temos que estar dispostos a guerrear.

Só tem disposição para guerrear quem separa tempo a sós com o Senhor para ter poder de Deus e então amarrar o valente – o diabo. Que tipo de potestade maligna age no seu bairro, na sua cidade? Amarre a potestade e então conquiste as vidas para o Senhor, trazendo-as para sua célula e igreja local. Como saber qual é a potestade que está agindo e impedindo que conquistemos as promessas de Deus? Resposta: Tendo tempo de solitude com Ele. Você é um soldado alistado pelo Senhor para a guerra.

Oração: Em Nome do Senhor Jesus, eu me levanto contra toda letargia, toda paralisia espiritual, todo bloqueio que me distrai da tua presença. Mostra-me, Senhor, onde tenho falhado e ajude-me a corrigir. Capacite-me a guerrear pelas tuas causas, pela minha vida e família, grupo de relacionamento, pelo meu país. Amém!

CONDUZIDO PELO ESPÍRITO

19 ABRIL

"Tendo-se levantado alta madrugada, saiu, foi para um lugar deserto e ali orava." Mc 1.35

Jesus foi levado pelo Espírito ao deserto. "A seguir, foi Jesus levado pelo Espírito ao deserto, para ser tentado pelo diabo" (Mt 4.1-10). A sensibilidade ao Espírito Santo está diretamente relacionada ao tempo de solitude com Deus. O Espírito Santo conduziu Jesus ao deserto para ser tentado pelo diabo. Jesus venceu porque era cheio do Espírito Santo. Era cheio do Espírito porque investia todos os dias tempo a sós com o Pai.

Amados, venceremos as tentações à medida que crescermos em intimidade com o Pai, por meio de um devocional diário qualitativo, no qual, de fato, nos alimentemos do Senhor e da Sua poderosa Palavra. No deserto, Ele se alimentou da Palavra. Jesus disse que a boca fala do que está cheio o coração. E o que Jesus falou no deserto, quando foi tentado pelo diabo? Ele declarou a Palavra de Deus. Quem se enche da Palavra se enche do Espírito. Se encha da Palavra e seja conduzido pelo Espírito. Você será servido no lugar em que busca. Deixe o Espírito Santo te conduzir.

Oração: Eu quero, doce Espírito, a Tua condução. Eu clamo por ela agora em minha vida. Em tudo. Estou disposto a crescer em intimidade com o Senhor, a pagar o preço necessário para que isso aconteça. Eu sei que o Teu caminho é o melhor. O Senhor não erra. Amém!

○ 2 Reis 4-5

20 ABRIL — APAIXONE-SE

"Tendo-se levantado alta madrugada, saiu, foi para um lugar deserto e ali orava." Mc 1.35

Paixão e amor pelo Senhor, pela Sua Palavra, pelo Seu Reino e pelo cumprimento do propósito eterno de Deus. Qual o propósito eterno de Deus para nós? Edificar casas para Ele, isto é, filhos espirituais. Um rapaz apaixonado viaja muitas horas para ver a noiva. Se não investirmos tempo devocional diariamente para buscar ao Senhor, estaremos desperdiçando o privilégio de nos sentirmos amados por Ele e recebermos graça abundante, por meio da qual cumpriremos o Seu propósito e, então, sermos abençoados.

Para sermos exitosos, temos que ser sensíveis ao Espírito Santo. Para sermos sensíveis ao Espírito Santo, precisamos valorizar a oportunidade de investirmos um tempo de solitude com Deus todos os dias. Os discípulos pediram para Jesus que os ensinasse a orar. A oração dele era diferente. Eles sabiam orar, haviam aprendido com a tradição. Viam os fariseus orarem. Mas a oração de Jesus era diferente. Era a oração de alguém apaixonado. Arrependamo-nos e voltemos ao primeiro amor, o lugar de onde caímos, se este é o seu caso. Mãos à obra: faça do seu tempo devocional diário o melhor momento do seu dia.

Oração: Dá-me mais paixão por ti, ó Deus! Cria em mim, gera em mim uma fome e uma sede incessantes pela Tua presença. Mais de Ti. Mais de Ti, menos de mim. Inspira-me a orar e a buscar como o Senhor buscou ao Pai, Jesus. Ensina-me e capacita-me, Senhor em Nome de Jesus!

2 Reis 6-8

TESTEMUNHE

"Deus prova o seu amor para conosco, em que Cristo deu a sua vida por nós, sendo nós ainda pecadores". Romanos 5:8

21 ABRIL

O resultado imediato do pecado do homem foi a morte espiritual, o que o levou à perda da comunhão com Deus. Nosso Deus teve que enviar o Seu Amado e Unigênito filho para morrer. Jesus morreu numa cruz. Ressuscitou. E comissionou os seus discípulos a serem suas testemunhas. É um privilégio este que os anjos gostariam de desfrutar, mas só ao homem foi concedido, conforme vemos em 1 Pedro 1:12: "Aos quais foi revelado que, não para si mesmos, mas para nós, eles ministravam estas coisas que, agora, vos foram anunciadas por aqueles que, pelo Espírito Santo enviado do céu, vos pregaram o evangelho, para as quais coisas os anjos desejam bem atentar." Dentre tantos benefícios, o sacrifício de Cristo na cruz dá ao cristão esse privilégio de testemunhar da ressurreição do Filho de Deus.

Minha oração e expectativa é inspirar e motivar você a testemunhar de Cristo e levá-lo a atrair e consolidar um número muito maior de vidas no corpo de Cristo, a igreja, que porventura você já tenha gerado no Senhor. Deus é amor, e por isso não se poupou de sacrificar o Seu filho, para trazer o homem de volta à Sua comunhão.

Oração: Espírito Santo, seja comigo enquanto abro minha boca para proclamar o evangelho. Que as pessoas ao ouvirem a Tua palavra sejam tocadas e recebam milagres, curas e libertações, para que possam crer na mensagem do evangelho. Que a semente da palavra caia em terreno fértil. Oro por isso, Pai, em Nome de Jesus. Amém.

2 Reis 9-10

22 ABRIL
DEUS ENVIOU SEU FILHO AMADO

"Mas, vindo a plenitude dos tempos, Deus enviou seu Filho, nascido de mulher, nascido sob a lei." Gálatas 4:4

Veja o que a Bíblia diz acerca dele: Em Gênesis Ele é a semente da mulher, em Êxodo Ele é o Cordeiro pascal, em Levítico Ele é o sacrifício expiatório, em Números Ele é a Rocha ferida, em Deuteronômio Ele é o profeta de Deus.

Em Reis e Crônicas Ele é o Rei prometido, em Ester Ele é o advogado divino, em Ruth Ele é o parente divino, em Salmos Ele é o socorro bem presente na angústia, em Provérbios Ele é a sabedoria de Deus, em Eclesiastes Ele é o alvo verdadeiro, em todos os profetas Ele é o messias. Em Mateus Ele é Rei, em Marcos Servo sofredor, em Lucas o Filho do Homem, em João o homem divino, em todas as epístolas paulinas a cabeça da igreja e o salvador do corpo, em Apocalipse o Alfa e o Ômega, o princípio e o fim...

Estou falando de Jesus, Aquele que o Pai enviou para a cruz para morrer em meu e seu lugar. A morte substituta, que teologicamente chamamos de "Obra da Cruz" ou "Substituição", para dar solução definitiva aos nossos pecados que nos separam de Deus. A Obra da Cruz é o remédio, a solução definitiva para os pecados do homem. São os pecados do homem que impedem que ele desfrute de comunhão plena e íntima com o único Deus que existe, o Criador Eterno.

Oração: Tu és tudo para mim, Senhor. Tu és tudo em todos. Tu és tudo o que é bom, toda a perfeição reside em ti. Todos os atributos e qualidades residem no Senhor e, ao mesmo tempo, procedem de Ti. Diante de tantas qualidades e atributos, eu me rendo diante da Tua grandeza.

REMÉDIO

23 ABRIL

"Mas, vindo a plenitude dos tempos, Deus enviou seu Filho, nascido de mulher, nascido sob a lei." Gálatas 4:4

A obra da Cruz ou Substituição é o remédio, a solução definitiva que Deus proveu ao nosso favor para que os nossos pecados fossem perdoados e nós, então, pudéssemos desfrutar da maior bênção possível e imaginável: ter comunhão com Deus, ser habitação dele, ter um relacionamento de intimidade com Ele, poder adorá-Lo na beleza da sua santidade e cooperar com Ele na Sua obra cujo propósito é o propósito Eterno.

Que privilégio! Então Jesus vem e toma o lugar do pecador na morte substituta para dar cabo final ao problema do homem que o separa de Deus: os pecados. Teologicamente existem duas coisas: a primeira é a Obra da Cruz. Jesus vem por meio da Obra da Cruz ou Substituição para dar solução aos pecados do homem. A outra é o Poder da Cruz ou Inclusão que, teologicamente, é o remédio ou solução de Deus para a semente da serpente (semente do diabo) dentro do homem, que gerou a natureza humana pecaminosa, a qual chamamos de natureza adâmica ou pervertida.

Oração: Pai, obrigado por tão poderosa salvação, obrigado pelo sangue de Jesus que foi vertido por mim para perdão de todos os meus pecados para que eu pudesse ter livre acesso a tua presença. Amém

2 Reis 14-16

24 ABRIL — PROPÍCIO

"Nisto consiste o amor: não em que nós tenhamos amado a Deus, mas em que ele nos amou e enviou o seu Filho como propiciação pelos nossos pecados." 1 João 4:10

Jesus se tornou propício diante do Pai, para aplacar a ira de Deus contra o pecador. Deus ama o pecador, mas odeia o pecado. Porém Deus, porque é santo, justo, reto, íntegro, irrepreensível, porque não tem pacto com o pecado, a alma que pecar, como está escrito na Velha Aliança, esta morrerá. Ei! Eu e você deveríamos estar mortos, deveríamos estar distantes de Deus, separados do Pai, mas por causa da Obra da Cruz, morte substituta em que Jesus tomou o meu e o seu lugar, Ele nos proporcionou o primeiro benefício da Obra da Cruz: propiciação. Jesus se tornou propício diante do Pai para aplacar a ira de Deus que era contra nós.

A ira de Deus foi desviada do pecador. A ira de Deus foi aplacada, abortada, anulada, espezinhada, erradicada, destruída. Ei! Deus não se ira contra você! Deus não te odeia! Deus não se vinga de você! Por que, pastor, que você está dizendo isto com tanta ênfase? Porque você é filho amado de Deus e porque a ira que era contra você caiu sobre Jesus Cristo lá na cruz.

Oração: Tenho paz contigo, ó Pai. Essa paz me dá confiança de que posso caminhar e não serei abandonado, independente das circunstâncias. Regozijo-me e alegro-me na Tua obra na cruz, porque pela morte do Senhor recebi a paz ao invés de castigo. Te amo e te adoro por isso nesse dia, Senhor. Aleluia!

2 Reis 17-18

DESVIO

25 ABRIL

"Mas Deus prova o seu amor para conosco em que Cristo morreu por nós, sendo nós ainda pecadores." Romanos 5:8

Propiciação significa desviar a ira pela satisfação da justiça violada. A justiça de Deus foi violada por mim e por você, por causa dos nossos pecados. Mas quando Jesus foi para a cruz, a simbologia do Propiciatório da Velha Aliança é essa: Ele serviu para sempre de Propiciador diante de Deus. Significa dizer, literalmente, que todas as vezes que você pecar, ao se arrepender, automaticamente, a ira de Deus se desviará de sobre você, porque ela já caiu sobre Jesus na cruz há cerca de dois mil anos atrás.

Se até aqui você tem se relacionado com um Deus carrasco, violento, que lhe causa medo; com amor e carinho eu te apresento um Deus de amor, um Pai generoso, ao qual você pode e deve chamar de Aba Pai, isto é, paizinho querido, conforme o Apóstolo Paulo menciona em Romanos 8: 15 a 17. Por favor, acredite no amor de Deus. Ele entregou o Seu próprio filho para te salvar. Renove a sua mente com essa grande e inquestionável verdade e a sua vida será transformada de glória em glória.

Oração: A Tua obra na cruz, motivada pelo Teu amor, me dá paz, porque o castigo foi direcionado e colocado sobre Cristo e hoje eu posso desfrutar disso. Obrigado, Senhor. Quão abençoado sou! Quão amado sou e te agradeço por isso. Em nome do teu Filho amado, Jesus Cristo.

2 Reis 19-21

26 ABRIL

LUTROO

"no qual temos a redenção, pelo seu sangue, a remissão dos pecados, segundo a riqueza da sua graça," Efésios 1:7

Redenção é o ato de remir, redimir, resgatar, pagar o preço pelo resgate. Há uma expressão no grego chamada Lutroo, que significa libertar, pagar o preço, resgatar da dívida do pecado. Havia uma cédula ou escrito de dívida de pecado diante de Deus. Os devedores éramos eu e você. Porém, quando Jesus, espontaneamente, foi à cruz no nosso lugar, Ele nos proporcionou a redenção tomando o nosso lugar e pagando o preço pelo nosso resgate. Na morte sacrificial, além de servir como Propiciador, Ele também serviu como nosso Redentor, isto é, lutroo.

Ele pagou o preço da dívida que tínhamos com Deus por causa dos nossos pecados e também nos libertou da escravidão do diabo. "Porque fostes comprados por preço. Agora, pois, glorificai a Deus no vosso corpo." 1 Co 6:20. Você foi liberto da dívida do pecado e do domínio de Satanás. Tome posse dessa verdade em Cristo Jesus.

Oração: Obrigado Senhor, pelo preço que pagou por meu resgate. Obrigado porque o Senhor me livrou da perdição eterna. Toda dívida que havia contra mim já foi paga e hoje sou livre. Graças te dou porque o Senhor me libertou. Aleluia!

2 Reis 22-23

PROPRIEDADE EXCLUSIVA

27 ABRIL

"Mas vós sois a geração eleita, o sacerdócio real, a nação santa, o povo adquirido, para que anuncieis as virtudes daquele que vos chamou das trevas para a sua maravilhosa luz." 1 Pe 2:9

Uma outra expressão grega para redenção é peripoiéo. E significa que "Ele nos comprou para si e nos tornou propriedade exclusiva Sua". Por isso, Pedro diz: Mas vós sois a geração eleita, o sacerdócio real, a nação santa, o povo adquirido, para que anuncieis as virtudes daquele que vos chamou das trevas para a sua maravilhosa luz. Paulo também diz: o qual é o penhor da nossa herança, até ao resgate da sua propriedade, em louvor da sua glória (Ef 1:14).

Ei! Ele te comprou para propriedade exclusiva Sua! "Atendei por vós e por todo o rebanho sobre o qual o Espírito Santo vos constituiu bispos, para pastoreardes a igreja de Deus, a qual ele comprou com o seu próprio sangue" (At 20:28). O capeta, o diabo, o demônio, o inferno, a macumba, o feitiço, e nada, nada, nada pode arrebatar você das mãos dele, porque Ele te comprou e fez de você Sua propriedade exclusiva.

Oração: Eu tenho um dono. Fui comprado e eu sou teu Senhor, Deus e Pai Amado. Sou Teu e isso me traz uma alegria muito grande. Um senso de pertencimento, de ser do Senhor para sempre, me traz uma alegria indescritível e incessante. Eu me alegro na tua salvação, ó Senhor, como diz o salmista, e eu sei o que é isso: eu me alegro na tua salvação! Aleluia!

2 Reis 24-25

28 ABRIL — EX-ESCRAVO

"Cristo nos resgatou da maldição da lei, fazendo-se maldição por nós, porque está escrito: Maldito todo aquele que for pendurado no madeiro;" Gl 3:13

Outra palavra para redenção é agorázo. Agorázo vem de "Ágora", que significa mercado de escravos. Ele te redimiu do mercado de escravos. Alguns cristãos eram escravos em seu mundo de trevas, uns presos no vício, outros na idolatria, outros na opressão maligna, outros escravos deste mundo, aprisionados nos bens materiais, outros presos na prostituição, outros no adultério, outros na lascívia, luxúria e licenciosidade, outros na feitiçaria, na macumbaria, na bruxaria. Outros eram presos no ódio, no homicídio, no rancor, na amargura, no azedume da alma.

"Mas graças a Deus porque, outrora, escravos do pecado, contudo, viestes a obedecer de coração à forma de doutrina a que fostes entregues" Rm 6:17. "Atendei por vós e por todo o rebanho sobre o qual o Espírito Santo vos constituiu bispos, para pastoreardes a igreja de Deus, a qual ele comprou com o seu próprio sangue." At 20:28. Mas graças a Deus por "agorázo", pois Ele nos redimiu comprando-nos para Si e nos arrancando do mercado de escravos!

Oração: Pai, eu estava no mercado de escravos e agora, sou Teu. De onde o Senhor me tirou! Quão grande alegria eu tenho hoje! Quando me lembro de onde eu vim, não tenho como não me emocionar e perceber o tamanho do Teu amor, Senhor. Como eu Te amo, Jesus! E quero Te agradecer, com a minha vida, em rendição a Ti, por tudo o que fizeste. Te agradeço, meu Senhor!

1 Crônicas 1-2

DELE PARA SEMPRE

29 ABRIL

"Cristo nos resgatou da maldição da lei, fazendo-se maldição por nós, porque está escrito: Maldito todo aquele que for pendurado no madeiro" Gl 3:13

Outra palavra para redenção é exagorázo, que significa que você nunca mais voltará a pertencer ao seu ex-dono, o diabo, também conhecido como Belzebu ou Satanás. "Seja a vossa vida sem avareza. Contentai-vos com as coisas que tendes; porque ele tem dito: De maneira alguma te deixarei, nunca jamais te abandonarei" (Hb 13:5). Quando você se converte, o diabo perde todo domínio sobre você, pois Jesus te torna propriedade exclusiva d'Ele. Para o inimigo, Ele jamais te devolverá! Você é posse exclusiva de Deus! Como está escrito: "Mas vós sois dele, em Cristo Jesus, o qual se nos tornou, da parte de Deus, sabedoria, justiça, santificação e redenção" (1 Co 1:30). Aleluia, sete vezes, meu amado irmão em Cristo! Oro para que diariamente nos entreguemos por completo e sejamos d'Ele para sempre. Que possamos viver essa verdade com confiança e alegria, sabendo que a redenção em Cristo nos libertou para nunca mais sermos dominados pelo mal. Que sejamos sempre firmes e gratos por pertencer ao Senhor.

Oração: Eu sou Teu e Tu és meu. Eu sou do meu amado, e o meu amado é meu! Nunca mais pertencerei a ninguém além dele. Obrigado, Senhor, por tão grande amor, por tão grande obra, por tão grande agir em minha vida. Eu te amo, ó Senhor, porque me livraste das mãos de um inimigo bem mais forte que eu, e me compraste para ser Teu eternamente. Eu Te amo, Senhor Jesus!

○ 1 Crônicas 3-4

30 ABRIL
DEUS TORNOU A SALVAÇÃO SIMPLES

"Se, com a tua boca, confessares Jesus como Senhor e, em teu coração, creres que Deus o ressuscitou dentre os mortos, serás salvo. Porque com o coração se crê para justiça e com a boca se confessa a respeito da salvação."
Rm 10:9-10

Há uma profunda conexão entre coração-boca, boca-coração. Por toda a Bíblia teremos este ensino patente. Desde o início, Deus revela o que está em seu coração falando. E falando cria todas as coisas. Nossa fé está firmada naquilo que Deus disse.

Aquilo que está no profundo de nosso ser sempre será revelado por uma proclamação (2 Co 4:13). A Fé sempre será acompanhado de uma proclamação.

Por toda vida, desde o novo nascimento, a experiência sobrenatural e vitoriosa origina-se no que cremos e falamos. E por que é assim? Porque, como Jesus ensinou, a boca fala do que o coração está cheio (Mt 12:34), a vida cristã abundante é gerada por meio do que falamos.

Deus nos abençoou liberando o que estava em seu coração, a sua palavra. A palavra de Deus está viva, Cristo é a palavra de Deus. Nós nos apropriamos do que Ele disse, crendo e proclamando.

Oração: "Senhor Jesus, eu te aceito como meu Senhor e Salvador pessoal. Perdoa os meus pecados e escreve o meu nome no Teu livro, o livro da Vida, e envia agora mesmo o prometido Consolador, o Espírito Santo, para entrar na minha vida e operar o milagre do novo nascimento, tornando-me uma nova criatura em Cristo Jesus".

1 Crônicas 5-6

ESTÁ PAGA

01 MAIO

"tendo cancelado o escrito de dívida, que era contra nós e que constava de ordenanças, o qual nos era prejudicial, removeu- o inteiramente, encravando-o na cruz;" Cl 2:14

Expiação é a morte de um inocente pelo pecador. Quando o sacerdote apresentava a Deus o sacrifício de um animal trazido por um judeu, o que isso significava? Significava cobrir, pagar, substituir a condenação de morte do pecador para o animal sacrificado. Expiação significa a morte de um inocente para que o pecador não tenha que morrer. Então, algum inocente morria – ali no caso um animal morria no lugar do pecador. O sacrifício de animais na Velha Aliança não resolvia absolutamente e definitivamente o problema do pecado, mas tão somente cobria, mascarava, minimizava por assim dizer, o problema do pecado do homem. Porém, quando Jesus lá na cruz morreu praticando a morte expiatória, isto é, a morte substituta em que Ele, como animal "puro" e inocente substitui o lugar do homem pecador, Ele dá ao homem o benefício da Expiação, daí a Bíblia chamá-Lo de "O Cordeiro de Deus" que tira o pecado do mundo.

Quem satisfez a justiça de Deus que foi violada pelo homem pecador foi Jesus Cristo, "O Cordeiro de Deus". Ele foi imolado, sacrificado no nosso lugar, para que nós não tenhamos mais que morrer, porque Ele já morreu a nossa morte. Aleluia!

Oração: Querido Aba, eu sou a Tua justiça em Cristo, porque o Senhor não vê culpa ou condenação em mim. Cristo se fez culpado e condenado em meu lugar, e nele, e através dele, eu sou inocente. Com essa confiança, visto o capacete da salvação e nada pode tirar a paz, alegria, comunhão e certeza da tua obra de salvação na minha vida. Obrigado por tudo o que fizeste por mim lá na cruz. Aleluia!

1 Crônicas 7-9

02 MAIO — PÁSCOA

"Chamou, pois, Moisés todos os anciãos de Israel e lhes disse: Escolhei, e tomai cordeiros segundo as vossas famílias, e imolai a Páscoa." Êxodo 12:21

Na ocasião da Páscoa em que os judeus foram libertos de quatrocentos anos de escravidão no Egito, um cordeiro foi sacrificado por cada família. Deus amaldiçoou Faraó para que ele libertasse o povo de Israel. Cerca de dois (há quem diga três) milhões de judeus saíram do Egito, depois de quatrocentos e trinta anos, dos quais quatrocentos foram de escravidão. E quando eles saem do Egito, a décima e última praga que Deus opera é a morte dos primogênitos. Mas, para que o filho primogênito (o filho mais velho) dos judeus não morresse, o que é que Deus fez? Deus mandou a Moisés que ordenasse a cada família judia (israelita) que sacrificasse um cordeiro. Portanto, um cordeiro foi sacrificado por uma família. Agora um cordeiro por uma família. Lá no deserto, em cima do propiciatório, uma vez ao ano, no chamado dia da Expiação, que era o dia da purificação, o sumo sacerdote derramava sangue após o sacrifício de um animal pelo pecado de toda a nação. Agora o sacrifício de um cordeiro é por uma nação. "No dia seguinte, João viu a Jesus, que vinha para ele, e disse: Eis o Cordeiro de Deus, que tira o pecado do mundo." João 1:29

Oração: Senhor, Tu és a nossa Páscoa. Tu és o cordeiro que se sacrificou por nós. O Teu sangue nos livra do destruidor. Fomos batizados na travessia do mar, que simbolizou o batismo nas águas. Hoje, comemos do Cordeiro na Ceia do Senhor. Hoje, desfrutamos da libertação do Egito, e estamos livres de faraó - o diabo. E hoje, assentados contigo nos lugares celestiais, estamos como que espiando Canaã. Isso é glorioso, Senhor e eu me alegro nessas maravilhas.

PERDÃO

"Porque sete vezes cairá o justo e se levantará; mas os ímpios tropeçarão no mal." Provérbios 24:16

03 MAIO

A palavra "perdão" na língua grega é Apoluo, que significa libertar, livrar alguém de alguma coisa. Há outras palavras na língua grega para perdão, mas quero mencionar somente mais uma: Apiami, que significa deixar ir, mandar embora. Querido leitor, de maneira prática, objetiva, incisiva e conclusiva acerca do perdão... Quero te dizer uma verdade: Quando Deus perdoa, Deus perdoa MESMO! O que quero dizer com isso é que quando você confessar um pecado a Deus, por favor, esqueça-se desse pecado! Quando Deus perdoa, Ele perdoa de fato! Ele te liberta da culpa, te deixando livre de toda condenação. Talvez você pergunte: onde está escrito isso, pastor? Em Isaías, capítulo 43 no verso 25, que diz: "Eu, eu mesmo, sou o que apaga as tuas transgressões por amor de mim e dos teus pecados me não lembro." Tanto no livro do profeta Isaías quando no livro de Hebreus as Escrituras Sagradas falam de uma "amnésia" que Deus sofre acerca dos teus pecados confessados e abandonados. Se Deus se esquece do pecado que você confessou e abandonou, por que é que você deixa o o diabo ficar acusando a sua mente dizendo que não tem mais jeito, que para sua vida não há solução?

Oração: Eu tomo posse, neste dia, do Teu perdão, ó Pai querido. O Senhor, em Cristo Jesus, me perdoou e já não há mais culpa e condenação porque estou perdoado. Decido hoje, abrir mão de me prender e de me acusar e aceito o Teu perdão. Declaro caladas todas as vozes que me acusam. Toda voz maligna e acusadora, não tem poder sobre mim, porque já fui perdoado. Tomo posse disso, em Nome de Jesus! Aleluia!

04 MAIO — CARRASCO

"pois, se o nosso coração nos acusar, certamente, Deus é maior do que o nosso coração e conhece todas as coisas". 1 João 3:20

Pare de ficar se acusando, pois isso não te levará a nada, senão a ser destruído. Deixe de ser carrasco de si mesmo. Não anule o poder da cruz de Cristo, porque se você não assume o perdão de Deus, você está dizendo que a morte de Jesus em seu lugar não representa coisa alguma. Cabe a você compreender, aceitar e sentir o perdão de Deus em você. Isso se dá com a certeza absoluta de que Jesus é o seu Salvador, que ele fez o maior sacrifício da história pela humanidade. Quando temos ciência e fé disso, nada pode nos dizer o contrário, irmãos. Não devemos nunca desconfiar ou anular o ato mais sagrado, devemos, sempre, exaltá-lo!

O perdão de Deus alcança o seu passado, o seu presente e também o seu futuro. Você pode ter "aprontado todas" lá atrás, e no momento em que se arrependeu e se converteu a Cristo, todos os seus pecados foram instantaneamente perdoados, portanto, não seja carrasco de si mesmo relembrando o seu passado de pecados e se condenando.

Oração: Senhor, eu decido me perdoar e não ficar me punindo e me auto acusando. Não sou mais justo que o Senhor, que já me perdoou em Cristo. Tomo posse do perdão pela fé, rejeito toda acusação da minha consciência e do adversário, e descanso em Ti. Em Nome de Jesus. Amém.

1 Crônicas 17-19

PURIFICAÇÃO

"Porque sete vezes cairá o justo e se levantará; mas os ímpios tropeçarão no mal." Provérbios 24:16

05 MAIO

Você precisa se perdoar e se apropriar da purificação. Ainda que Deus tenha te perdoado lá na cruz e se você ficar se autocondenando, auto martirizando, auto digladiando, você vai destruir a si mesmo. Ei! Por favor, pare com isso! Se Deus te ama, se Deus te perdoa, por favor, aplique também o benefício da obra da cruz chamada purificação e, de uma vez por todas, liberte-se de toda nódoa, mácula, ruga e mancha na tua mente, nas tuas emoções e viva em paz!

Paz com Deus, paz consigo mesmo, paz com seu cônjuge e paz com quer que seja, se possível for até mesmo com as pessoas que não te querem bem. Essa é a exortação do Apóstolo Paulo aos romanos em Romanos 12: 18 a 21. "Veja: se for possível, quanto estiver em vós, tende paz com todos os homens. Não vos vingueis a vós mesmos, amados, mas dai lugar à ira, porque está escrito: Minha é a vingança; eu recompensarei, diz o Senhor. Portanto, se o teu inimigo tiver fome, dá-lhe de comer; se tiver sede, dá-lhe de beber; porque, fazendo isto, amontoarás brasas de fogo sobre a sua cabeça."

Oração: Estou purificado, lavado e remido pelo sangue do Cordeiro. Espírito Santo, o Senhor habita em mim e eu agradeço por tudo o que fizeste desde o dia em que veio habitar em mim. Graças Te dou, Senhor!

1 Crônicas 20-23

06 MAIO — PERDOE-SE

"Se confessarmos os nossos pecados, ele é fiel e justo para nos perdoar os pecados e purificar de toda a injustiça." 1 Jo 1.9

Deus se esquece do seu pecado confessado e abandonado. Deus "sofre de amnésia". Digo isso com temor e tremor diante de Deus, pois Ele é Santo, Santo, Santo. Quanto aos teus pecados confessados e abandonados, Ele joga no mar do esquecimento e não se lembra mais. Aleluia!

Não seja uma pessoa cheia de justiça própria, que fica se auto martirizando, se cobrando... Ora, se Deus que é bom e ofereceu o Seu Filho na cruz para te perdoar, por que é que você vai querer ser melhor do que Ele e não se perdoar? Não importa o tamanho do erro ou do pecado, em Cristo somos livres. Devemos, todavia, sermos sinceros, honestos e transparentes com nosso Salvador e Pai. Todos pecamos. Mas o que nos alivia é a busca pelo perdão, e em Jesus temos a certeza da purificação. Sempre que pecar – ou, até mesmo, pensar em pecar, vá para o escondido, para a intimidade com o Pai. Lá, somente lá, você terá a confirmação do seu perdão e, finalmente, poderá se sentir aliviado, leve, perdoado.

Oração: Eu decido me perdoar. Desligo o ferro da tomada. Ainda que me pairem dúvidas, Senhor, eu decido tomar posse pela fé. Não preciso entender para crer. Eu creio, simplesmente porque a Tua palavra é a verdade e ela diz que eu sou perdoado. Então, sou perdoado. Em Nome do Senhor Jesus!

RECONCILIADOS

07 MAIO

"E o mais moço deles disse ao pai: Pai, dá-me a parte da fazenda que me pertence. E ele repartiu por eles a fazenda. E, poucos dias depois, o filho mais novo, ajuntando tudo, partiu para uma terra longínqua e ali desperdiçou a sua fazenda, vivendo dissolutamente." Lc 15.12,13

A palavra katalasso no original grego significa a reconciliação entre duas partes, em que apenas uma falhou. A falha acontece por causa do seu pecado, não por causa de Deus. Quando penso em reconciliação me lembro do pai da parábola do filho pródigo: "E, havendo ele gastado tudo, houve naquela terra uma grande fome, e começou a padecer necessidades. E foi e chegou-se a um dos cidadãos daquela terra, o qual o mandou para os seus campos a apascentar porcos. E desejava encher o seu estômago com as bolotas que os porcos comiam, e ninguém lhe dava nada." Lucas 15:14-16

Lá está o pai de amor esperando o retorno do filho. O filho tinha pedido a parte da herança que lhe pertencia. Saiu e viveu uma vida dissoluta, regalada e irresponsável no pecado. Ele então, se lembrou do seu pai e diz: "Quantos trabalhadores de meu pai têm abundância de pão, e eu aqui pereço de fome! Levantar-me-ei, e irei ter com meu pai, e dir-lhe-ei: Pai, pequei contra o céu e perante ti. Já não sou digno de ser chamado teu filho; faze-me como um dos teus trabalhadores. E, levantando-se, foi para seu pai; e, quando ainda estava longe, viu-o seu pai, e se moveu de íntima compaixão, e, correndo, lançou-se lhe ao pescoço, e o beijou." Lucas 15:17-20.

Oração: Pai de amor, obrigado por ter me aceito de volta. Seu amor foi maior que sua ira para comigo. Amém

1 Crônicas 27-29

08 MAIO

KATALASSO

"E o mais moço deles disse ao pai: Pai, dá-me a parte da fazenda que me pertence. E ele repartiu por eles a fazenda. E, poucos dias depois, o filho mais novo, ajuntando tudo, partiu para uma terra longínqua e ali desperdiçou a sua fazenda, vivendo dissolutamente. "Lc 15.12,13

Em minha opinião, esta parábola seria mais bem chamada como "a parábola do Pai pródigo", pois Ele é dissipador e esbanjador de amor para com um filho ingrato e rebelde. "Disse o filho: irei ao meu pai e lhe direi: "pai pequei contra o céu e perante ti. Já não posso mais ser chamado de teu filho".

Aqui está uma situação que representa perfeitamente o que é katalasso. Uma parte está faltosa (o filho pródigo), a outra não (o Pai). Trazendo para nossa realidade, a parte faltosa somos nós. A outra que nunca falha e que nunca falhou é Deus!

Agora, veja quão maravilhosa é a graça de Deus como nosso Pai. Quanto ele nos ensina sobre acolher, perdoar. Pensemos: se Deus, o Todo-Poderoso, nos perdoa, quem somos nós para não perdoar aquele que desperdiça nossa confiança? Aquele que mente, dissimula ou nos prejudica? Veja bem: se tal pessoa demonstra arrependimento e pede perdão, devemos ser espelhos de Deus e perdoar. Assim como nosso Pai nos ensina.

Oração: Deus, um dia eu fui como esse filho pródigo, fui recebido pelo Senhor vindo ao meu encontro. Não fui eu quem Te escolhi, mas o Senhor me escolheu. Devo a Ti a minha vida. Obrigado, Pai, por tão grande salvação, tão grande graça. Tão grande amor. Te amo, ó Senhor!

LIVRAMENTO

09 MAIO

"E, levantando-se, foi para seu pai. Vinha ele ainda longe, quando seu pai o avistou, e, compadecido dele, correndo, o abraçou, e beijou." Lc 15.20

Sabe por que o pai ficou lá, na parábola, esperando o filho voltar? Porque ele sabia que caso o filho chegasse em um momento em que o seu pai não estivesse presente na entrada da cidade, do lugarejo, da vila, esse filho seria apedrejado, pois o costume era que o filho rebelde fosse apedrejado. "Levantar-me-ei, e irei ter com meu pai, e dir-lhe-ei: Pai, pequei contra o céu e perante ti. Já não sou digno de ser chamado teu filho; faze-me como um dos teus trabalhadores. E, levantando-se, foi para seu pai; e, quando ainda estava longe, viu-o seu pai, e se moveu de íntima compaixão, e, correndo, lançou-se lhe ao pescoço, e o beijou."(Lc 18-20).

Sabe quem é este filho? Este filho que estava katalasso, isto é, distante do Pai, de costas para Ele? Você e eu. Mas o Pai nos trouxe de volta ao seu seio de amor paternal. Tudo o que é de Deus é nosso. Os bens de Deus são nossos, a graça de Deus é nossa, o amor de Deus é nosso, o conforto de Deus é nosso, o livramento de Deus é nosso, toda sorte de bênçãos nos pertence.

Louve ao Senhor pela reconciliação, e viva uma vida de profunda intimidade com Deus, declarando todo dia: Deus me ama! Eu sou muito amado de Deus! Eu sou tão amado de Deus quanto Jesus Cristo!

Oração: Papaizinho querido, antes eu estava longe, não Te conhecia, mas o Senhor me trouxe para perto de Ti, para a comunhão contigo e para a Tua vida. Eu Te adoro, ó Senhor!

2 Crônicas 5-7

10 MAIO

JUSTIFICADO

"Sendo justificados gratuitamente por sua graça, por meio da redenção que há em Cristo Jesus. Deus o ofereceu como sacrifício para propiciação mediante a fé, pelo seu sangue, demonstrando a sua justiça." (Rom 3:24-25a).

Condenação é o ato de tornar alguém culpado. Justificação é o ato de tornar alguém sem culpa, inocente, justo. Foi exatamente isso o que Jesus fez por nós lá na cruz: tornou-nos inocentes. A justificação é algo além do perdão. Exemplifico com o caso de um ladrão de carros. Ele vai diante do juiz e esse o perdoa. A justificação é algo espetacularmente tremendo. O ladrão que é justificado vive agora como se nunca tivesse roubado.

Foi isso o que Jesus fez por nós na cruz. Ele tornou-nos justos diante do Pai, como se nunca tivéssemos pecado. No Lugar Santíssimo do tabernáculo encontrava-se a Arca da Aliança com a tampa de ouro chamada Propiciatório, e nela o sangue do testamento era derramado. Uma vez por ano, o sumo sacerdote trazia o sangue de um animal e espalhava sobre o Propiciatório. Através desse sangue derramado sobre o Propiciatório, o povo recebia a redenção dos pecados, no chamado Dia da Expiação ou Purificação. Por meio do sangue de Cristo, todos os "Seus" seguidores estão justificados e automaticamente capacitados para viverem na unidade do Espírito e no vínculo da paz.

Oração: O teu sangue tem poder, Senhor. Através dele, que o Senhor derramou, sou justificado. Sou justo. E eu te agradeço por isso. E como forma de gratidão da minha vida a ti pra que o Senhor faça o que quiser e me use. Para tua glória.

2 Crônicas 8-11

CABEÇA ERGUIDA

11 MAIO

"Quando, pois, Jesus tomou o vinagre, disse: Está consumado! E, inclinando a cabeça, rendeu o espírito." João 19:30

Quando Jesus disse na cruz "está consumado". No grego significa "tetelestai", isto é, todas as dívidas foram pagas. Por esse sangue derramado, Jesus pagou a dívida de todos os nossos pecados passados, presentes e também futuros. Esse sangue nos torna justos diante de Deus, isto é, por meio dele, recebemos a justiça de Jesus Cristo. Quão justo é o seguidor de Cristo? É tão justo quanto Cristo, quanto Deus. Aleluia! Se você está em Cristo, você é a justiça de Deus em Cristo e, por isso, você pode ir à presença de Deus sem sentir nenhuma condenação. "Agora, pois, já nenhuma condenação há para os que estão em Cristo Jesus. Porque a lei do Espírito da vida, em Cristo Jesus, te livrou da lei do pecado e da morte." (Rm 8: 1). Não há absolutamente nada que você possa fazer para se tornar mais justo ou menos justo, porque o padrão da justiça de Deus que é Cristo já foi imputado a você, querido irmão em Cristo, no momento da sua conversão a Cristo, como consequência imediata do seu novo nascimento.

Que sangue tremendo! "Àquele que não conheceu pecado, o fez pecado por nós; para que, nele, fôssemos feitos justiça de Deus." (2 Co 5:21) A nossa justiça tem um nome, chama-se Cristo.

Oração: Deus, eu tenho uma vida privilegiada pois posso andar com a cabeça erguida, livre de condenações e acusações. Não tenho que justificar-me, pois o Senhor me justifica. Obrigado pelo Teu sacrifício. Obrigado por Tua obra na cruz. Hoje, o Senhor vive em mim.

2 Crônicas 12-16

12 MAIO — VENCEMOS PELO SANGUE

"Porque, como, pela desobediência de um só homem, muitos foram feitos pecadores, assim, pela obediência de um, muitos serão feitos justos." Romanos 5: 19

Jesus não teve que pecar para se identificar com o pecador! O cristão não teve que praticar justiça para ser justo! Tornamo-nos pecadores pela desobediência de Adão, porém nos tornamos justos pela justiça de Cristo. Se você conseguir confessar que é justo no espírito, mesmo pecando, você vai se libertar do pecado e terá domínio sobre ele. Quando vejo o sangue, vejo a justiça de Deus totalmente satisfeita e me vejo justo diante do Pai, com livre acesso à sua presença, e adoro a Deus por isso. Olhando para o sangue de Jesus sobre o Propiciatório, vejo o diabo derrotado. Ele anda por aí enganando as pessoas, rugindo como leão, mas ele, simplesmente, está blefando. Quantos têm sido enganados pelo diabo, vivendo com medo, cheios de dúvida e incredulidade?

Pela justiça que é Cristo, você é mais que vencedor em cada área da sua vida. Vencemos o diabo pelo sangue de Jesus na vida pessoal, familiar, financeira e ministerial.

Oração: Eu sou mais que vencedor! Eu sou mais que vencedor! Em sou mais que vencedor porque o Senhor já venceu por mim. Eu Te amo e Te agradeço, ó Senhor, pela minha nova vida de vitórias. Antes eu era um derrotado, hoje sou mais que vencedor. Que tremendo é isso, quão maravilhoso é ser Teu filho amado. Aleluia!

DIA E HORA MARCADAS

13 MAIO

"Ao cumprir-se o dia de Pentecostes, estavam todos reunidos no mesmo lugar, de repente, veio do céu um som, como de um vento impetuoso, e encheu toda a casa onde estavam assentados. E apareceram, distribuídas entre eles, línguas como de fogo, e pousou sobre cada um deles. Todos ficaram cheios do Espírito Santo e passaram a falar em outras línguas, segundo o Espírito lhes concedia que falassem." At 2.1-4

Joel profetizou precisamente a respeito daquilo que se cumpriu no dia de Pentecostes (Jl 2:28-32). 120 discípulos do Senhor estavam orando por 10 dias, aguardando a promessa que Jesus havia dado antes de ser assunto aos céus.

O Pentecostes era o quinquagésimo dia depois da ressurreição do Senhor. A palavra "Pentecoste" significa o quinquagésimo. Deus tem dia e hora marcadas. Veja o que diz Levítico 23:15-16: "Contareis para vós, desde o dia depois do sábado, isto é, desde o dia em que houverdes trazido o molho da oferta de movimento, sete semanas inteiras; até o dia seguinte ao sétimo sábado, contareis cinquenta dias; então oferecereis nova oferta de cereais ao Senhor." O pentecoste ocorreu exatamente no quinquagésimo dia depois da Páscoa, contados a partir da primeira hora (6:00) do domingo (primeiro dia da semana) posterior a Páscoa. O Espírito Santo se derramou sobre os quase 120 discípulos do Senhor, os quais estavam orando em Jerusalém.

Deus tem um derramar e um renovo para você.

Oração: Senhor, eu me disponho a orar e a me consagrar me rendendo a Ti e aos teus planos pra mim. Quero e preciso do derramar do Teu Espírito sobre mim. Quero ser cheio da Tua glória, da Tua presença e do Teu poder Dínamus. Estou na expectativa de que aconteça. Que gloriosa expectativa, ó Pai.

2 Crônicas 21-24

14 MAIO — MOVER DO ESPÍRITO

"Ao cumprir-se o dia de Pentecostes, estavam todos reunidos no mesmo lugar, de repente, veio do céu um som, como de um vento impetuoso, e encheu toda a casa onde estavam assentados. E apareceram, distribuídas entre eles, línguas como de fogo, e pousou sobre cada um deles. Todos ficaram cheios do Espírito Santo e passaram a falar em outras línguas, segundo o Espírito lhes concedia que falassem." At 2.1-4

O livro de Atos é estratégico. Ele tem a ver com o mover do Espírito Santo, fazendo a conexão entre o mover do Espírito Santo na vida do homem Jesus e o mover do Espírito Santo na vida dos primeiros discípulos de Cristo. Este livro acaba de maneira abrupta, significando dizer o seguinte: o Espírito Santo se moveu na vida dos primitivos discípulos nos primeiros momentos da era cristã para curar, libertar e salvar os perdidos. E o Espírito Santo continua se movendo na face da terra na vida de todos os discípulos de Jesus para darem testemunho e manifestarem o poder e a glória de Deus, salvando, curando e libertando as pessoas até a volta do Senhor Jesus. O livro de Atos nos inspira, motiva e desperta a dar testemunho.

O que atrai as pessoas de fato, do pecado para a santidade, da morte para a vida, é, sobretudo, o testemunho cristão e não uma pregação. Uma pregação pode ser questionada e resistida, mas o testemunho cristão não, pois se está falando de algo que se viu, ouviu, experimentou e aconteceu. O Espírito Santo quer se mover através de você. Quando você se move, o Espírito Santo se move.

Oração: Senhor, eu estou saindo da minha posição de conforto e vou para a posição de movimento. Vou falar e pregar a Tua palavra, testemunhar dos Teus feitos na minha vida e do que fizeste no passado. O Senhor quer fazer o mesmo na vida das pessoas hoje. Enche-me Espírito Santo de ousadia e intrepidez em Nome de Jesus.

2 Crônicas 25-28

DÍNAMUS

15 MAIO

"Todos ficaram cheios do Espírito Santo e passaram a falar em outras línguas, segundo o Espírito lhes concedia que falassem." At 2.4

O que vai tocar o coração do pecador e despertar nele o desejo de seguir a Cristo é o nosso testemunho. Para que o nosso testemunho cause impacto, é necessário falar debaixo do poder Dínamus do Espírito Santo e da sabedoria divina. No Pentecostes, os judeus comemoravam o início da festa da colheita, então a festa de Pentecostes simboliza o rico produto gerado pela ressurreição de Cristo. Enquanto os judeus comemoravam o início da colheita (primícias), no dia de Pentecostes, nós também podemos comemorar a primícia da colheita na ressurreição, que é Cristo ressuscitado!

No Pentecostes, temos o suprimento completo de Deus para todas as nossas necessidades. Isso aponta para o Espírito Santo enviado para ser o nosso Poder Dínamus (força explosiva de Deus) e a nossa Vida. O sentido espiritual do Pentecostes tem dois lados. Por um lado, seremos colheita de Deus no arrebatamento e, por outro lado, nós somos aqueles usados nas mãos de Deus como ceifeiros para colhermos neste mundo o maior número de almas possíveis. Aleluia!

Oração: Pelo teu poder, Senhor, testemunharei e falarei da salvação disponível às vidas que se perdem. Elas serão salvas, se renderão à mensagem e ao testemunho e se converterão a Ti. Também serão cheias do Teu poder Dínamus e também testemunharão do que o Senhor vai fazer na vida delas. Amém

2 Crônicas 29-31

16 MAIO — VENTO IMPETUOSO

"De repente, veio do céu um som, como de um vento impetuoso, e encheu toda a casa onde estavam assentados." At 2.2

Depois que Jesus ressuscitou, Ele se apresenta aos onze apóstolos e diz: "Recebam o Espírito Santo". Então, Jesus soprou sobre os seus discípulos logo que ressuscitou. Isso é uma coisa. Outra coisa é o vento veemente e impetuoso que foi liberado sobre os quase cento e vinte discípulos de Jesus quando estavam no décimo dia de oração no cenáculo em Jerusalém. Então, o sopro que Jesus deu nos discípulos logo depois da sua ressurreição aponta para vida de Deus entrando nos discípulos, e o vento veemente e impetuoso que os quase 120 discípulos de Jesus receberam no dia de Pentecostes aponta para o batismo com o Espírito Santo, que é o meio sobrenatural através do qual o Senhor Jesus concede ao crente poder Dínamus para testemunhar, poder Dínamus para curar os enfermos, poder Dínamus para libertar os oprimidos, poder Dínamus para expulsar os demônios e anunciar a volta de Cristo.

A palavra "Dínamus" vem do grego dunamis, que significa: força real; poder real; força explosiva de Deus. É essa força ou poder do Espírito que você precisa para dar testemunho da ressurreição do Senhor e atrair as vidas a Cristo.

Oração: Eu recebo, Senhor, nesse dia, o vento do Espírito em minha vida. Com uma santa expectativa eu aguardo desejando ardentemente receber o Teu poder, o Teu Espírito sobre mim. E quero ser cheio, impactado, incendiado para poder colocar fogo na seara dos filisteus e que as almas sejam salvas na pregação do evangelho.

CENÁCULO

"De repente, veio do céu um som, como de um vento impetuoso, e encheu toda a casa onde estavam assentados." At 2.2

17 MAIO

A segunda experiência, vento veemente e impetuoso, que aconteceu no cenáculo, aponta para o batismo com o Espírito Santo, experiência que todo cristão precisa ter para testemunhar movido pelo poder Dínamus de Deus. Na festa de Pentecostes, dia no qual aconteceu o derramamento do Espírito Santo, cinquenta dias depois da festa da Páscoa, os judeus e prosélitos vindos de diferentes lugares, não só de Israel, mas também de outras nações todos eles ficaram pasmos com o que estavam vendo acontecer em Jerusalém. Porque o Espírito Santo se derramava e os judeus e prosélitos (não judeus convertidos ao judaísmo – religião dos judeus) viam línguas de fogo sobre as cabeças dos quase 120 discípulos, mas eles não entendiam o que estava acontecendo.

O poder dínamus do Espírito Santo que envolveu aqueles crentes, que já tinham a vida de Deus dentro de si, isto é, já eram nascidos de novo e agora receberam o revestimento e o poder do Espírito Santo para testemunhar! E quanto a você, tem bebido do poder dínamus do Espírito Santo?

Oração: Senhor, eu tenho bebido e experimentado do Teu vinho, do poder do Teu Espírito. Que maravilhoso e tremendo tem sido receber do poder dínamus. Continue a derramar, Senhor Jesus. Derrame mais. Eu quero mais! Cabe mais! Derrame até transbordar.

2 Crônicas 35-36

18 MAIO — O SOPRO E O VENTO

"E, havendo dito isto, soprou sobre eles e disse-lhes: Recebei o Espírito Santo."
Jo 20.22

O sopro de Jesus nos discípulos em João 20:22 aponta para vida de Deus entrando nos discípulos – porque eles ainda não tinham nascido de novo, e Jesus o fez depois que Ele ressuscitou. O vento veemente e impetuoso de Atos capítulo 2 aponta para o revestimento com o poder dínamus do Espírito Santo, em cumprimento à promessa feita pelo Senhor momentos antes de ter subido ao céu: "Eis que envio sobre vós a promessa de meu Pai. Permanecei, pois na cidade de Jerusalém até que do alto sejais revestidos de poder" (Lc 24.49). Existem muitos cristãos que valorizam a vida de Deus- isso é ótimo, mas não valorizam o poder dínamus do Espírito.

Espero que eu e você, que cremos no poder dínamus do Espírito Santo, não sejamos daqueles que só falam do poder, mas que o poder de Deus seja manifestado através das nossas vidas por onde quer que passemos. Querido leitor, quero incentivar e motivar você a clamar pela manifestação de milagres nos seus devocionais, nas suas reuniões de célula e nos cultos da sua igreja. O poder dínamus para testemunhar é fundamental. Creia!

Oração: Senhor, dá-me fome e sede pelo poder dínamus do Espírito. Que eu tenha a clareza e uma profunda convicção do quanto eu preciso desse poder. Oro por isso, Senhor, em Nome de Jesus! Amém.

UNGIDO

19 MAIO

"como Deus ungiu a Jesus de Nazaré com o Espírito Santo e com poder, o qual andou por toda parte, fazendo o bem e curando a todos os oprimidos do diabo, porque Deus era com ele;" At 10.38

Quando foi que Jesus recebeu o poder do Espírito Santo? Ele recebeu ao sair das águas batismais do rio Jordão. A Bíblia diz que Ele dava testemunho debaixo do poder. Atos 10: 38 diz: "Como Deus ungiu a Jesus de Nazaré com o Espírito Santo e com poder, o qual andou por toda a parte fazendo o bem e curando a todos os oprimidos do diabo, porque Deus era com ele."

O momento inicial do ministério de Jesus com operação de poder, sinais e maravilhas se deu depois da sua consagração de 40 dias de jejum no deserto. Ele adentra a sinagoga da cidade de Nazaré na Galileia, onde fora criado, e diz: "O Espírito do Senhor é sobre mim, pois que me ungiu para evangelizar os pobres, enviou-me a curar os quebrantados do coração, a apregoar liberdade aos cativos, a dar vista aos cegos, a pôr em liberdade os oprimidos, a anunciar o ano aceitável do Senhor." Lucas 4: 18, 19. Vemos, aqui, que a unção acompanha a consagração diante de um esforço e sacrifício. O que temos feito para consagrar ao Senhor?

Oração: Senhor, me usa com muito mais poder do que o Senhor tem me usado até aqui. Senhor, usa-me para abrir vista aos cegos, Senhor, usa-me para dar ouvido aos surdos, Senhor, usa-me para levantar paralíticos, Senhor, usa-me para curar doenças incuráveis. Amém!

Esdras 5-7

20 MAIO — FOQUE NO ESPÍRITO SANTO

"Como suspira a corça pelas correntes das águas, assim, por ti, ó Deus, suspira a minha alma." Sl 42.1

Foque no Espírito Santo. Quando buscamos o Senhor em nosso espírito, nossa mente tenta nos levar para as coisas naturais que estão à nossa volta, talvez nos lembrando de algo que precisaríamos fazer naquela hora, como ir ao banco, fazer o almoço, buscar as crianças na escola, ou até nos lembrar que esquecemos o leite no fogo. Por isso, às vezes, parecerá difícil colocar a mente no espírito: a mente está acostumada a não seguir orientação alguma.

Para evitar que isso aconteça, utilize as ferramentas para disciplinar sua mente, focando-a no Espírito, orando em línguas, adorando, orando a Palavra e contemplando ao Senhor. Paulo falava em línguas enquanto fazia qualquer outro tipo de atividade: andando e viajando, enquanto estava nas prisões, trabalhando, etc... Ele orava em línguas para edificar seu espírito e disciplinar sua mente, mantendo-a quieta, calada, cativa a seguir a direção dada pelo seu espírito. O motivo básico pelo qual muitos cristãos têm dificuldade em receber o dom de línguas é porque o dom de línguas não é oriundo do raciocínio, mas com o espírito.

Oração: Pai, eu ofereço liberdade no meu coração para vir sobre mim com uma medida transbordante da tua vida, me batiza com o teu Espírito e o teu fogo, eu te amo e preciso de ti, revista-me do teu poder, em nome do teu filho amado Jesus, amém

Esdras 8-10

ORE A PALAVRA, CONTEMPLE O SENHOR

21 MAIO

"Que farei, pois? Orarei com o espírito, mas também orarei com a mente; cantarei com o espírito, mas também cantarei com a mente." 1 Co 14.15

Orar a Palavra de Deus para disciplinar nossa mente requer uma atitude ativa. Ao orar a Palavra, daremos um firme leito de rio para nossa mente seguir, levando-a a descansar nos trilhos que a Escritura nos dá. Quando tomamos a Palavra de Deus, comemos e bebemos dela como se desfrutássemos de uma gostosa sobremesa. Absorvemos cada palavra para dentro do nosso espírito, como se comêssemos algo delicioso para deleite do nosso paladar natural. E, como consequência extra, receberemos muita revelação. Desta forma, estaremos disciplinando nossa mente a seguir nosso espírito, que é a residência do Espírito de Deus. Essa deve ser a ordem: nossa mente seguindo nosso espírito, que segue somente ao Senhor, nosso Deus. Assim, evitamos erros materialistas, tentações e dificuldades impostas pelo mundo humano. Basta seguir a Deus e colocar sua mente no Reino.

Oração: Senhor, tu és espírito. Quando ages, toca o meu espírito. Abre os olhos do meu entendimento para entender por revelação as coisas que Tens pra falar pra mim, para fazer em mim e através de mim. Eu Te amo ó Senhor e fico maravilhado com tanta sabedoria, com Tua imensa e infindável sabedoria. Que eu possa entender, que minha mente não fique infrutífera. Ajuda-me nisso, Senhor, em Nome de Jesus! Amém.

Neemias 1-3

22
MAIO

ENCONTRO

"Mas vós sois a geração eleita, o sacerdócio real, a nação santa, o povo adquirido, para que anuncieis as virtudes daquele que vos chamou das trevas para a sua maravilhosa luz." 1 Pedro 2:9

Nesses dias, precisamos ser despertados pelo Espírito Santo a darmos testemunho, pois a volta de Cristo se aproxima, e, em minha opinião, estamos vivendo o princípio de dores, conforme o Senhor Jesus disse em Sua Palavra no livro de Mateus capítulo 24. Mais do que nunca, devemos expandir o reino de Deus, testemunhando aos não salvos que só Jesus Cristo é o Senhor e Salvador da humanidade. O testemunho nos dá uma forma de viver a prática cristã e não somente uma teoria de princípios cristãos. Conforme nos alertou o apóstolo Pedro, "nós fomos chamados para sermos testemunhas das virtudes do Senhor que nos tirou das trevas para a Sua maravilhosa luz." (1 Pedro 2: 9). Para isso, você precisa receber o poder de Deus.

Você recebe o poder de Deus se consagrando diariamente, investindo tempo de solitude com Deus orando, lendo e meditando na Sua Palavra. Daí a importância da "Oração do Tabernáculo", onde lavamos a nossa alma todos os dias com a unção do Espírito e a Palavra de Deus. Enfatizo a prática dessa oração já na primeira hora do dia, logo ao amanhecer.

Oração: Pai, nesse dia, eu estou aqui contigo para estreitar meu relacionamento com o Senhor. O Senhor é perfeito, grande, e eu sou imperfeito, pequeno. Ajuda-me a crescer em intimidade contigo. A conhecer-te mais e melhor. Eu Te amo, Tu és a minha força e meu ajudador. Clamo pela Tua ajuda hoje. Amém.

EXPERIÊNCIA COM DEUS

23 MAIO

"No último e mais importante dia da festa, Jesus levantou-se e disse em alta voz: Se alguém tem sede, venha a mim e beba. Quem crer em mim, como diz a Escritura, do seu interior fluirão rios de água viva". João 7:37-38

Precisamos jejuar, pelo menos, uma vez por semana (os fariseus da época de Jesus jejuavam duas vezes por semana). O jejum é uma oração silenciosa que funciona gerando uma revolução espiritual na vida do cristão, tornando-o mais sensível a Deus. Ser testemunha de Cristo é ser um "Mártir", aquele que dá a vida em prol do propósito eterno de Deus. Mártir vem do grego "Marthus" que significa literalmente "testemunha". Testemunhar é produzir provas da ressurreição de Cristo. "Porquanto os que de antemão conheceu, também os predestinou para serem conformes à imagem de seu Filho, a fim de que ele seja o primogênito entre muitos irmãos."(Romanos 8:29). Esse versículo revela o propósito eterno de Deus para cada cristão, o que nos remete a ter uma vida cristã com o estilo de vida semelhante ao estilo que Jesus Cristo viveu aqui na terra: amar como Ele amou, servir como Ele serviu, perdoar como Ele perdoou, investindo a nossa vida na salvação dos perdidos, tal qual Ele fez por nós.

Amanheça todos os dias declarando que você é amado de Deus, desejando ardentemente o Senhor, a Sua presença manifesta, a intimidade com Ele, e então você se surpreenderá com o fluir do Espírito na sua vida te levando a experiências frequentes com Ele.

Oração: Sou amado Teu, Aba. Sou amado, sou precioso aos Teus olhos. E isso me dá uma certeza imensa de que vou ter mais e mais experiências contigo. Em nome de Jesus!

Neemias 8-10

24 MAIO — VERDADEIRO ADORADOR

"Deus é Espírito, e importa que os que o adoram o adorem em espírito e em verdade." João 4: 24

O verdadeiro adorador tem um estilo de vida que agrada ao Senhor, portanto: viva na contramão do mundo; adote um estilo de vida cristã radical; ame o que o Senhor ama e busque odiar o que o Senhor abomina. "Mas todos nós, com cara descoberta, refletindo, como um espelho, a glória do Senhor, somos transformados de glória em glória, na mesma imagem, como pelo Espírito do Senhor." 2 Coríntios 3: 18. Contemplar o Senhor é admirá-Lo. Contemplamos quando nos colocamos diante dele e percebemos o Seu toque, e somos enchidos da Sua glória, e quando isso acontece ficamos perplexos, estupefatos, embasbacados. Um exemplo relativamente frequente em que vejo cristãos contemplando o Senhor é quando estamos em um culto e, em meio ao louvor, somos profundamente tocados por Ele, nesse momento somos envolvidos pelo Seu amor, tornamo-nos atônitos e somos silenciados pela Sua presença, o que nos leva a contemplá-Lo.

Isso traz quebrantamento e a única coisa que fazemos é chorar. É algo extremamente maravilhoso e inexplicável, algo que precisa ser vivido e experimentado por todo cristão.

Oração: Quebranta o meu coração, Senhor. Eu quero e preciso mais de Ti a cada dia, a cada momento. Sou carente e necessitado da Tua presença. Eu não posso viver sem Ti. O Senhor mudou minha vida e minha história. Amém!

SOBRENATURAL

25 MAIO

"Agora, pois, ó Senhor, olha para as suas ameaças, e concede aos teus servos que falem com toda a ousadia a tua palavra; enquanto estendes a tua mão para curar, e para que se façam sinais e prodígios pelo nome de teu santo Filho Jesus E, tendo orado, moveu-se o lugar em que estavam reunidos; e todos foram cheios do Espírito Santo, e anunciavam com ousadia a palavra de Deus". Atos 4:29-31

Pedro e João, após levantarem um coxo (aleijado) na porta do templo dos judeus chamada "formosa", foram perseguidos pelos seus patrícios (judeus) e levados à prisão. Logo após serem libertos da prisão, ao invés de se acovardarem, fizeram uma poderosa oração. O apóstolo Paulo e Silas haviam sido presos porque expulsaram um demônio de uma jovem que estava possessa de um espírito de adivinhação. Perto da meia noite, ao invés de murmurarem, oravam e cantavam hinos de louvor a Deus. Então, veio um terremoto que abriu as portas da prisão.

Para viver uma vida de milagres e sobrenatural você precisa estar disponível e disposto a pagar o preço. Na obra de Deus, não murmure. Louve a Deus mesmo quando tudo parece perdido.

Oração: Eu tomo a firme decisão, meu Deus e Senhor, de não reclamar e não murmurar diante das lutas e nos dias difíceis. Eu decido crer e andar em fé, declarar sempre que o milagre e o sobrenatural vão acontecer e eu testemunharei com os meus olhos, contarei a todos o que tenho visto e ouvido, assim como os apóstolos da igreja primitiva. Amém e aleluia!

Ester 1-5

26 MAIO — INTERCESSÃO

"Assim resplandeça a vossa luz diante dos homens, para que vejam as vossas boas obras e glorifiquem o vosso Pai, que está nos céus." Mateus 5:16

Devemos nos apresentar diante de Deus em intercessão, com lágrimas de compaixão pelas pessoas próximas de nós: familiares, amigos... O que vai valer de fato para eles é o seu testemunho por meio de atitudes e comportamentos que verdadeiramente imitam a Cristo. O que vai fazer a diferença não serão as suas palavras, mas sim a sua maneira de ser no dia a dia, transparecendo o caráter de Cristo.

Devemos também pregar a palavra em tempo e fora de tempo. Sabe aquela pessoa que se assenta ao nosso lado numa viagem de ônibus, de avião, ou mesmo alguém que está ao nosso lado no metrô? Uma palavra pode ser muito importante para ela. O seu testemunho deve se manifestar a elas por palavras e a iniciativa deve partir de você. Você pode fazer uma pergunta a ela. Por exemplo: "Você vive uma vida de paz?", e alguma resposta você terá. Seja gentil oferecendo algo que você está comendo, cedendo o seu assento, procurando ajudar a carregar algo que a pessoa está carregando. Seja ousado em testemunhar. Fazendo isso, a luz vai resplandecer e Deus será glorificado.

Oração: Nesse momento, Pai, eu intercedo pelos meus familiares, amigos e grupo de relacionamento. Eu clamo por eles. Peço que o Senhor, Deus, se mova em favor deles, a fim de que Te conheçam, Te amem. Que eles sejam transformados e completamente apaixonados pelo Senhor e pela sua palavra. Para Tua glória e honra! Em nome de Jesus!

Ester 6-10

LEMBRETE

"Põe-te marcos, finca postes que te guiem"... Jr 31.21

27 MAIO

Tenha sempre com você algo que sirva como um símbolo do que aconteceu na sua vida, de forma que sirva de inspiração para falar da sua experiência com Cristo, causando curiosidade nas pessoas acerca do seu testemunho de vida cristã. Se você foi vítima de um derrame e o Senhor te curou, coloque uma bengala em um lugar à vista de forma que as pessoas possam te questionar e o seu testemunho impactá-las. No seu escritório de trabalho, coloque uma foto da sua família e use a estratégia de falar o quanto o Senhor tem abençoado a sua casa, despertando nas pessoas a liberdade de se abrirem contanto problemas familiares, o que será uma porta aberta para você falar do amor de Deus e do Seu poder de transformar vidas e famílias. Não coloque coisas que possam servir de polêmica.

Seja sábio. Divulgue seu testemunho. Escreva aquele testemunho que você considera mais impactante para que outros possam ler ou ouvir, faça áudios e vídeos, divulgue em sua rede de relacionamentos, nas redes sociais etc. Seja intenso em interceder, ousado em testemunhar, resgate vidas para Cristo, pois para isso fomos salvos.

Oração: Senhor, dá-me estratégia e sabedoria para testemunhar do Senhor. Dá-me criatividade para falar do Teu amor e falar da Tua obra em minha vida. Amém.

Jó 1-4

28 MAIO

AMBIENTE

"Fiz o primeiro tratado, ó Teófilo, acerca de tudo que Jesus começou, não só a fazer, mas a ensinar, até ao dia em que foi recebido em cima, depois de ter dado mandamentos, pelo Espírito Santo, aos apóstolos que escolhera." At 1.2

O livro de Atos dos Apóstolos e o Evangelho de Lucas foram escritos pela mesma pessoa. Podemos concluir que, originalmente, os dois livros constituem-se em um único compêndio de autoria de Lucas. O livro de Atos está colocado depois dos evangelhos e antes das epístolas, onde Apocalipse também está incluído. Portanto, Atos é uma linha divisória. Tal qual a espinha dorsal do corpo humano faz uma divisão entre o lado direito e esquerdo, assim também o livro de Atos dos Apóstolos é como uma espinha dorsal na igreja. Se a coluna é cheia de enfermidades, por exemplo, certamente vai trazer uma debilidade para o corpo dessa pessoa. Não é diferente o caso de uma igreja local em que os fundamentos da Palavra de Deus não estão devidamente estabelecidos. Se a coluna então é fraca, uma pessoa não pode ser forte. Muitos dos problemas das igrejas locais nos dias de hoje se devem a uma coluna dorsal fraca. Os princípios da Palavra de Deus apresentados em Atos, de uma forma prática, são a coluna da vida da Igreja. O livro de Atos é uma continuação natural dos evangelhos.

Como cristãos, devemos ser praticantes da Palavra, não apenas ouvintes. A prática da Palavra por um crente é sinal de força.

Oração: Eis-me aqui, Senhor, para fazer toda a Tua vontade e cumprir a Tua palavra. Inspira-me e transforma-me à Tua imagem para que eu faça como o Senhor fazia. Em Nome de Jesus eu oro por isso. Amém.

NÃO ACABOU

"mas recebereis poder, ao descer sobre vós o Espírito Santo, e sereis minhas testemunhas tanto em Jerusalém como em toda a Judeia e Samaria e até aos confins da terra." Atos 1:8

Nos evangelhos, temos o ministério de Jesus no corpo físico. Este ministério começou na sua concepção, no ventre de Maria e terminou na sua ressurreição. Jesus r-e-s-s-u-s-c-i--t-o-u! Aleluia! A morte de Cristo e ressurreição, porém, não constituíram o fim de seu ministério, apenas foi o marco do começo de um novo trabalho. Como Cristo ressurreto, Ele ministra dos céus. Hoje o Senhor está assentado à direita de Deus Pai e dali Ele exerce o Seu ministério. Esse ministério é descrito no Livro de Atos. Alguém poderia perguntar: não vemos Cristo agindo em Atos? Naturalmente não o vemos no corpo físico, mas Ele subiu e está operando em todo o livro de Atos através do poder do Espírito Santo. Então, qual é o tema do livro de Atos? Penso que Atos 1:8 é o versículo que mais se aproxima do tema. O livro de Atos é a coluna dorsal do Novo Testamento. Essa é a primeira coisa que podemos dizer em termos de tema. Tal qual existe a coluna que separa as duas metades de um corpo, assim também, o livro de Atos é uma coluna dorsal do Novo Testamento, separando os Evangelhos das Epístolas.

Deus deseja te encher do Espírito Santo para que você dê continuidade à obra que Ele começou. Seja cheio do Espírito Santo e testemunhe!

Oração: Pai, dá-me vidas, dá-me almas. Coloque pessoas no meu caminho pra falar do teu amor. Em Nome de Jesus, faz isso no dia de hoje. Amém.

Jó 9-12

30 MAIO

IMPACTE

"Mas recebereis poder ao descer sobre vós o Espírito Santo, e ser-me-eis testemunhas tanto em Jerusalém como em toda a Judeia e Samaria e até aos confins da terra". Mt 28:19.

É preciso lembrar que, depois da ressurreição de Cristo, toda a autoridade e poder do universo foram dados ao Nome de Jesus. Ele menciona isso momentos antes de ser assunto aos céus lá no monte das Oliveiras, de onde Ele subiu, com quarenta dias de ressuscitado e corpo glorificado. E também, será lá que Ele vai descer para implantar o Milênio – tive o privilégio de estar lá algumas vezes, em viagens que fiz a Israel. Ali, Ele disse Sua última Palavra, seu último ensinamento para os discípulos, a Grande Comissão: "Ide por todo o mundo e pregai o Evangelho a toda a criatura", nos dizeres de Marcos 16: 15. "Ide e fazei discípulos de todas as nações, batizando-os em Nome do Pai, do Filho e do Espírito Santo", nos dizeres de Mateus 28.19-20. Então, Jesus comissionou a Igreja para manifestar poder no Seu Nome, de maneira que a Igreja pudesse ser expandida numericamente. Isso através do dínamus, da dinamite, do poder do Espírito Santo, manifestado na vida das testemunhas que são os discípulos de Cristo.

Este é o tema de Atos: a expansão da Igreja. Essa ordem de expandir a Igreja, essa ordem de gerar filhos para Deus, de se multiplicar, de plantar igrejas vem desde Atos.

Oração: Eis-me aqui, Senhor, para ajudar e cooperar no expandir da Sua igreja. Conte comigo. Capacita-me a cada dia e usa-me para a Tua glória. Aleluia!

TEÓFILO

"Alarga o espaço da tua tenda; estenda-se o toldo da tua habitação, e não o impeças; alonga as tuas cordas e firma bem as tuas estacas." Is 54.2

31 MAIO

Então, se você está sonhando em plantar igrejas, se está sonhando em alargar a sua tenda, se está sonhando em treinar líderes e enviar, se está sonhando em multiplicar células, então está sonhando o sonho de Deus! Cresça no sonho de Deus! Querido leitor, o livro de Atos dos Apóstolos foi escrito para Teófilo. A palavra Teófilo vem de Theo (Deus) e filos (amigo). Então, Teófilo significa amigo de Deus.

Hoje, o Teófilo é você. Deus está te chamando de Seu amigo, isto é, você é amigo de Deus. Como tal Ele escreveu o livro de Atos destinado a você e te confia a responsabilidade de representá-Lo aqui na terra e ser testemunha acerca da ressurreição de Cristo fazendo discípulos para o Senhor. Que privilégio! Então, mãos à obra. Abra a sua boca e dê testemunho. Cause impacto na vida das pessoas através de atitudes e comportamentos que se assemelhem a Cristo. Afinal, representamos Cristo aqui na terra e temos o dever de perpetuar seu legado de amor, bondade e milagres.

Oração: Eu disponho para Ti nesse dia a minha boca. Usa-me. Eu sou Teu amigo, usa-me para alargar as tendas da Tua casa. Em Nome de Jesus! Amém.

Jó 17-20

01 JUNHO — A BOLA ESTÁ COM VOCÊ

"O amor de Deus está derramado em nosso coração pelo Espírito Santo que nos foi dado." Rm 5.5

Pare por um instante e sinta o amor de Deus. Deus é amor! Ele está dentro de você! O amor de Deus está dentro de você! A Bíblia diz em Romanos 5.5 na parte final que: "O amor de Deus está derramado em nosso coração pelo Espírito Santo que nos foi dado". O que faz a diferença e nos dá força para suportar tudo sem desistirmos do propósito de Deus é o amor de Deus! Feche os olhos por um instante e receba o fluir do amor de Deus! Tenha, a partir de hoje, uma revelação mais ampla e profunda do amor de Deus pela sua vida em nome do Senhor Jesus Cristo. Relembrando, o tema do livro de Atos é "a expansão da Igreja através do poder do Espírito Santo, o dínamus de Deus, por meio do testemunho dos discípulos", com a produção de provas que Cristo ressuscitou, através da manifestação de poder com curas, sinais, prodígios, proezas, maravilhas e milagres, o que leva as pessoas a se converterem ao Evangelho de Cristo.

A maneira que Deus usou para manifestar seu poder no livro de Atos foi derramando dínamus sobre os discípulos para que o poder de Deus fosse manifestado e provas concretas fossem dadas acerca da ressurreição de Jesus.

Oração: Estou aqui, ó Paizinho. Pode me usar, faz a Tua vontade em mim. Faz o Teu querer em mim e usa quando e onde quiseres, da forma que desejar. Em Nome do Senhor Jesus! Amém.

SE VOCÊ CRÊ, VÃO TE SEGUIR

02 JUNHO

"Estes sinais hão de acompanhar aqueles que creem: em meu nome, expelirão demônios; falarão novas línguas; pegarão em serpentes; e, se alguma coisa mortífera beberem, não lhes fará mal; se impuserem as mãos sobre enfermos, eles ficarão curados." Mc 16:17-18

Quando você diz para o paralítico: levante-se e ande! Quando você diz para o pecador: Jesus te perdoa! Quando você manifesta o poder para curá-lo, ninguém ali naquele lugar fica em dúvida quem é o Cristo do qual você está falando e que o Evangelho do qual você está anunciando, de fato, é algo sobrenatural que vem da parte de um Deus desconhecido, como disse Paulo, certa vez, mas que se torna conhecido daqueles que abrem o coração para Ele.

Sabe por que você pode e deve fluir na fé de Deus para operar milagres, sinais e maravilhas no nome do Senhor Jesus Cristo? Porque você não está sozinho, porque Ele está dentro de você, porque Ele mora em você. Assim é o seu espírito e o Espírito de Deus. Uma vez fundidos, tornaram-se inseparáveis. Onde quer que você esteja, aonde quer que você vá, qualquer que seja a situação que você esteja enfrentando: o Senhor está com você, dentro de você, o tempo todo. Você precisa acreditar nisso e tomar posse.

Oração: Senhor, eu vou fluir e funcionar na Tua fé. No Teu jeito de agir. No Teu modo de trabalhar. Não vou me prender a métodos, esquemas ou meu próprio modo de pensar, mas decido simplesmente andar pela fé. Amém.

Jó 25-30

03 JUNHO — INSEPARÁVEIS

"Aquele que se une ao Senhor faz-se um só espírito com Ele." 1 Co 6.17

Que tremendo o que disse o apóstolo Paulo sobre a união do espírito! Imagine você que sua mão esquerda é o seu espírito humano recriado e nascido de novo, e que sua mão direita é o Espírito Santo que veio do céu para morar dentro de você. As duas mãos se uniram e agora não se soltam, não se separam mais. Outra ilustração a esse respeito é a união de duas folhas de papel ofício, coladas uma na outra com uma cola "tenaz". Depois de coladas é impossível separar as duas folhas. As duas se tornaram uma só.

O Espírito Santo e o seu espírito humano recriado são uma só pessoa e, é nesta pessoa, da fusão do Espírito Santo com o seu espírito humano nascido de novo, que se manifesta poder dínamus para operar curas e milagres. É no nome de Jesus, é no poder do Espírito Santo, é para a glória de Deus, mas o canal que Ele usa é você! Devemos honrar essa união e mostrar ao nosso Pai que somos fiéis e inseparáveis dele. Que por mais que o mundo tente nos capturar, permanecemos um com Ele!

Oração: Eu e o Senhor, Espírito Santo, somos um. Faz-me crescer na intimidade e comunhão contigo. Que eu chegue ao ponto de distinguir claramente quando é o Senhor falando, sem duvidar, pestanejar ou vacilar. Mas saiba de imediato quando é o Senhor que está à frente. Para Tua glória, eu oro assim. Amém.

Jó 31-34

O REINO NA TERRA

04 JUNHO

"Aqueles, pois, que se haviam reunido perguntaram-lhe, dizendo: Senhor, restaurarás tu neste tempo o reino a Israel? E disse-lhes: Não vos pertence saber os tempos ou as estações que o Pai estabeleceu pelo seu próprio poder."
At 1.6,7

Os discípulos queriam saber sobre a restauração do reino à nação de Israel, pois na época de Jesus, o povo de Deus (nação de Israel), estava subjugado ao Império Romano. Jesus falou sobre a restauração do reino, mas a restauração do reino a que Ele estava se referindo era a restauração da nação de Israel, do povo de Deus, uma restauração espiritual, apontando para um povo de propriedade exclusiva de Deus, como nação de Deus, como sacerdotes de Deus, como nação gerada por Deus. Porém eles estavam com a visão distorcida do propósito para o qual Jesus havia vindo ao mundo. Eles queriam que o Senhor destruísse o Império Romano, dando a Israel o domínio. Porém, esse não era o propósito do Senhor. E não era desse reino natural, humano e desse mundo que o Senhor Jesus estava falando.

O reino do qual o Senhor estava falando com o propósito de treinar os seus discípulos a reinarem era o reino de Deus invisível. O reino que haveria de ser restaurado era o reino espiritual com a descida do Espírito Santo, para trazer de volta o povo à comunhão com Deus. Paulo fala em Romanos 14: 17 acerca desse reino: "O Reino de Deus não é comida nem bebida, mas justiça, paz e alegria no Espírito Santo".

Oração: Sou Teu, fui comprado para exercer o sacerdócio real e pregar a Tua palavra, a fim de que o Teu reino seja estabelecido. Aleluia!

Jó 35-38

05 JUNHO — INSEPARÁVEIS

"Respondeu Jesus: O meu reino não é deste mundo. Se o meu reino fosse deste mundo, os meus ministros se empenhariam por mim, para que não fosse eu entregue aos judeus; mas agora o meu reino não é daqui." Jo 18.36

Este reino que Jesus fala não é um reino deste mundo físico, material, humano, natural, visto aos olhos humanos. É o reino da vida de Deus, é o Espírito de Deus dentro dos crentes, dos discípulos, criando uma esfera onde Deus governa, onde Deus se manifesta e opera milagres. Todos os crentes, inclusive você, pode e deve desfrutar desse reino na era da Igreja – a era em que estamos – aqui na terra, por meio do Espírito Santo - e esse reino traz justiça, paz e alegria. Desfrute dessa justiça, dessa paz e dessa alegria, enquanto você também trabalha para estabelecer o reino de Deus!

Seja agradecido ao Senhor por te apresentar e permitir este Reino. E, como cristão, não esqueça que é seu e nosso dever diário levar este Reino para todas as pessoas! Sem fazer exclusão, seleção ou filtros. Todos merecem conhecer a Deus e desfrutar do seu reino divino.

Oração: Que alegria eu sinto, Pai Amado. Que justiça que me dá e traz paz! O Teu reino está em nós e em nosso meio. O Senhor reina em nossas vidas. O Senhor reina em mim e através de mim. Aleluia!

O REINO DE DEUS CHEGA COM VOCÊ

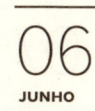

06 JUNHO

"Porque, onde estiverem dois ou três reunidos em meu nome, ali estou no meio deles." Mt 18.20

Esse reino se tornará o reino de Cristo e de Deus, no qual os crentes herdarão e estarão na vinda de Jesus para a implantação do milênio. Será o tempo do reino milenar de Cristo. A bíblia diz que, durante mil anos, Jesus vai reinar, no chamado Reino milenar de Cristo onde estarão com Ele, também reinando, os seus discípulos. Esse reino vai se tornar, na eternidade, o reino Eterno de Deus na nova Jerusalém, como está em Apocalipse, onde todos os redimidos de Deus desfrutarão de um novo céu e uma nova terra.

Portanto, ao ler o primeiro capítulo de Atos, lembre-se que, além de falar da introdução e da autoria do livro, mostrando que ele é uma continuação de outro livro (Lucas), além de mencionar um treinamento de 40 dias aos discípulos por meio das aparições de Jesus, esse capítulo fala também que o reino que Jesus proclamou restauração não é o reino desta terra, mas o reino dos céus, que é espiritual e invisível, que atrai a justiça, a paz e a alegria aos corações daqueles que creem em Jesus. Esse reino é estabelecido em cada coração que se converte a Cristo. É esse reino que está em você.

Oração: Obrigado, Senhor Jesus, porque o teu reino está dentro de mim e tenho o privilégio de poder expandi-lo. Te agradeço, Senhor, por poder fazer parte dos teus planos e por ter um propósito em minha vida, além de poder gozar dos benefícios e privilégios do teu reino.

○ Salmos 1-8

07 O REINO QUE PERMANECE

JUNHO

"Todos ficaram cheios do Espírito Santo e passaram a falar em outras línguas, segundo o Espírito lhes concedia que falassem." Atos 2:4.

" Ao cumprir-se o dia de Pentecostes, estavam todos reunidos no mesmo lugar; de repente, veio do céu um som, como de um vento impetuoso, e encheu toda a casa onde estavam assentados. E apareceram, distribuídas entre eles, línguas, como de fogo, e pousou uma sobre cada um deles. Todos ficaram cheios do Espírito Santo e passaram a falar em outras línguas, segundo o Espírito lhes concedia que falassem." Atos 2:1-4. Essa é a descrição de um evento sobrenatural nas Escrituras. Como podemos presenciá-lo hoje? Como podemos estabelecer o Reino de Deus no mundo atual?

Diante desse entendimento correto acerca do reino ao qual Cristo veio restaurar, na Sua primeira vinda, dois mil anos atrás, eu te desafio a olhar para os homens que estão perdidos sem comunhão com Deus, e priorizar a salvação das vidas dando testemunho a elas, manifestando o poder dínamus de Deus para que o reino de Deus se estabeleça no coração delas. Cada pessoa que se converte a Cristo tem o reino de Deus chegado a ela.

Oração: Senhor, manifesta através de mim, aonde eu for, o Teu reino. Venha o Teu reino! Em Nome de Jesus! Eu oro por isso, e me coloco inteiramente à Tua disposição. Amém.

Salmos 9-17

BATIZADO NO ESPÍRITO SANTO

08 JUNHO

"Mas recebereis a virtude do Espírito Santo, que há de vir sobre vós; e ser-me-eis testemunhas tanto em Jerusalém como em toda a Judeia e Samaria e até aos confins da terra." Atos 1:8

É importante fazer a diferença entre a promessa feita por Jesus e pelo Pai, acerca da vinda do Espírito Santo, em João 14:17, Jesus disse: "O Espírito da verdade, que o mundo não pode receber, porque não o vê, nem o conhece; mas vós o conheceis, porque habita convosco e estará em vós." Até aqui, o Espírito Santo estava somente em Jesus. E quando Ele disse "estará em vós", se referia à vinda do Espírito Santo para habitar dentro do crente e trazer, por consequência, a vida de Deus para dentro de nós.

Quanto a promessa feita pelo Pai: "E há de ser que, depois, derramarei o meu Espírito sobre toda a carne...", (Joel 2:28,29), se cumpriu exatamente no dia de Pentecostes, momento em que aconteceu o derramamento do poder Dínamus.

O objetivo do batismo no Espírito Santo é a capacitação com poder para que o cristão seja testemunha. É isso que precisamos buscar intensamente mais, o poder dínamus do Espírito Santo para manifestação de sinais e maravilhas, produzindo provas concretas que o Cristo que nós acreditamos ressuscitou! Você já foi batizado com o Espírito Santo? Busque intimidade com o Senhor, com sua igreja e com a Palavra!

Oração: Tens toda liberdade, doce, maravilhoso e meigo Espírito Santo, para fazer o que pretende em mim e através de mim. Em Nome do Senhor Jesus Cristo.

Salmos 18-21

09
JUNHO

O SOPRO DO ESPÍRITO SANTO

"E, havendo dito isso, assoprou sobre eles e disse-lhes: Recebei o Espírito Santo." João 20: 22

Depois de ressuscitado, Jesus se reuniu com os discípulos, soprou neles, e disse: "Recebei o Espírito!" Esse sopro do Espírito é a habitação, é a moradia do Espírito Santo dentro do crente. Conforme Jesus disse, Ele não nos deixaria órfãos, mas rogaria ao Pai para enviar outro Consolador no Seu lugar, isto é, o Espírito Santo (Jo 14.16-18). A habitação do Espírito Santo na vida do cristão acontece no dia da sua conversão, no dia do novo nascimento. Porém, o poder Dínamus do Espírito Santo para realizar sinais e maravilhas nós recebemos no batismo com o Espírito Santo. Isto está prefigurado, também, pelo manto de Elias que era símbolo de poder: "E tomou a capa de Elias, que lhe caíra, e feriu as águas, e disse: Onde está o SENHOR, Deus de Elias? Então, feriu as águas, e se dividiram elas para uma e outra banda; e Eliseu passou. Vendo-o, pois, os filhos dos profetas que estavam defronte em Jericó, disseram: O espírito de Elias repousa sobre Eliseu." 2 Reis 2:13-15

A habitação do Espírito é para vida e comunhão, e pode ser simbolizado pela água que um policial bebe quando tem sede. A água que entra fala da vida, presença, habitação do Espírito Santo em nós. O uniforme do policial fala de poder, autoridade para realizar milagres.

Oração: Minha oração neste dia Senhor, é pedir que Tu, óh precioso Espírito, seja água e seja poder em mim. E me preencha tanto, mas tanto, que eu tenha para distribuir para as pessoas.

Salmos 22-27

VENHA E BEBA

10 JUNHO

Mais vida de Deus teremos. Veja: "E, no último dia, o grande dia da festa, Jesus pôs-se em pé e clamou, dizendo: Se alguém tem sede, que venha a mim e beba. Quem crê em mim, como diz a Escritura, rios de água viva correrão do seu ventre. E isso disse ele do Espírito, que haviam de receber os que nele cressem; porque o Espírito Santo ainda não fora dado, por ainda Jesus não ter sido glorificado". João 7:37-39

Quanto mais recebermos do Espírito Santo dentro de nós como rios de água viva, conforme Jesus prometeu, quanto mais recebermos o poder dínamus do Espírito Santo sobre nós, tanto mais autoridade teremos para manifestar sinais, curas e milagres, libertando as pessoas e atraindo-as a Cristo. Querido leitor, qual tem sido o seu nível de fome e sede por Deus?

Qual tem sido a sua intensidade de busca de poder dínamus do Espírito Santo para operações sobrenaturais? Quanto tem sido sua entrega diária pelo poder de Deus? E, depois de entregar e receber, o quanto você entrega de primícias ao Senhor como reconhecimento? Saiba que você é um canal nas mãos de Deus e Ele quer fluir através de você com o Seu poder para salvação, cura e libertação de vidas.

Oração: Eu oro e clamo por intensidade. Que eu não permita, Pai, letargia ou comodismo em mim. Que o Senhor me ajude me instruindo, me alertando, me encorajando e me enchendo para que eu seja intenso. Amém.

Salmos 28-33

11 IDE
JUNHO

"Portanto, ide, ensinai todas as nações, batizando-as em nome do Pai, e do Filho, e do Espírito Santo" Mateus 28:19

E disse Deus: "Haja igrejas!" Qual é a obra de Cristo no livro de Atos dos Apóstolos? Ele não se apresenta em corpo físico, porque o corpo físico de Cristo que se apresenta no livro de Atos é a Igreja. Jesus foi para o céu, mas Ele deixou o Seu Corpo aqui na terra. "Pastor, eu não vejo Jesus ou o Corpo dEle?!" O Corpo dele é a Igreja, os cristãos lavados e redimidos no Seu sangue. Assim como o Espírito Santo se manifestou e usou o homem Jesus, o poder do Espírito Santo se manifesta e usa a Igreja para salvar vidas e expandir o reino de Deus na terra. À medida que você vai lendo esses devocionais, vá percebendo, discernindo, entendendo e encarnando nas suas entranhas que no final de tudo o propósito de Deus com você.

RESPOSTA: IGREJAS! Como? Eu não sou pastor. Não importa o cargo ou título que você ocupa na igreja local. Saiba que cada pessoa que você atrair para Cristo já é uma igreja plantada, e acima de tudo, cada Grupo de Conexão (célula) que nasce como extensão do corpo de Cristo em um lar, ou em uma faculdade, ou em uma empresa, ou em qualquer outro lugar, é a expansão do reino com o consequente cumprimento do propósito de Deus através da sua vida.

Oração: Senhor, eu quero ter o mesmo estilo de vida da igreja primitiva. Eu quero ser alguém disponível para que o Senhor use. Estou me colocando à disposição para ser usado como os primeiros discípulos. Eu obedeço ao teu IDE. Amém.

NÃO IMPEÇA O CRESCIMENTO

12 JUNHO

"A igreja, na verdade, tinha paz por toda a Judéia, Galiléia e Samaria, edificando-se e caminhando no temor do Senhor, e, no conforto do Espírito Santo, crescia em número." At 9:31

Na prática, o que precisamos nos dias de hoje para expandir a igreja para aumentar o número de salvos, para estender o corpo de Cristo, para estabelecer o reino de Deus? Plantando igrejas. O reino de Deus somente avança se edificamos igrejas locais. Querido irmão em Cristo, é dessa maneira que nós vamos expandir o Reino: PLANTANDO IGREJAS!!! Nós somos testemunhas de Cristo e precisamos expandir a Igreja na terra através de plantação de células e através da plantação de igrejas por onde quer que o Senhor nos envie. Como?

Através da obra da ressurreição em que Cristo está no trono delegando poder e autoridade sobre todos quantos creem e O buscam, e se esmeram em dar bom testemunho e manifestar a unção do Espírito Santo. Se você nasceu de novo e consequentemente se tornou um seguidor de Cristo com direito de moradia eterna no céu, que direito você tem de impedir que Deus faça nascer de novo outras pessoas através da plantação de células e da plantação de igrejas usando você? Seja disponível.

Oração: Pai, eu oro hoje, me colocando à tua disposição para ser usado pelo Senhor. Não vou dizer para o Senhor como eu quero ser usado, mas me coloco debaixo do teu senhorio para o Senhor dizer o que queres que eu faça. Em Nome de Jesus. Amém.

○ Salmos 38-42

13 JUNHO
A MARCA DO DISCÍPULO

"Um novo mandamento vos dou: Que vos ameis uns aos outros; como eu vos amei a vós, que também vós uns aos outros vos ameis. Nisto todos conhecerão que sois meus discípulos, se vos amardes uns aos outros." João 13:34,35

Ei! Ter um raciocínio mesquinho, ter um raciocínio raquítico, ter um raciocínio incrédulo é ser miserável diante de Deus... Você não tem o direito – e nem eu! – de colocar freios no crescimento da Igreja. Deus está atrás de verdadeiros adoradores, que estejam dispostos a dar a vida e confiar na autoridade do Nome de Jesus, confiar na unção do Espírito Santo, confiar no poder de Deus para arrebentar com as portas do inferno e salvar milhares de pessoas. Eu vou te ensinar como é que você gera discípulos. Primeira maneira: chorando, gemendo e dizendo: "Deus, eu quero contaminar pessoas com paixão por Ti". Segunda maneira: sendo apaixonado, tendo um coração ensinável, sendo transparente, submisso, tomando a cruz (negando o ego), abrindo mão das suas opiniões, ainda que elas sejam aparentemente teológicas, acadêmicas, intelectuais e sábias. Faça discípulos sendo primeiramente um discípulo.

Qual a marca principal de um discípulo de Cristo? Ele falou: "Nisto todos conhecerão que sois meus discípulos, se vos amardes uns aos outros" João 13:34,35. O termômetro é esse. Somos discípulos de Cristo quando de fato nos amamos uns aos outros com o amor ágape.

Oração: Quando medito em tua Palavra sou convencido que estou sendo aperfeiçoado e que a obra ainda não acabou. Não vou desistir, acredito e confio no teu trabalhar e sei que está me moldando à tua imagem, Amém.

CONTINUE

"mas recebereis poder, ao descer sobre vós o Espírito Santo, e sereis minhas testemunhas tanto em Jerusalém como em toda a Judeia e Samaria e até aos confins da terra." Atos 1:8

14 JUNHO

A obra de Cristo em Atos dos Apóstolos era a produção das Igrejas! E onde há amor ágape, isto é, amor sacrificial, incondicional e voluntário, que é o amor de Deus, não há divisão, não há disputa, não há rivalidade, não há contenda, não há discórdia. Quando há amor ágape no relacionamento cristão, ainda que haja divergências, a unidade prevalece. Se nós não estivermos aliançados, focados, encarnados por este propósito que é expandir o Reino, não vamos atingir o alvo que Deus tem estabelecido para nós. Mas se nós, de fato, amarmos uns aos outros, amarmos aquele irmão débil, fraco, desprezível que não vale nada para sociedade, mas que Deus está dando para cuidarmos, assim estaremos cumprindo o propósito de edificar igreja.

Se nós o amarmos e ensinarmos os nossos irmãos a amarem estas pessoas, aí sim o Senhor vai escancarar as portas e trazer grandes e pequenos, ricos e pobres, cultos e ignorantes, brancos e pretos. E o reino se expandirá através da expansão da Igreja local. O reino de Deus somente avança visando a produção das igrejas.

Oração: Obrigado, Espírito Santo, por me fazer participante do que está fazendo em minha igreja. Eu me disponho para ser usado, para ser uma bênção para a minha igreja, na Tua obra, no Teu reino. Obrigado, Deus Espírito Santo, pelo Teu trabalhar. Te amo, Senhor. Usa-me.

Salmos 50-55

15 JUNHO — VOCÊ, A IGREJA E O REINO

"mas recebereis poder, ao descer sobre vós o Espírito Santo, e sereis minhas testemunhas tanto em Jerusalém como em toda a Judeia e Samaria e até aos confins da terra." Atos 1:8

O reino de Deus somente avança se edificamos igrejas locais. Sem as igrejas locais, não temos uma expansão prática do Corpo de Cristo sobre a Terra. Deus lhe salvou e conta com você na edificação do Seu reino da terra. É para isso que você está vivo, meu irmão! É para isso que Deus te salvou, meu irmão! É para isso que Deus te deu o poder do Espírito Santo! Como Corpo de Cristo, cada igreja é a Sua expressão e a Sua expansão. É por isso que se diz comumente, que o livro de Atos é um livro inacabado. Já percebeu isso? Com certeza você já percebeu. Você está lendo o livro de Atos e de repente ele para. Incrível, porque não tem fim.

O Espírito Santo usou os apóstolos e primitivos cristãos para escreverem uma história como uma espinha dorsal que separou os Evangelhos das Epístolas e, esse livro de Atos capítulo 28 se encerra de maneira abrupta. Por quê? Porque o Espírito Santo quer continuar essa obra de expansão da igreja através de você! Que privilégio!

Oração: Deus, por amor ao Senhor e à Tua obra, usa-me como Tu quiseres. Capacita-me a colaborar para o crescimento do Teu reino, ajudando na plantação e edificação das igrejas, Senhor. Em Nome de Jesus. Amém.

O FOGO DE DEUS

"Então, se levantou Pedro, com os onze" At 2:14

16 JUNHO

O livro de Atos não se encerrou. Em minha opinião, esse livro seria mais bem denominado "Atos do Espírito Santo através dos discípulos". Então, todos quantos se colocam na brecha, desejando ardentemente cumprir o propósito de Deus, recebem o dínamus do Espírito Santo e, com autoridade no Nome de Jesus, operam sinais, curas, prodígios e maravilhas atraindo pessoas para o reino de Deus. Querido leitor, eu te desafio a escrever um capítulo, pois "A história ainda não acabou. Portanto, mãos à obra, porque acredito que muitas vidas do seu relacionamento ainda não foram salvas e o Espírito Santo quer contar com a sua cooperação. Como promovemos a salvação de vidas? Através da obra da ressurreição. Quando falamos de ressurreição, falamos de autoridade e poder do trono de Cristo. Falamos de um Cristo que morreu, mas que ressuscitou com corpo glorificado e está assentado à direita de Deus Pai, que tem poder dínamus para liberar sobre os seus discípulos. João Batista, seu precursor disse: "Eu vos batizo com água para arrependimento, mas aquele que vem após mim, o qual não sou digno de desatar as suas sandálias, ele vos batizará com o Espírito Santo e com fogo." Mateus 3: 11. Você precisa fluir cada vez mais no poder do Espírito Santo que é fogo.

Oração: Senhor, dá-me mais ousadia e encorajamento, além do discernimento espiritual, para poder levar a Tua palavra sendo ousado e pronto para agir. Que eu seja como os discípulos em Atos, cheio do Espírito Santo e ousadia. Em Nome de Jesus, amém!

Salmos 62-68

17 JUNHO — FOGO CONSUMIDOR

"Porque o nosso Deus é um fogo consumidor." Hebreus 12: 29

Se há algo que precisamos é do fogo, e o fogo é o próprio Deus! Aonde chega o Seu fogo, coisas extraordinárias acontecem, porque o fogo de Deus quebranta, santifica e purifica o pecador, e o leva a uma mudança de vida – metanoia. Aleluia sete vezes por isso. Deus é fogo, Deus não tem fogo, Deus é fogo! O fogo de Deus queima doença, queima pecado, o fogo de Deus arranca a raiz do câncer do corpo humano, faz os olhos dos cegos se abrirem, desentope os ouvidos do surdo e faz com que eles ouçam. O fogo de Deus levanta o paralítico da cama, quebranta o coração empedernido, petrificado, endurecido e o torna moldável, maleável, ensinável e submisso ao propósito de Deus. Querido leitor, eu profetizo encargo no seu coração para buscar intensamente o fogo de Deus, para que ao abrir da sua boca, para que ao estender das suas mãos, para que por onde você passar esse fogo se manifeste e os prodígios, sinais e maravilhas aconteçam em Nome do Senhor Jesus Cristo!

Oração: Pai Celestial, que a compaixão divina venha possuir o meu coração e muitas vidas sejam geradas em Cristo através de mim. Em Nome do Senhor Jesus!

UNÇÃO DO ESPÍRITO

18 JUNHO

"O Espírito do Senhor é sobre mim, pois que me ungiu para evangelizar os pobres, enviou-me a curar os quebrantados do coração, a apregoar liberdade aos cativos, a dar vista aos cegos, a pôr em liberdade os oprimidos, a anunciar o ano aceitável do Senhor." Lc 4: 18,19

O doutor e evangelista Lucas, falando acerca de Jesus, em Atos 10:38, escreveu o seguinte: "Como Deus ungiu a Jesus de Nazaré com o Espírito Santo e com poder, o qual andou por toda parte, fazendo o bem e curando a todos os oprimidos do diabo, porque Deus era com ele." Assim como o Espírito Santo foi com o homem Jesus, Ele é com você também. Após quarenta dias de jejum no deserto, Jesus vai para região da Galileia, onde fora criado, adentra a sinagoga e lê Isaías 61, pois o príncipe da sinagoga dá-lhe a oportunidade de abrir a Torá (Velho Testamento). "O Espírito do Senhor JEOVÁ está sobre mim, porque o SENHOR me ungiu para pregar boas-novas aos mansos; enviou-me a restaurar os contritos de coração, a proclamar liberdade aos cativos e a abertura de prisão aos presos". Ao findar a leitura, Ele diz: "esta profecia se cumpre hoje", assumindo que Ele é o Messias (na língua hebraica), cujo significado é Cristo (na língua grega), e Ungido (na língua portuguesa). Com isso, Ele estava dizendo ser o Restaurador do homem, aquele que veio ao mundo para restaurar a humanidade do seu estado de pecaminosidade, transformando o homem em uma nova criatura.

Oração: Como é maravilhoso, Senhor, saber que o Senhor me ungiu para pregar boas-novas aos mansos; enviou-me a restaurar os contritos de coração, a proclamar liberdade aos cativos e a abertura de prisão aos presos; a apregoar o ano aceitável do SENHOR e consolar todos os tristes.

Salmos 73-77

19 JUNHO — ME UNGIU

"O Espírito do Senhor é sobre mim, pois que me ungiu para evangelizar os pobres, enviou-me a curar os quebrantados de coração, a apregoar liberdade aos cativos e dar vista aos cegos, a por em liberdade os oprimidos, a anunciar o ano aceitável do Senhor." Lucas 4: 18,19

Eu e você somos os "pequenos cristos" que o Senhor Jesus comissionou para serem usados com o poder dínamus do Espírito Santo. Ele disse: Expandimos o Reino de Deus através do poder e da unção do Espírito Santo. Não temos que orar dizendo: "Senhor, dá-me uma nova unção". O correto é orar: "Senhor, acrescenta-me unção", porque a unção já está sobre você desde o momento em que você se converteu a Cristo.

Por isso, todos os dias na sua oração devocional quebrante-se diante do Senhor, oxalá com lágrimas, gemidos e com dores de parto e diga: "Espírito Santo, me acrescenta unção para que eu possa manifestar o Teu poder dínamus e atrair pessoas para Cristo." Eu quero ser usado por Ti para gerar discípulos em todos os lugares nos quais o Senhor me enviar!

Oração: Diante de ti ó Pai, eu me prostro e lhe ofereço a minha oração. Espírito Santo, gera em mim lágrimas, gemidos e dores de parto em favor dos que estão sofrendo e que preciso alcançar, dos que estão sem a salvação. Em Nome de Jesus, eu clamo a ti.

NEGAÇÃO

20 JUNHO

"Ora, ia com ele uma grande multidão; e, voltando-se, disse-lhe: Se alguém vier a mim e não aborrecer a seu pai, e mãe, e mulher, e filhos, e irmãos, e irmãs, e ainda também a sua própria vida, não pode ser meu discípulo. E qualquer que não levar a sua cruz e não vier após mim não pode ser meu discípulo." Lucas 14: 25 a 27 (ARC)

Esse mesmo texto, na versão bíblica Nova Tradução na Linguagem de Hoje, apresenta-se da seguinte forma: "Certa vez uma grande multidão estava acompanhando Jesus. Ele virou-se para eles e disse: Quem quiser me acompanhar não pode ser meu seguidor se não me amar mais do que ama o seu pai, a sua mãe, a sua esposa, os seus filhos, os seus irmãos, as suas irmãs e até a si mesmo. Não pode ser meu seguidor quem não estiver pronto para morrer como eu vou morrer e me acompanhar." Lucas 14:25-27 (NTLH). A obra de Deus se expande pelo testemunho dos discípulos.

Ser discípulo de Cristo é colocá-lo acima de tudo e de todos; é priorizá-Lo em detrimento da própria vida; é amá-Lo mais do que qualquer outra pessoa, incluindo cônjuge, pai, mãe, filhos, amigos e até a si mesmo; é ser uma autêntica testemunha.

Oração: Pai, eu quero render a Ti hoje toda reserva de domínio em minha vida, toda área não entregue. Confesso a Ti meu pecado e peço perdão. Aceita hoje, que coloco o Senhor no topo de importância da minha vida, acima de tudo e de todos.

Salmos 81-88

21 JUNHO — MÁRTIR

"mas recebereis poder, ao descer sobre vós o Espírito Santo, e sereis minhas testemunhas tanto em Jerusalém como em toda a Judeia e Samaria e até aos confins da terra." At 1:8

O que é testemunha? Testemunha vem de mártir - marthus do grego - que quer dizer "produtor de provas". Testemunha de Cristo é aquele que produz provas, manifesta provas, exterioriza provas, faz acontecer provas de que Cristo ressuscitou. E como isso acontece? Através dos sinais, dos prodígios e das maravilhas. Eu não tenho dúvida de que maneira mais estratégica de atrair pessoas para Cristo é manifestando poder, o poder dínamus do Espírito Santo. Ser testemunha é ser prova de algo, alguém que testifica de algo.

Que a sua vida seja verdadeiramente uma testemunha de Cristo. Busque intensamente o poder dínamus e manifeste provas da ressurreição de Cristo. Deseje ardentemente a operação dos dons espirituais, o fogo, a glória e o poder do Espírito Santo. Não há maior glória do que a de ser usado por Deus. Que essa seja a sua maior glória: ser usado pelo Senhor, testemunhando da ressurreição de Cristo e atraindo vidas das trevas para maravilhosa luz do Evangelho.

Oração: Senhor, tomo posse com alegria da escolha, eleição e chamado que fizeste a mim. Respondo ao teu chamado, dizendo: sim, pode me usar. Eis-me aqui, em Nome de Jesus! Aleluia!

PREPARAÇÃO

"Todos estes perseveravam unanimemente em oração e súplicas, com as mulheres, e Maria, mãe de Jesus, e com seus irmãos." At 1.14

22
JUNHO

Testemunhas - marthus do grego - são mártires. Mártires são aqueles que dão a vida em prol de algo, em prol do Evangelho. Ame a sua família, trabalhe, mas acima de tudo, dê a sua vida pela pregação Evangelho, dê a sua vida em consagração diária ao Senhor Jesus Cristo, sendo cheio do poder do Espírito Santo para manifestar sinais da ressurreição do Senhor.

Assim ocorreu com a preparação dos discípulos: "E, estando com os olhos fitos no céu, enquanto ele subia, eis que junto deles se puseram dois varões vestidos de branco", "Então, voltaram para Jerusalém, do monte chamado das Oliveiras, o qual está perto de Jerusalém, à distância do caminho de um sábado. E, entrando, subiram ao cenáculo, onde habitavam Pedro e Tiago, João e André, Filipe e Tomé, Bartolomeu e Mateus, Tiago, filho de Alfeu, Simão, o Zelote, e Judas, filho de Tiago. Todos estes perseveravam unanimemente em oração e súplicas, com as mulheres, e Maria, mãe de Jesus, e com seus irmãos." Atos 1:10,12-14.

A preparação dos discípulos envolveu pelo menos três coisas: a visão de Cristo sendo elevado aos céus, o ficar em Jerusalém e o permanecer em oração.

Oração: Hoje, Senhor, peço a Ti visão do Senhor, paciência para servir fielmente no lugar que o Senhor me plantou, aguardando o momento de ir; e permaneço orando, buscando e gerando aquilo que o Senhor tem para fazer. Aleluia. Obrigado Pai.

Salmos 95-103

23 JUNHO — ESPERE, MAS ORE

"e lhes disseram: Varões galileus, por que estais olhando para as alturas? Esse Jesus que dentre vós foi assunto ao céu virá do modo como o vistes subir."
Atos 1:11

A ascensão de Jesus fala que Ele subiu e, assim como Ele subiu, Ele vai voltar. A ascensão de Jesus também fala que Ele subiu do monte das Oliveiras e vai voltar para o mesmo monte para plantar o reino milenar. Quanto mais nós meditarmos na ressurreição e ascensão, tanto mais o Espírito Santo vai nos levar a sonhar com os céus e nos transmitir poder e autoridade para pregar o Evangelho e fazer milagres no nome de Jesus. Permanecer em Jerusalém, como Lucas falou em Atos 1:9 -14, significa reconhecer que dependemos do Senhor e sem Ele não podemos fazer coisa alguma. Não vamos expandir o Reino de Deus se nós não dependermos do Senhor. Permanecer em Jerusalém, portanto, fala de dependência, de permanecer em oração.

Não é uma questão de uma espera passiva, é uma espera em oração. As promessas de Deus foram cumpridas porque havia um povo que orava. Eles foram para Jerusalém, e ali eles permaneceram dez dias orando até que, o poder do Espírito Santo veio sobre eles e foram batizados com Espírito Santo e com fogo, a ponto de Pedro, mero pescador, ter sido constituído primeiro moderador, presidente, pregador, o primeiro operador de milagres.

Oração: Graças te dou, ó Pai, pelo privilégio de poder gerar em oração, intercessão, clamor, súplicas, jejuns, aquilo que o Senhor fará. Sou Teu cooperador no evangelho. Obrigado, Senhor.

NEGAÇÃO

24 JUNHO

"Ora, ia com ele uma grande multidão; e, voltando-se, disse-lhe: Se alguém vier a mim e não aborrecer a seu pai, e mãe, e mulher, e filhos, e irmãos, e irmãs, e ainda também a sua própria vida, não pode ser meu discípulo. E qualquer que não levar a sua cruz e não vier após mim não pode ser meu discípulo." Lucas 14: 25 a 27 (ARC)

Esse mesmo texto, na versão bíblica Nova Tradução na Linguagem de Hoje, apresenta-se da seguinte forma: "Certa vez uma grande multidão estava acompanhando Jesus. Ele virou-se para eles e disse: Quem quiser me acompanhar não pode ser meu seguidor se não me amar mais do que ama o seu pai, a sua mãe, a sua esposa, os seus filhos, os seus irmãos, as suas irmãs e até a si mesmo. Não pode ser meu seguidor quem não estiver pronto para morrer como eu vou morrer e me acompanhar." Lucas 14: 25 a 27 (NTLH). A obra de Deus se expande pelo testemunho dos discípulos. Existem milhares de crentes espalhados pelo mundo afora, mas a expansão da Igreja de Cristo, de maneira genuína, somente pode acontecer por meio dos discípulos. Quem são os discípulos?

Ser discípulo de Cristo é colocá-lo acima de tudo e de todos; é priorizá-Lo em detrimento da própria vida; é amá-Lo mais do que qualquer outra pessoa, incluindo cônjuge, pai, mãe, filhos, amigos e até a si mesmo; é ser uma autêntica testemunha.

Oração: Pai, eu quero render a Ti hoje toda reserva de domínio em minha vida, toda área não entregue. Confesso a Ti meu pecado e peço perdão. Aceita hoje, que coloco o Senhor no topo de importância da minha vida, acima de tudo e de todos. Em Nome de Jesus. Oro de todo o meu coração. Amém.

Salmos 107-111

25 JUNHO — MÁRTIR

"sereis minhas testemunhas tanto em Jerusalém como em toda a Judeia e Samaria e até aos confins da terra." At 1:8

O que é testemunha? Testemunha vem de mártir - marthus do grego - que quer dizer "produtor de provas". Testemunha de Cristo é aquele que produz provas, manifesta provas, exterioriza provas, faz acontecer provas de que Cristo ressuscitou. E como isso acontece? Através dos sinais, dos prodígios e das maravilhas. Eu não tenho dúvida de que maneira mais estratégica de atrair pessoas para Cristo é manifestando poder, o poder dínamus do Espírito Santo. Ser testemunha é ser prova de algo, alguém que testifica de algo.

Busque intensamente o poder dínamus e manifeste provas da ressurreição de Cristo. Deseje ardentemente a operação dos dons espirituais, o fogo, a glória e o poder do Espírito Santo. Não há maior glória do que a de ser usado por Deus. Que essa seja a sua maior glória: ser usado pelo Senhor, testemunhando da ressurreição de Cristo e atraindo vidas das trevas para maravilhosa luz do Evangelho.

Oração: Senhor, tomo posse com alegria da escolha, eleição e chamado que fizeste a mim. Respondo ao teu chamado, dizendo: sim, pode me usar. Eis-me-aqui, em Nome de Jesus! Aleluia!

ESPERANÇA DA GLÓRIA

26 JUNHO

"Justificados, pois, mediante a fé, temos paz com Deus por meio de nosso Senhor Jesus Cristo; por intermédio de quem obtivemos igualmente acesso, pela fé, a esta graça na qual estamos firmes; e gloriamo-nos na esperança da glória de Deus. E não somente isto, mas também nos gloriamos nas próprias tribulações, sabendo que a tribulação produz perseverança; e a perseverança, experiência; e a experiência, esperança. Ora, a esperança não confunde, porque o amor de Deus é derramado em nosso coração pelo Espírito Santo, que nos foi outorgado." Romanos 5:1-5

Podemos dizer que a ausência de condenação produz paz no coração do cristão. Paz com Deus, através da justificação, nos dá livre acesso à graça de Deus – favor imerecido. Isso tudo, pela fé, na obra consumada por Cristo na cruz. Firmamo-nos na graça de Deus e, não em nossos méritos, pois os méritos são de Cristo. Ele é a justiça de Deus. Justificados pela fé e cheios da paz de Cristo, desfrutamos da graça de Deus; A graça de Deus nos levará à alegria da esperança da glória de Deus.

Paulo ensina, nesse texto de Romanos 5.1-5, que há duas fontes de alegria na vida cristã. A primeira fonte de alegria é a esperança da glória de Deus. Ela abre a porta para o Mover da Graça de Deus. O que é a glória de Deus? É muito difícil conceituar ou explicar o que é a glória de Deus. Eu vou me arriscar: A essência do caráter de Deus é o Seu amor.

Oração: Com alegria, Senhor, me coloco diante de Ti. Hoje eu quero somente Te agradecer pela esperança da glória, que me traz alegria. Te agradeço por isso, em Nome de Jesus.

Salmos 119

27 PRIVILÉGIO INDIZÍVEL

JUNHO

"...e nos gloriamos na esperança da glória de Deus." Rm 5.2b

A verdadeira alegria é se alegrar na esperança da glória de Deus. A glória de Deus foi trazida para dentro do cristão. Cristo é a semente da glória de Deus em nosso coração."

Paulo diz em Ef 3.17 "para que Cristo habite, pela fé, no vosso coração; a fim de, estando arraigados e fundados em amor". No original grego do novo testamento "Cristo habite pela fé em vosso coração" é literalmente traduzido como: "Que o Senhor se sinta confortável habitando em você". Devemos ser casas, ou melhor, lares! Cheios de harmonia para abrigar o Espírito Santo dentro de nós. Devemos acolhe-lo diariamente e acomodá-lo com amor.

Meu Deus e meu Pai, que privilégio indizível, inefável! Não há palavras humanas que possam traduzir tamanha honra e favor imerecido em sermos a habitação de Cristo. No velho testamento, Deus habitava em templos feitos por mãos humanas, mas a partir da morte e ressurreição de Cristo, todo homem que O reconhece como Salvador e Senhor, torna-se o Seu templo de habitação. Aleluia!

Oração: Senhor, em Nome de Jesus, restaura-me. Esta casa, esta habitação que sou eu, levantada pelo Senhor mesmo, é sua! Faça o que quiser, mude o que quiser. A alegria com que o Senhor me fez viver é inesgotável. Como sou feliz e alegro-me na Tua obra em mim. A esperança da glória! Maranata! Ora vem, Senhor Jesus!

TRIBULAÇÕES

28 JUNHO

"E não somente isto, mas também nos gloriamos nas tribulações, sabendo que a tribulação produz a paciência; e a paciência, a experiência; e a experiência, a esperança. E a esperança não traz confusão, porquanto o amor de Deus está derramado em nosso coração pelo Espírito Santo que nos foi dado."
Rm 5.3-5

Quando temos a revelação do valor da tribulação na vida cristã, entendendo-a na ótica divina, deixamos de resisti-la, e passamos a desfrutar dela como algo precioso para o nosso crescimento espiritual e maturidade cristã. Gloriar-se é alegrar-se. Como é possível alegrar-se na tribulação? Enchendo-nos da glória de Deus, da Sua presença manifesta.

Lembro-me que estava em um tempo a sós com o Senhor e, na sequência das músicas que tocavam em meu computador, de repente, afirmei: É verdade! Peça ao Senhor, constantemente, experiências com a presença manifesta d'Ele. Ele tem prazer em nos conceder tais experiências, simplesmente porque nos ama. Para tanto, devemos pedir e ter uma vida cristã de amor e paixão pelo Pai. O Senhor quer nos ouvir chamando pelo Seu nome e clamando por experiências com Ele.

Oração: Papai querido, manifesta o Espírito de sabedoria e revelação na minha vida de tal maneira que eu entenda a importância da tribulação no meu crescimento espiritual e, debaixo do Seu favor, saiba Lhe oferecer louvor e ações de graças na adversidade. Abre os meus olhos espirituais, Senhor, pois quero vislumbrar pela fé o benefício da tribulação com derramamento do Seu amor em minha vida.

Salmos 134-140

PRIVILÉGIO INDIZÍVEL

29 JUNHO

"Mas o Espírito de Deus produz o amor, a alegria, a paz, a paciência, a delicadeza, a bondade, a fidelidade, a humildade e o domínio próprio. E contra essas coisas não existe lei." Gálatas 5.22-23 NTLH

O benefício da tribulação é que ela produz paciência naqueles que a aceitam sem murmuração, buscando suportá-la. A palavra paciência vem do grego e significa makrophumia – cuja explicação é: longo ânimo; ser tardio em se irar; tardio em se desesperar. Paciência é traduzida em outras versões bíblicas como perseverança. É fruto do Espírito Santo. Então, não é uma virtude humana, mas algo que se manifesta na vida cristã à medida que nos relacionamos com o Espírito Santo e fluímos n'Ele. Vida cristã é uma parceria entre o Espírito Santo e o cristão. Quanto mais intimidade desenvolvermos com o Espírito Santo, tanto mais manifestaremos o Seu fruto com evidência da paciência ou perseverança, que é uma das Suas nove qualificações.

A paciência ou perseverança nos leva a ter experiências com o Senhor. Essas experiências produzem maturidade na vida cristã com consequente esperança. O amor de Deus só pode ser derramado no coração do cristão quando nele há esperança. A esperança é fruto de um coração aprovado. Coração aprovado é aquele que suportou a tribulação dando graças ao Senhor.

Oração: Senhor, hoje eu decido suportar com paciência as lutas e tribulações. Ninguém gosta de lutas e tribulações, mas elas produzem algo benéfico em mim. Dou-Te graças, pelo fruto que ela produz em mim e para mim. Ajuda-me a perseverar e a vencê-las em Nome de Jesus. Amém.

PESO DE GLÓRIA

"Nisso exultais, embora, no presente, por breve tempo, se necessário, sejais contristados por várias provações, para que, uma vez confirmado o valor da vossa fé, muito mais preciosa do que o ouro perecível, mesmo apurado por fogo, redunde em louvor, glória e honra na revelação de Jesus Cristo;" 1 Pedro 1:6-7

30 JUNHO

Querido leitor, todas as vezes que você estiver passando por alguma tribulação, contemple pela fé o peso de glória que ela produzirá como um fruto de benção na sua vida. Se você louvar ao Senhor e dar-Lhe graças em meio à tribulação, o Senhor consolará o seu coração de tal forma que você passará por ela cheio da Sua presença. E isso será mais do que suficiente na sua vida. Na verdade, e até Cristo afirma, teremos tribulações, mas a diferença do Cristão é que ele buscará o Senhor em todas as suas aflições. Ao final, estará aprovado, receberá a sua benção e crescerá em maturidade cristã, desenvolvendo ainda mais intimidade com o Senhor. A tribulação será estímulo para você crescer em maturidade, com o consequente derramamento do amor paternal de Deus em seu coração, abrindo a porta para o Mover da Sua Graça. Entregue, diariamente, o seu tempo e o seu amor para Deus. Que o Pai nos alivie e nos ensine diante das dificuldades da vida.

Oração: Senhor Jesus Cristo, eu declaro profeticamente que, a partir de hoje, verei cada tribulação como uma oportunidade de crescer espiritualmente, desfrutando ainda mais do Seu amor e de Sua graça. Pela fé na justiça de Cristo que me foi dada, eu já vejo o peso de glória que a tribulação irá gerar na minha vida.

Provérbios 1-3

01 MOTORISTA
JULHO

"porque já sabeis a graça de nosso Senhor Jesus Cristo, que, sendo rico, por amor de vós se fez pobre, para que, pela sua pobreza, enriquecêsseis."
2 Coríntios 8.9

Um motorista assume a direção de um ônibus com quarenta passageiros e, de repente, o freio falha. Ele vê, paralelamente, à rodovia na qual está transitando uma rua plana, pois ele está numa descida e pode tomar essa alternativa para fazer o ônibus parar aos poucos, através do freio motor. Porém, logo em frente, tem um garoto e, mais à frente, o motorista vê que é seu filho, seu único filho.

O que você faria caso estivesse dirigindo esse ônibus? Voltaria para rodovia e mataria os quarenta passageiros, ou manter-se-ia na rua paralela plana e mataria o seu único filho atropelado para salvar os quarenta passageiros?

Amados, o motorista é Deus Pai, os quarenta passageiros somos nós e o garoto é Jesus Cristo. Deus enviou o Seu filho Jesus ao mundo, o qual se entregou espontaneamente na cruz para poupar-nos da morte eterna que é o inferno.

Oração: Senhor, obrigado por tua morte lá na cruz. O Senhor me salvou, me resgatou da morte eterna. Não poupou Teu próprio Filho. Eu oro agradecendo de todo o meu coração, com toda a força da minha alma. Muito obrigado, Senhor, pela tua morte por mim, em Nome de Jesus. Amém.

A GRANDE TROCA I

02 JULHO

"Bendito o Deus e Pai de nosso Senhor Jesus Cristo, o qual nos abençoou com todas as bênçãos espirituais nos lugares celestiais em Cristo." Efésios 1.3

Há princípios legais envolvidos na obra vicária (substituta) de Cristo, através dos quais, em fé, podemos nos apropriar das bênçãos dessa troca. O que Jesus levou na cruz: nossos pecados, maldições, miséria, morte eterna, doenças, dores, traumas e feridas emocionais, não têm mais direito legal sobre as nossas vidas. Devemos rejeitar tudo isso. Jesus se torna o que eu sou para me dar o que é d'Ele. Tudo quanto Jesus se fez na terra e sofreu naquela cruz, era assumindo o meu lugar a fim de me libertar do pecado e suas consequências

Jesus se fez "filho do homem" para que sejamos feitos "filhos de Deus": "Veio para o que era seu, e os seus não o receberam. Mas a todos quantos o receberam deu-lhes o poder de serem feitos filhos de Deus: aos que creem no seu nome" (João 1.11-12). Essa grande troca, irmãos, deve ser objeto da nossa devoção e entrega diárias ao Senhor. Que nos lembremos de agradecer pela Salvação Espiritual que Cristo nos trouxe.

Oração: Querido Aba, Amado Pai, era eu quem deveria estar naquela cruz, mas Jesus se entregou por mim. Quão maravilhoso És, não me canso de repetir e de expressar o quão grande é o Teu amor por mim. Obrigado Senhor, pela grande troca do Calvário. Amém.

Provérbios 8-11

03 JULHO — A GRANDE TROCA II

"e vivo, não mais eu, mas Cristo vive em mim; e a vida que agora vivo na carne vivo-a na fé do Filho de Deus, o qual me amou e se entregou a si mesmo por mim." Gálatas 2.20

Jesus se fez "doença" para que sejamos "sarados": "Verdadeiramente, ele tomou sobre si as nossas enfermidades e as nossas dores levou sobre si; e nós o reputamos por aflito, ferido de Deus e oprimido. Mas ele foi ferido pelas nossas transgressões e moído pelas nossas iniquidades; o castigo que nos traz a paz estava sobre ele, e, pelas suas pisaduras, fomos sarados." Isaías 53.4-5.

Jesus se fez "pobreza" para "suprir as nossas necessidades": "porque já sabeis a graça de nosso Senhor Jesus Cristo, que, sendo rico, por amor de vós se fez pobre, para que, pela sua pobreza, enriquecêsseis." 2 Coríntios 8.9. Jesus "morre a nossa morte" para que "vivamos a Sua vida": "Já estou crucificado com Cristo; e vivo, não mais eu, mas Cristo vive em mim; e a vida que agora vivo na carne vivo-a na fé do Filho de Deus, o qual me amou e se entregou a si mesmo por mim." Gálatas 2.20

Oração: Senhor Deus e Pai, eu profetizo que essa troca me pertence e eu tomo posse dela, em Nome de Jesus. Que haja efeito e as coisas aconteçam conforme diz a sua palavra, em Nome de Jesus. Amém.

A GRANDE TROCA III

04 JULHO

"Que diremos, pois, a estas coisas? Se Deus é por nós, quem será contra nós?" Romanos 8:31

Jesus se faz "derrotado" na cruz para que sejamos "vitoriosos": "Aquele que nem mesmo a seu próprio Filho poupou, antes, o entregou por todos nós, como nos não dará também com ele todas as coisas? Quem intentará acusação contra os escolhidos de Deus? É Deus quem os justifica. Quem os condenará? Pois é Cristo quem morreu ou, antes, quem ressuscitou dentre os mortos, o qual está à direita de Deus, e também intercede por nós. Quem nos separará do amor de Cristo? A tribulação, ou a angústia, ou a perseguição, ou a fome, ou a nudez, ou o perigo, ou a espada? Como está escrito: Por amor de ti somos entregues à morte todo o dia: fomos reputados como ovelhas para o matadouro. Mas em todas estas coisas somos mais do que vencedores, por aquele que nos amou. Porque estou certo de que nem a morte, nem a vida, nem os anjos, nem os principados, nem as potestades, nem o presente, nem o porvir, nem a altura, nem a profundidade, nem alguma outra criatura nos poderá separar do amor de Deus, que está em Cristo Jesus, nosso Senhor!" Romanos 8.31-39

Oração: Obrigado, Senhor, pois o Senhor me dará todas as coisas. Não posso ser acusado, pois o Senhor me justifica. Não posso ser condenado, pois Cristo intercede por mim. As lutas e desafios dessa vida não podem me separar de Ti. Sou mais do que vencedor. Dou-Te graças, Senhor, por tantos e tantos benefícios. Aleluia!

Provérbios 15-17

05 JULHO — OS NASCIMENTOS

"Este foi ter de noite com Jesus e disse-lhe: Rabi, bem sabemos que és mestre vindo de Deus, porque ninguém pode fazer estes sinais que tu fazes, se Deus não for com ele. Jesus respondeu e disse-lhe: Na verdade, na verdade te digo que aquele que não nascer de novo não pode ver o Reino de Deus. Disse-lhe Nicodemos: Como pode um homem nascer, sendo velho? Porventura, pode tornar a entrar no ventre de sua mãe e nascer? Jesus respondeu: Na verdade, na verdade te digo que aquele que não nascer da água e do Espírito não pode entrar no Reino de Deus." João 3.2-5

Jesus entrou na terra pelo "nascimento físico", para que entremos no Reino de Deus pelo "nascimento espiritual". Jesus se revestiu de "um homem", para que sejamos revestidos do "Espírito de Deus": "Mas recebereis a virtude do Espírito Santo, que há de vir sobre vós; e ser-me-eis testemunhas tanto em Jerusalém como em toda a Judéia e Samaria e até aos confins da terra." Atos 1.8

Jesus não apenas morreu em nosso lugar, mas ressuscitou e está vivo. De fato, várias coisas aconteceram quando Ele tomou o nosso lugar, conforme vimos nessa mensagem. Foi uma troca desigual, que demonstra o grande amor de Deus para conosco.

Ele assumiu o seu lugar na cruz para que você desfrute das Suas bênçãos. Você é muito amado por Ele.

Oração: Querido Aba, eu quero usufruir de toda a sorte de bênçãos que já foi conquistada. Peço que sejam liberadas essas bênçãos. Eu quero desfrutar delas. A sua graça está sobre mim. Tua palavra diz que o Senhor é o Deus de toda a graça. Eu te amo, Senhor, em Nome de Jesus. Obrigado. Amém.

A CEIA DO SENHOR

06 JULHO

"Em quem temos a redenção pelo seu sangue, a remissão das ofensas, segundo as riquezas da sua graça" (Efésios 1.7)

A Ceia do Senhor é uma ordenança bíblica do novo testamento a ser praticada por todo cristão. Ela é uma evidência da graça de Deus manifesta a nosso favor. Todas as vezes que consagramos, na Ceia do Senhor, o pão, que é o símbolo do corpo de Cristo, e o vinho ou suco, que é o símbolo do Seu sangue, estamos desfrutando da Sua graça e renovando o Seu mover em nossas vidas. Aleluia! Temos como costume orientar os irmãos a se batizarem primeiro, para depois, então, participarem da Ceia do Senhor. Poderíamos celebrá-la todo domingo, mas para que não sejamos tentados a vê-la como um simples ritual, realizamos todo primeiro domingo de cada mês.

Ao tomarmos a Ceia, devemos olhar para o passado e nos recordar de onde o Senhor nos tirou – da escravidão do pecado, do domínio de satanás e da condenação da lei – e render-Lhe graças por tão grande salvação. Olhar para o presente e nos recordar que estamos em plena comunhão com o Pai pela justificação que nos foi dada mediante o sangue de Cristo. Olhar para o futuro e alimentar a nossa expectativa na glória do porvir da eternidade.

Oração: Senhor, eu me alegro quando participo da Ceia do Senhor. Lembro de onde me tiraste e para onde eu vou. Que privilégio indescritível. Eu oro agradecendo por isso, em Nome de Jesus. Amém.

Provérbios 21-23

07 JULHO — PRIMEIRA FRASE DO CALVÁRIO

"E dizia Jesus: Pai, perdoa-lhes, porque não sabem o que fazem." Lucas 23.34

O perdão é a mais profunda expressão de amor. O Senhor Jesus Cristo se vingou dos seus inimigos se utilizando da única vingança que, de fato, vale a pena praticar. Então, à semelhança do Filho de Deus, eu lhe aconselho a sempre se vingar das pessoas que lhe ofendem e lhe trazem algum tipo de desgosto e tristeza, independentemente do nível de intimidade que elas venham a ocupar na sua vida.

Vingue-se com a vingança de Cristo que é o perdão. Perdoar pode custar muito caro, mas não perdoar custa mais caro ainda. Então, perdoe sempre. Quando alguém não perdoa, torna-se escravo daquele que o ofendeu, da situação envolvida na ofensa e também escravo do passado. Quando se libera perdão, coloca-se a alma à disposição de Deus e então se vive a libertação da mágoa, do ressentimento, do ódio e do desejo de vingança. No reino do espírito, o perdão é manifestado no momento que se abre a boca e se diz: eu libero perdão para "fulano de tal". As emoções ainda permanecem feridas, mas dentro de um processo, que pode levar alguns dias ou semanas, elas serão restauradas. Assim é a cura da ferida nas emoções.

Oração: Senhor Jesus, eu quero seguir agora o teu exemplo e liberar perdão para todos aqueles que me caluniam, perseguem, magoam, maltratam, maldizem... Declaro-os perdoados e oro por eles agora abençoando-os, pedindo perdão ao Senhor por eles. Que eles possam te conhecer como Salvador e Senhor. Obrigado, Senhor. Aleluia!

SEGUNDA FRASE DO CALVÁRIO

08
JULHO

"E disse-lhe Jesus: Em verdade te digo que hoje estarás comigo no Paraíso."
Lucas 23.43

O Senhor Jesus Cristo disse essas palavras a um dos dois malfeitores, que estava crucificado ao seu lado, enquanto o outro blasfemava e escarnecia dizendo: "Se tu és o Cristo, salva-te a ti mesmo e a nós". Lc 23: 39. Dimas, o ladrão arrependido disse: "Senhor, lembra-te de mim quando entrares no teu reino". Lc 23:42. "Porque todos devemos comparecer ante o tribunal de Cristo, para que cada um receba segundo o que tiver feito por meio do corpo, ou bem ou mal." 2 Coríntios 5.10. O maior anseio do cristão deve ser fazer parte do reino do Senhor se qualificando como um vencedor.

Paulo diz, em 2 Co 5.10, que todo cristão se verá diante do tribunal de Cristo para julgamento das suas obras, pois o verdadeiro cristão já nasceu de novo, e automaticamente já é salvo. Esse tribunal é para se receber galardão ou disciplina. Isso deve ser uma motivação a mais para buscar a nossa salvação e mais almas para o Reino. Não sei quanto a você, querido irmão, mas o que mais me importa na vida é chegar naquele grande dia do tribunal de Cristo e ouvir d'Ele: "Servo bom e fiel, foste fiel no pouco, no muito te coloco. Entra no gozo do teu Senhor". Mt 25:23

Oração: Aba, eu peço a Ti unção e a Tua capacitação para fazer o que eu preciso fazer, cumprir o propósito para o qual eu fui criado. Ajuda-me a perseverar nisso. Guia-me, instrui-me sempre que for necessário. Para Tua honra e glória.

Provérbios 27-29

09 TERCEIRA FRASE DO CALVÁRIO
JULHO

"Ora, Jesus, vendo ali sua mãe e que o discípulo a quem ele amava estava presente, disse à sua mãe: Mulher, eis aí o teu filho. Depois, disse ao discípulo: Eis aí tua mãe. E desde aquela hora o discípulo a recebeu em sua casa." João 19.27

A Bíblia diz que o Filho de Deus veio ao mundo para salvar o povo de Deus, descendência de Abraão, Isaque e Jacó. Mas este povo rejeitou Jesus Cristo, não acreditando que Ele é o Messias. Está escrito em João 1.11, 12: "Veio para o que era seu, e os seus não o receberam. Mas a todos quantos o receberam deu-lhes o poder de serem feitos filhos de Deus: aos que creem no seu nome".

Que privilégio termos sido aceitos como filhos de Deus no momento que nos convertemos ao senhorio de Cristo. Você não está só, meu irmão. Você faz parte da família de Deus. Lá na cruz, o Senhor Jesus lhe reconciliou com Deus Pai e lhe tornou filho de Deus, tão amado pelo Pai quanto Ele. Então nunca diga: "sinto-me só; fui abandonado; não tenho valor; ninguém se importa comigo". Disse Jesus: "Amas os meus seguidores como também me amas". João 17.23 NTLH

Oração: Meu Pai, obrigado por me aceitar como Teu filho. Eu também agradeço por me amar como o Senhor ama a Jesus. Quero que uses a minha vida, como forma de gratidão por tudo o que Tens feito por nós. Em Nome do Senhor Jesus! Amém.

QUARTA FRASE DO CALVÁRIO

10 JULHO

"Por volta da hora nona, clamou Jesus em alta voz, dizendo: Eli, Eli, lamá sabactâni? O que quer dizer: Deus meu, Deus meu, por que me desamparaste?"
Mateus 27.46 ARA

O castigo de Deus por causa do pecado do homem caiu sobre Jesus na cruz. Eu e você estamos livres da ira de Deus. Jesus já recebeu a ira de Deus sobre si, para nos livrar de toda culpa e condenação. O que resta para nós é o amor de Deus.

É por isso que o apóstolo Paulo disse, em Efésios 1.3,7, o seguinte: "Bendito o Deus e Pai de nosso Senhor Jesus Cristo, o qual nos abençoou com todas as bênçãos espirituais nos lugares celestiais em Cristo; Em quem temos a redenção pelo seu sangue, a remissão das ofensas, segundo as riquezas da sua graça." Em Romanos 5.8, 9 está escrito: "Mas Deus prova o seu amor para conosco em que Cristo morreu por nós, sendo nós ainda pecadores. Logo, muito mais agora, tendo sido justificados pelo seu sangue, seremos por ele salvos da ira." Bíblia Fiel. Estar abençoado com todas as bênçãos espirituais significa ser alvo do Seu amor, misericórdia, graça, perdão, salvação, cura, libertação, prosperidade, etc.

Oração: Senhor Jesus, sou grato por me livrar da Tua ira. E não fosse o bastante, ainda me abençoou com toda sorte de bênçãos espirituais nos lugares celestiais. Aleluia! Obrigado Senhor!

○ Eclesiastes 1-4

QUINTA FRASE DO CALVÁRIO

"Tenho sede" João 19.28c

11 JULHO

Oh, Jesus! Te entregamos nossas primícias e reconhecemos teus sacrifícios. Nós, como cristãos, devemos exaltar o amor e bondade de nosso Senhor, mesmo nos momentos mais difíceis, como no Calvário. Em que molharam uma esponja em vinagre e, com uma haste de hissopo (pequeno arbusto; pode também significar a lança curta dos romanos chamada de hissos), levaram à boca de Jesus. Vamos recordar o que Ele disse no último dia da festa dos Tabernáculos:

"E, no último dia, o grande dia da festa, Jesus pôs-se em pé e clamou, dizendo: Se alguém tem sede, que venha a mim e beba. Quem crê em mim, como diz a Escritura, rios de água viva correrão do seu ventre. E isso disse ele do Espírito, que haviam de receber os que nele cressem; porque o Espírito Santo ainda não fora dado, por ainda Jesus não ter sido glorificado." João 7.37-39. Que essa frase, irmão, inspire sua entrega e clamor diário pelo Senhor. Que a Palavra viva transforme sua mente e seu dia!

Oração: Senhor, meu Deus, em Nome de Jesus Venha com os Teus rios de águas vivas para me saciar. Tenho sede por mais da Tua presença em mim. Transborda-me para que eu possa saciar a sede de outros, levando a Tua palavra. Pois o Senhor se ofereceu como alimento e água, não apenas material, mas espiritual. Queremos ter uma compreensão espiritual das suas palavras e sacrifícios, Senhor. Abre nossos olhos e ouvidos. Aleluia! Glórias a Deus! Eu tomo posse, pela fé.

Eclesiastes 5-8

SEXTA FRASE DO CALVÁRIO

12 JULHO

"Está consumado" é a tradução da palavra no original do novo testamento, em grego: tetelestai.

O pecado constitui-se numa dívida diante de Deus. Esse documento de dívida consiste em decretos e ordenanças, ou seja, as leis de Deus que violamos. O Senhor Jesus aceitou nosso documento de dívida e também a sua penalidade, que é a morte. Assim, Ele cravou na cruz nossa dívida.

Quando um juiz liberava um criminoso que havia cumprido a sua pena, ele dizia: "Está consumado". Foi exatamente isso que Jesus disse quando concluiu sua obra na cruz. Ele nos libertou de toda culpa e condenação, assumindo a nossa penalidade. Aleluia! Você está livre!

E agora, o que fazemos com essa liberdade? Nos recusamos a entregar nosso tempo, lucro, dons ao nosso Senhor, que nos livrou de tudo? Que entregou a vida por mim e por você? Irmãos, que nosso coração se amoleça e enxergamos com os olhos espirituais a bondade de Cristo conosco – e como devemos retribuir isso como cristãos.

Oração: Pai, eu clamo a Ti, porque eu sei que o Senhor me ouve. O Senhor é comigo e está pronto a me ouvir. Eu peço: leva-me mais perto de Ti. Quero ser íntimo Teu. Eu clamo por isso. Amém.

Eclesiastes 9-12

SÉTIMA FRASE DO CALVÁRIO

13 JULHO

"E, clamando Jesus com grande voz, disse: Pai, nas tuas mãos entrego o meu espírito. E, havendo dito isso, expirou." Lucas 23.46

Em Hebreus 5.8, a Bíblia diz que Jesus aprendeu a obediência por aquilo que padeceu. A Sua humilhação foi a ponto de morrer a morte mais maldita da época, na cruz. Quando um judeu via um criminoso pendurado na cruz, ele cuspia no chão e dizia: "eis aí um maldito de Deus".

Jesus Cristo se fez doença no nosso lugar para nos dar saúde. "levando ele mesmo em seu corpo os nossos pecados sobre o madeiro, para que, mortos para os pecados, pudéssemos viver para a justiça; e pelas suas feridas fostes sarados." 1 Pe 2.24. Foi abandonado na cruz para nos reconciliar com o Pai. "Veio para o que era seu, e os seus não o receberam. Mas a todos quantos o receberam deu-lhes o poder de serem feitos filhos de Deus:" Jo 1.11,12a. Ele se fez pecado para nos tornar justo. Descanse nos braços do Pai e relacione-se com um Deus de amor que não poupou o Seu próprio filho para nos oferecer toda sorte de bênçãos.

Oração: Pai, eu não me canso de Te agradecer. Impossível ficar inerte diante de tantas maravilhas, diante de tanto amor demonstrado através da Tua obra na cruz. Amor que Tu, Aba, tem por mim. Que Jesus tem por mim, e que o precioso Espírito Santo também tem. Eu sou grato por isso. Receba, Senhor, a minha gratidão. Amém.

ENVENENADO

14 JULHO

"Suportai-vos uns aos outros, perdoai-vos mutuamente, caso alguém tenha motivo de queixa contra outrem. Assim como o Senhor vos perdoou, assim também perdoai vós" Colossenses 3:13

A falta de perdão é algo tão prejudicial, que se assemelha a uma pessoa que carrega, numa longa caminhada, uma mochila nas costas contendo carne em estado de putrefação. Ela não está vendo a carne "podre" dentro da mochila nas suas costas, mas o tempo todo está sendo profundamente incomodada pelo odor fétido da carne estragada e em estado de deterioração. Permita-me fazer outra ilustração de quão prejudicial é a falta do perdão. Estou diante de um rato com veneno para matá-lo. Cheio de ódio e raiva contra ele, por saber que é um roedor transmissor de doenças, eu lhe digo: maldito rato, vou acabar com você através desse veneno. Em vez de dar o veneno - "chumbinho" - para o rato, eu mesmo abro a minha boca e consumo. Você sabe muito bem que quem vai morrer serei eu e não o rato.

É isso o que acontece com quem não perdoa o seu ofensor. Então, enchamo-nos do amor de Deus e perdoemos a quem quer que seja, independente do agravo que alguém possa nos fazer.

Oração: Nesse dia, Pai, querido Aba, oro e libero perdão para quem tem me feito mal, me ofendido e caluniado. Eu decido perdoar. Declaro, com a minha boca, que em obediência à tua palavra, que eu perdoo. Eu solto, libero essa pessoa em Nome de Jesus. Amém.

Cânticos 5-8

15 JULHO — A CEIA É PARA VOCÊ

"Agora, pois, já nenhuma condenação há para os que estão em Cristo Jesus."
Rm 8.1

Você é amado, muito amado do Pai! Então, não deixe de tomar a Ceia na sua igreja local todas as vezes que a congregação se reunir para tal. Se você ainda não se batizou nas águas, busque orientação de um irmão mais maduro ou vá ao pastor para ser instruído e preparado para o batismo. Ao tomar a Ceia do Senhor, nunca olhe para si. Contemple o Senhor Jesus na cruz, tome posse do Seu amor e perdão. Sinta-se amado por Ele. Não alimente pensamentos e sentimentos de acusação, culpa ou condenação. A Ceia é para nos alimentar e nos tornar fortes para vencermos o pecado. Se você tem sido dominado por algum tipo de pecado, no momento da Ceia, arrependa-se e tome a Ceia.

Sempre que for tentado a pecar, ou mesmo já tendo cometido algum tipo de pecado, abra a sua boca e declare que você é a justiça de Deus em Cristo e que o pecado não tem domínio sobre você. Com o passar do tempo, verá que está liberto do domínio desse pecado e o seu coração se alegrará, pois essa é uma promessa bíblica. Fazendo assim, você estará vencendo a maior arma do diabo, que é produzir acusação, culpa e condenação no coração do homem. Querido irmão em Cristo, o mover da graça de Deus lhe dá o privilégio de participar da Ceia do Senhor, se alimentar d'Ele e se fortalecer.

Oração: Deus amado, obrigado por dar o privilégio de ser escolhido e chamado para me assentar à tua mesa. Tenho muito prazer em me assentar à tua mesa. Em Nome de Jesus. Amém.

Isaías 1-3

DE VOLTA PARA O PASSADO

16 JULHO

"Disse-lhes Simão Pedro: Vou pescar. Disseram-lhe eles: Também nós vamos contigo. Foram, e subiram logo para o barco, e naquela noite nada apanharam." João 21.3

Existe um binômio usado por Jesus em que Ele chamava as pessoas para estarem com Ele e depois as enviava. O apóstolo Pedro disse: Vou pescar. O que significa "vou pescar"? Nos dias atuais significa lazer, algo gostoso de se fazer, algo prazeroso. No contexto de Pedro, pescar não era lazer, algo gostoso, pelo contrário, significava tribulação, fuga, escape, tentativa de se esquecer dos problemas. Quero dizer em bom e alto som que o exercício do ministério servindo a Cristo foi, é e sempre será o melhor lugar onde possamos estar! "Mas vós sois a geração eleita, o sacerdócio real, a nação santa, o povo adquirido, para que anuncieis as virtudes daquele que vos chamou das trevas para a sua maravilhosa luz." 1 Pedro 2.9.

Conforme 1 Pe 2.9, todo cristão tem um ministério a cumprir, pois cada cristão é um sacerdote da nova aliança em Cristo. Pedro passou por três anos e meio incríveis com Jesus. Anos maravilhosos e abençoados. Os três primeiros anos, normalmente, são de entusiasmo em tudo quanto fazemos: na profissão, no ministério, no casamento, enfim. Pedro se tornou bastante importante com Jesus, pois fazia parte do grupo dos três principais.

Oração: Em Nome de Jesus, Senhor, eu não voltarei atrás. Eu não quero voltar atrás. Peço a tua ajuda, que me auxilies na caminhada para que eu não passe pelo mesmo problema que Pedro passou, a ponto de querer voltar à velha vida. Livra-me, Senhor e guarde-me disso. Amém.

Isaías 4-8

17 JULHO

FRUSTRAÇÃO

"Disse-lhes Simão Pedro: Vou pescar." João 21.3

Ele estava com muita expectativa para o futuro. Porém, em certo momento Jesus diz: serei preso, martirizado e crucificado. Pedro ficou triste ao ouvir essas coisas e começou a replicar e dizer: "não Senhor, não faça isso, o Senhor não pode sofrer dessa forma, o Senhor não merece isso". Logo depois disso, Jesus diz para Pedro: "Para trás de mim, Satanás". Pedro foi tão duramente repreendido pelo Senhor porque ele emprestou a sua boca para o diabo, cujo objetivo era desviar Jesus do foco de ir para cruz redimir o homem do pecado e da morte. Que o Senhor nos guarde de uma situação como essa!

Quando Pedro diz "vou pescar", na verdade ele está dizendo: "não valeu a pena dar a minha vida pra Jesus, para segui-lo, para edificar o Reino de Deus. Estou frustrado, arrasado. Todo esse sacrifício de três anos e meio não valeu a pena. Esses três anos e meio de discipulado com Jesus não valeu a pena. Vivi uma vida atípica, doei-me por completo pelo Reino de Deus seguindo Jesus e agora Ele vai morrer. Expulsei demônios, curei os enfermos, preguei o evangelho, cuidei de vidas, vivi uma vida ativa em prol do Reino, e agora Aquele que é a minha esperança vai morrer".

Oração: Deus, em Nome de Jesus, protege-me Senhor e livra-me de desistir. Quando eu estiver cansado, afadigado, que os sentimentos negativos e contrários não prevaleçam sobre os Teus sonhos e projetos para mim. Que o Teu propósito e vontade sejam maiores e me levem a ir adiante, sem jamais pensar em desistir. Amém.

VALE A PENA

18 JULHO

"Respondeu Simão Pedro: Tu és o Cristo, o Filho do Deus vivo. Disse-lhe Jesus: Bem-aventurado és, Simão Bar-Jonas, porque não foi carne e sangue quem to revelou, mas meu Pai que está nos céus." Mateus 16.16-17

Pedro teve a revelação que Jesus é o Cristo de Deus. Ao negar Jesus por três vezes, ele perde por completo a visão e se torna imediatista, não olhando para promessa da redenção que, para ser cumprida, era necessária a morte de Jesus. Eu lhe pergunto: Tem valido a pena renunciar os seus planos para servir a Jesus, fazer a sua obra, estando na contramão de uma vida normal, ainda que lícita, para cumprimento do propósito de Deus, desgastando-se no apascentamento e discipulado de vidas? A sua visão tem sido imediatista como a de Pedro, querendo resultados hoje, ou você tem olhado para a eternidade? Quando a gente vive o imediato, a gente padece.

Eu não sei quanto a você, mas quanto a mim, tem valido muito a pena. Houve momentos difíceis, como, quando eu e minha família estivemos morando no porão de um prédio de igreja por quatro meses, em um bairro bastante carente, lá na zona leste de SP. Mas valeu a pena perseverar em cumprir o chamado de Deus. Pedro estava com a visão focada no hoje e agora. Se nós não tivermos visão de eternidade, desanimamo-nos, tiramos as mãos do arado, olhamos para trás, e deixamos de priorizar a obra de Deus.

Oração: Deus, Todo-Poderoso, dá-me visão de eternidade, dá-me visão de longo prazo, dá-me visão espiritual. Abre os meus olhos, Senhor, para não deixar me enredar pelas circunstâncias.

Isaías 12-14

19 JULHO — VOU PESCAR

"Disse-lhes Simão Pedro: Vou pescar." João 21.3

O que significa "vou pescar"? Significa que a ressurreição de Jesus, ao invés de afetar positivamente Pedro, afetou negativamente; ao invés de melhorar a sua vida, piorou. Significa também morte ministerial: "eu desisto, eu não tenho credencial para o ministério, eu não fui chamado para isso". Até aqui, Pedro seguia o Senhor Jesus, porém, ainda não havia nascido de novo. Todo aquele que foi encontrado por Cristo, na presente dispensação chamada "dispensação da graça", tem dentro de si a habitação do Espírito Santo. Que privilégio!

Diante disso, desfrute do conforto e consolo do Espírito Santo, o nosso ajudador, fortalecedor, pois Ele veio para nos ajudar a vencer a carne, isto é, a nossa natureza humana decaída. Em Rm 8.26, Paulo afirma que o Espírito Santo assiste a nossa fraqueza, isto é, toda condição mental não renovada pela Palavra de Deus, governada pela carne e manipulada pelos demônios. Eu e você temos o Espírito Santo para nos levar a caminhar debaixo da graça de Deus e vencermos as nossas fraquezas.

Oração: Doce e Consolador Espírito Santo, eu venho pedir o encorajamento, o renovo e o poder para, mesmo em meio às tentações que vêm para me paralisar, fazer desistir e retroceder, seguir adiante. Oro por isso, em Nome de Jesus. Amém. Ajuda-me Senhor!

Isaías 15-19

MAIOR QUE DEUS?

"Disse-lhes Simão Pedro: Vou pescar." João 21:3

20 JULHO

Pedro não se perdoava quando errava. Ele disse que não negaria o Senhor – "ainda que todos te neguem, eu não te negarei" Mt 26:33. A resposta de Jesus diante da afirmação de Pedro não foi: "Que bom Pedro, parabéns, que legal que você está dizendo que não vai me negar". Pelo contrário, Jesus lhe disse: "Antes que o galo cante, três vezes tu me negarás" Mt 26:34. Eu pergunto: Se Jesus disse a Pedro que ele o negaria, porque é que Pedro ficou alimentando sentimento de culpa, uma vez que Jesus já havia revelado o que aconteceria?

Não se perdoar é: considerar-se maior do que Deus, isto é, o seu padrão de espiritualidade e santidade é maior do que o de Deus, pois se a palavra de Deus diz que ele já te perdoou, por que é que você não se perdoa? Quando Pedro disse "vou pescar", todos disseram "nós vamos também"! Porque quem diz "vou pescar" não está se importando com o mal de outrem. Quando estamos mal, agimos precipitadamente e fazendo coisas que não convém! Não aceite estar mal, confidencie-se com seu pastor, seu discipulador, seu líder.

Oração: Obrigado, Jesus, pela tua palavra. Ela me inspira, me alimenta, mas também me alerta e me vacina contra as possíveis adversidades futuras! E mesmo se vierem, o Senhor é o meu ajudador e não me deixará só. Aleluia! Amém! Aleluia! Que segurança saber que o Senhor Jesus estará comigo todos os dias!

Isaías 20-24

21 JULHO — A DIREÇÃO

"Depois disso, manifestou-se Jesus outra vez aos discípulos, junto ao mar de Tiberíades; e manifestou-se assim: estavam juntos Simão Pedro, e Tomé, chamado Dídimo, e Natanael, que era de Caná da Galiléia, e os filhos de Zebedeu, e outros dois dos seus discípulos. Disse-lhes Simão Pedro: Vou pescar. Disseram-lhe eles: Também nós vamos contigo. Foram, e subiram logo para o barco, e naquela noite nada apanharam. E, sendo já manhã, Jesus se apresentou na praia, mas os discípulos não conheceram que era Jesus. Disse-lhes, pois, Jesus: Filhos, tendes alguma coisa de comer? Responderam-lhe: Não. E ele lhes disse: Lançai a rede à direita do barco e achareis. Lançaram-na, pois, e já não a podiam tirar, pela multidão dos peixes." João 21.1-6

Pedro e os demais discípulos não pescaram um peixe sequer. Jesus aparece na praia e dá uma palavra. Eles trabalharam a noite inteira e não pegaram nada, ainda que fossem pescadores profissionais. Nós sempre temos o que aprender com Jesus, porque Ele é presciente e onisciente. Nós enxergamos poucos palmos à frente dos olhos, Jesus enxerga toda a eternidade. Quando Jesus dá uma palavra, a coisa funciona.

Ao lançarem a rede para banda direita do barco, ela veio cheia de peixes grandes e pequenos, tantos que quase se rompeu. Cento e cinquenta e três grandes peixes, sem contar os pequenos. Aleluia! É isso que o Senhor fará por você!

Oração: Deus Todo Poderoso, neste dia, eu oro dizendo que vou seguir a tua direção. Aquilo que o Senhor falar, eu vou fazer, eu não vou pensar duas vezes. Decido crer que o Senhor sabe o que fala e faz. Em Nome de Jesus. Aleluia!

VAMOS COMER

22 JULHO

"Disse-lhes, pois, Jesus: Filhos, tendes alguma coisa de comer? Responderam-lhe: Não. E ele lhes disse: Lançai a rede à direita do barco e achareis. Lançaram-na, pois, e já não a podiam tirar, pela multidão dos peixes." João 21.5-6

Logo depois, Jesus serve pão e peixe a Pedro e aos demais. Numa situação difícil, o melhor é chamar para uma refeição. No mundo dos negócios existe essa estratégia de se chamar para uma refeição, para se fechar um contrato ou uma negociação, e foi Jesus quem a inventou.

Agora vem o discipulado de Jesus para Pedro. Esse Pedro diminuído, deprimido, esmagado, sem paciência, como morto-vivo, confuso, frustrado, auto acusado, atemorizado, preocupado. Na mesa, à beira mar, Jesus questiona Pedro dizendo: "Pedro, tu me amas"? Pedro estava inseguro, com medo, ansioso porque havia negado Jesus, e a sua esperança havia morrido. Se você se sente sem condições de servir no Reino de Deus, desprovido de recursos financeiros, de capacidade, quero lhe dizer que Ele credencia você e não o dispensa. Ele lhe diz em João 15.16: "Não fostes vós que me escolhestes a mim; pelo contrário, eu vos escolhi a vós outros e vos designei para que vades e deis fruto, e o vosso fruto permaneça; a fim de que tudo quanto pedirdes ao Pai em meu nome, ele vo-lo conceda."

Oração: Senhor Jesus, obrigado por não desistir de mim. Obrigado pelas novas chances, que sempre me dá, sempre que preciso. Conforta-me e encoraja-me a prosseguir saber que o Senhor é longânimo, e não desistirá de mim. Aleluia, Senhor!

Isaías 29-31

23 JULHO — VOCÊ FOI ESCOLHIDO

"Disse-lhe terceira vez: Simão, filho de Jonas, amas-me? Simão entristeceu-se por lhe ter dito terceira vez: Amas-me? E disse-lhe: Senhor, tu sabes tudo; tu sabes que eu te amo. Jesus disse-lhe: Apascenta as minhas ovelhas." João 21:17

Na língua grega, a pergunta de Jesus era "ágape", isto é, tu me "ágape"? Pedro responde: Senhor eu gosto de você, isto é, eu lhe "phileo". Pedro está sendo sincero. Apesar da resposta de Pedro ser "eu gosto do Senhor", ainda que Jesus lhe perguntasse se Pedro o amava incondicional e sacrificialmente, ainda assim o Senhor lhe disse: "Eu conto com você, apascenta as minhas ovelhas". Mesmo com as nossas limitações e falhas, o Senhor nos aceita e conta conosco.

Por duas vezes Jesus pergunta para Pedro, "tu me amas"? Na terceira vez, Jesus pergunta "você gosta de mim"? Pedro responde: "Senhor, eu gosto de ti", por duas vezes, na terceira, ele acrescenta: "Senhor, tu sabes de todas as coisas, tu sabes que gosto de ti". Nas três vezes, Jesus lhe diz: "Apascenta as minhas ovelhas". Ele aceita você com todas as suas limitações, debilidades, imperfeições, aleijumes de personalidade, defeitos de caráter. Contudo, Ele nunca me disse: "Pare de apascentar as minhas ovelhas, pare de fazer a minha obra".

Oração: Pai, em nome de Jesus, eu agradeço a Ti por teres me escolhido sabendo de todas as minhas limitações, debilidades, imperfeições. Obrigado por Teu amor incondicional. Aleluia, Senhor! Amém e amém!

Isaías 32-34

VAMOS COMER

"não nos cansemos de fazer o bem, porque ao seu tempo ceifaremos, se não houvermos desfalecido." Gl 6.9

24 JULHO

Não abandone o propósito de servir a Deus, pois Ele conta com você. Não permita o engano de achar que você não tem valor, domine o seu coração. Ele não desistiu de Pedro, ainda que esse o houvesse negado por três vezes antes que o galo cantasse. O Senhor Jesus Cristo ama você e está lhe dizendo: "Eu não desisto de você! Você é muito precioso aos meus olhos. Dei, espontaneamente, a minha vida na cruz para com você me relacionar. Esqueça-se das coisas ruins do seu passado, pare de se culpar, tome posse do meu perdão. Eu lhe amo tanto a ponto de me entregar a morte de cruz no seu lugar. Há esperança para sua vida. Olhe para o alto, pois de mim vem o seu socorro".

Já aconteceu com você de alguém lhe dizer que estaria sempre contigo, que não o abandonaria e, no entanto, de repente, deixa-lhe e o abandona? Caso aconteça dessa pessoa voltar, o que você diria para ela? Espero que você diga o mesmo que o Senhor lhe diz: "Eu conto com você! Que bom que você está aqui"! Sejamos como Cristo na vida uns dos outros.

Oração: Senhor, eu vou prosseguir. Eu não vou desistir. Eu Te amo. Mesmo que eu tenha pouca força, eu não quero Te negar, e nem desistir. Dá-me a Tua força, Senhor. Renova-me. Em Nome de Jesus. Creio que estás comigo e vais me ajudar. Obrigado Aba. Amém.

Isaías 35-37

25 JULHO — AME O OUTRO

"Amai-vos cordialmente uns aos outros com amor fraternal, preferindo-vos em honra uns aos outros." Romanos 12.10

No dia de hoje, vamos falar do amor fraternal que a Bíblia nos exorta a praticar uns para com os outros. Paulo nos exorta, em Romanos 12.10, a amarmos uns aos outros de forma cordial e fraternalmente. Se a Bíblia diz para amarmos, é possível; e isso se deve pelo simples fato de Deus Pai nos ter amado primeiro, dando o Seu Filho por nós. À medida que nos sentimos amados, tanto mais somos constrangidos a amar uns aos outros. Então, não exija amor do seu irmão, pois ele só terá graça para amar você à medida que crescer em revelação acerca do amor paternal de Deus, e isso está diretamente relacionado à maturidade cristã. Em vez de exigir ser amado, ame o seu irmão.

Somos capazes de amar uns aos outros porque Cristo morreu por nós. O apóstolo Paulo fala, em 2 Co 5.14, que o amor de Cristo nos constrange. Constrangimento significa abraçar de tal maneira que não se consegue escapar. O amor de Deus em Cristo nos abraçou no dia em Ele veio ao nosso encontro e nos salvou, de tal maneira que, a partir do novo nascimento, não conseguimos mais nos distanciar do Senhor.

Oração: Eu me rendo, Senhor, ao Teu amor. O Teu amor me constrange. Sou alcançado, a cada dia, por esse amor. Tu me comunicas esse amor a cada amanhecer, através da natureza, através das tuas bênçãos e sobretudo, pela Tua morada em mim. Eu Te amo, Senhor. Aleluia! Amém.

Isaías 38-40

VAMOS COMER

26
JULHO

"Porque estou certo de que nem a morte, nem a vida, nem os anjos, nem os principados, nem as potestades, nem o presente, nem o porvir, nem a altura, nem a profundidade, nem alguma outra criatura nos poderá separar do amor de Deus, que está em Cristo Jesus, nosso Senhor!" Romanos 8.38-39

Quanto mais o cristão se sente amado pelo Pai celestial, tanto mais se sente constrangido a amar os seus irmãos. Somos capazes de amar uns aos outros.. "Já estou crucificado com Cristo; e vivo, não mais eu, mas Cristo vive em mim; e a vida que agora vivo na carne vivo-a na fé do Filho de Deus, o qual me amou e se entregou a si mesmo por mim". Gálatas 2.20. Estamos mortos para o pecado. "Assim também vós considerai-vos como mortos para o pecado, mas vivos para Deus, em Cristo Jesus, nosso Senhor." Romanos 6.11

Porque estamos mortos para o pecado em Cristo Jesus, o pecado não terá domínio sobre nós. Aleluia! Não estou afirmando que não vamos pecar daqui para frente. O que estou dizendo é que, nos considerando mortos para o pecado, ele não terá mais domínio sobre nós, isto é, a nossa vida não será de pecado em pecado, e sim de santidade em santidade.

Oração: Oro a Ti, neste dia, querido Deus. A cada dia que passa, eu aprendo mais a me render a Ti amando-o e o teu amor me constrange a amar o meu irmão.

Isaías 41-43

27 JULHO — DÊ A PREFERÊNCIA

"Sepultados com ele no batismo, nele também ressuscitastes pela fé no poder de Deus, que o ressuscitou dos mortos." Colossenses 2.12

Somos capazes de amar uns aos outros porque ressuscitamos com Cristo e recebemos Sua vida. Ao ressuscitar com Ele, recebemos o "zoe" de Deus — a vida divina que flui em nós através do Espírito Santo, que habita em nós desde o novo nascimento. É o Espírito Santo que nos capacita a amar, e não o nosso esforço próprio, mérito pessoal ou força humana. O amor que demonstramos vem da vida de Deus que flui em nós.

Esse amor é um mandamento da nova aliança: "Um novo mandamento vos dou: Que vos ameis uns aos outros; como eu vos amei a vós, que também vós uns aos outros vos ameis. Nisto todos conhecerão que sois meus discípulos, se vos amardes uns aos outros" (João 13:34-35). Amar uns aos outros é o reflexo da vida de Cristo em nós, um testemunho vivo da nossa nova identidade em Deus. Esse amor não é uma escolha opcional, mas a prova de que somos discípulos de Jesus, evidenciado pela presença do Espírito Santo em nossas vidas. Que possamos sempre viver e praticar esse amor genuíno que vem de Deus.

Oração: Eu declaro que dedicarei esforço e atenção, Senhor, no amor ao meu irmão. Eu creio que amarei aquele que o Senhor tanto ama, tanto quanto a mim. Creio, por isso falo. Capacita-me, Pai Amado, Em nome de Jesus! Amém.

CORDIALMENTE

28 JULHO

"Amai-vos cordialmente uns aos outros com amor fraternal, preferindo-vos em honra uns aos outros". Romanos 12.10.

Paulo está exortando a amarmos uns aos outros com o amor cordial e fraternal. A palavra "cordial" é storge, no grego, que significa o amor familiar com que o pai ama o filho e o esposo a esposa. Já a palavra "fraternal" é "phileo", que significa o amor fraterno, o amor que une amigos.

Preferir, em honra, uns aos outros, é tratar uns aos outros com respeito, dando a primazia a seu irmão, em detrimento de si. É considerar o seu irmão superior a si mesmo, não atentando cada um para o que é propriamente seu. Sejamos sábios e relacionemo-nos em honra, dando honra a quem honra. O mais abençoado é quem derrama a honra na vida do seu irmão, porque quem nos devolve a semeadura da honra é o Senhor Jesus, quando honramos com a atitude correta. A atitude correta é honrar por já se sentir honrado. No seu devocional diário, entregue ao Senhor as primícias já agradecendo pelas honras futuras que você vai dar. Que a vontade de Deus seja feita na vida de cada irmão!

Oração: Senhor, em Nome de Jesus, eu quero derramar honra sobre as vidas de meus irmãos. Dê-me oportunidades para tal. Que o Senhor prepare situações para isso e, sobretudo, que haja em mim, ó Deus, disposição e seja proativo e busque essa oportunidade. Para Tua glória e para que o mundo saiba que sou Teu discípulo, Jesus. Amém.

Isaías 47-49

29 JULHO — DÊ A PREFERÊNCIA

"não cesso de dar graças a Deus por vós, lembrando-me de vós nas minhas orações, para que o Deus de nosso Senhor Jesus Cristo, o Pai da glória, vos dê em seu conhecimento o espírito de sabedoria e de revelação, tendo iluminados os olhos do vosso entendimento, para que saibais qual seja a esperança da sua vocação e quais as riquezas da glória da sua herança nos santos."
Efésios 1.16-18

Não devemos murmurar: "E não murmureis, como também alguns deles murmuraram e pereceram pelo destruidor." 1 Coríntios 10.10. Devemos glorificar a Deus: "Portanto, quer comais, quer bebais ou façais outra qualquer coisa, fazei tudo para a glória de Deus." 1 Coríntios 10.31. Devemos agradecer por tudo: "E não vos embriagueis com vinho, em que há contenda, mas enchei-vos do Espírito, falando entre vós com salmos, e hinos, e cânticos espirituais, cantando e salmodiando ao Senhor no vosso coração, dando sempre graças por tudo a nosso Deus e Pai, em nome de nosso Senhor Jesus Cristo," (Efésios 5.18-20).

A gratidão tem vários benefícios: atrai o milagre da multiplicação sobre o pouco que temos, gera vida onde há morte, elimina o espírito destruidor, santifica o alimento e faz-nos cheios do Espírito Santo.

Oração: Eu declaro, em nome de Jesus: obrigado Senhor. Te agradeço pelo alimento. Pela minha igreja, pelo meu pastor, pelo meu líder. Te agradeço, Senhor, pela minha família. Te agradeço, pai querido, pela minha vida, escolha, chamado, justificação e glorificação. Te agradeço por todas as coisas e benefícios. O Senhor tem me feito muito bem! Sou grato. Em Nome do Senhor Jesus Cristo! Amém! Aleluia!

ORAI UNS PELOS OUTROS

30 JULHO

"E da mesma maneira também o Espírito ajuda as nossas fraquezas; porque não sabemos o que havemos de pedir como convém, mas o mesmo Espírito intercede por nós com gemidos inexprimíveis." Rm 8.26

Estou convencido de que a maneira mais propícia e particular de nos amarmos uns aos outros é nos lembrando uns dos outros em oração. É a manifestação do espírito de sabedoria e revelação que irá abrir os olhos do nosso entendimento, para que saibamos qual a esperança da nossa vocação e as riquezas da glória da nossa herança nos santos. Veja o que Paulo disse: "Peço que Deus abra a mente de vocês para que vejam a luz dele e conheçam a esperança para a qual ele os chamou. E também para que saibam como são maravilhosas as bênçãos que ele prometeu ao seu povo." Efésios 1.18 NTLH.

Seremos conhecidos pelas pessoas, como seguidores de Cristo, à medida que nos amarmos uns aos outros. Amados, mãos à obra amando-nos uns aos outros! Quanto mais amarmos uns aos outros, tanto mais iremos atrair o Mover da Graça de Deus sobre nós, coroando as nossas vidas de êxito, glória e prosperidade. Você é o alvo da graça e do amor de Deus. Deus demonstrou o amor d'Ele por você. Jesus se fez homem e expressou esse amor morrendo por você.

Oração: Nesse dia, Pai, querido Aba, oro para que o Teu amor cresça em mim e entre nós. Que não haja temor, retire o medo da decepção e do desapontamento. Amém.

Isaías 53-56

31 JULHO — O AMOR DE DEUS TE ALCANÇA

"Peço também que, por meio da fé, Cristo viva no coração de vocês. E oro para que vocês tenham raízes e alicerces no amor, para que assim, junto com todo o povo de Deus, vocês possam compreender o amor de Cristo em toda a sua largura, comprimento, altura e profundidade." Efésios 3.17.18 NTLH

Ele atinge a todos. Ele é como um rastreador. O amor de Deus alcança o mais vil de todos os pecadores porque ele é largo, isto é, alcança a todas as pessoas. Aleluia! Noticiou-se, tempos atrás, o caso de uma mulher, falecida há mais de dez anos, ex-feiticeira, que comia coração de crianças pequenas, loiras e de olhos azuis. As crianças eram cerradas ao meio, vivas. A mulher foi presa e recebeu liberdade condicional depois de muitos anos de prisão para apenas passar as noites na cadeia. Se houvesse competição de quem é mais pecador, certamente aquela mulher estaria entre os primeiros colocados. Se Deus perdoou aquela mulher, perdoa você também.

O amor de Deus é graça. A graça ultrapassa a nossa concepção lógica. O relato da história desta mulher traz indignação ao seu e ao meu coração, mas a verdade é essa: O amor de Deus é largo, não faz acepção de pessoas, porque alcança a todos, até ao mais vil pecador. O amor de Deus alcança a todos, alcança a cada um de nós.

Oração: Obrigado, Pai, pelo Teu amor. Por vezes, pode ser difícil entender e compreender o Teu amor, mas quando olho para a cruz e vejo a morte do Teu Filho, Senhor, eu começo a entender. Aleluia!

PERDOADO

01 AGOSTO

"Mas, se andarmos na luz, como ele na luz está, temos comunhão uns com os outros, e o sangue de Jesus Cristo, seu Filho, nos purifica de todo pecado. Se confessarmos os nossos pecados, ele é fiel e justo para nos perdoar os pecados e nos purificar de toda injustiça." 1 João 1.7-9

O amor de Deus abrange todos os tempos da vida do homem até eternidade! Certa vez, um pastor de uma Igreja nos EUA havia caído em adultério. Se submeteu a disciplina da Igreja, mas não se perdoou. Dizia que não tinha mais ministério. O pastor presidente daquela Igreja se perguntava: O que devo fazer para ajudar esse irmão a se perdoar? Teve então uma experiência. Foi ao céu e viu muitos livros que correspondiam à vida das pessoas. Disse então ao anjo:

Quero ver o livro do Pr. "fulano". Quando chegou na página que deveria narrar os pecados do pastor, a página estava em branco. O anjo disse: "As páginas em branco são o resultado do sangue de Jesus que purifica de todo pecado".

Fazendo aplicação à nossa vida: O diabo olha o seu passado, vê todos os seus pecados e lhe acusa. Deus olha o seu passado, mas não vê os seus pecados porque Ele enxerga o sangue de Cristo que lhe purifica de todo pecado.

Oração: Preciso da revelação da imensidão do teu perdão. Quão profundo é o teu amor por mim, a ponto de perdoar pecados tão graves e sérios. Me ensine, em Nome de Jesus.

Isaías 60-63

02 AGOSTO — DIMENSÕES DO AMOR DE DEUS

"Quem intentará acusação contra os eleitos de Deus? É Deus quem os justifica." Romanos 8:33

Martinho Lutero, o grande reformador da igreja, estava orando e, de repente, um anjo se apresentou para ele mostrando uma lista de pecados que ele havia praticado no seu passado. Ele discerniu que era um demônio se transfigurando como se fosse um anjo de luz. Abriu a sua boca, lhe repreendeu, e o demônio desapareceu.

Essas dimensões do amor de Deus: largo (alcança todas as pessoas), e comprido (alcança o passado presente e futuro), se manifestam exatamente porque o mover da Graça de Deus está liberado para todos quantos creem em Jesus Cristo como único e suficiente salvador. A graça de Deus está totalmente disponibilizada ao seu favor para lhe proporcionar paz e alegria, pois todos os seus pecados já foram perdoados (inclusive os seus pecados futuros) e você está purificado pelo sangue de Cristo. Não quero, com isso, dizer que você tem licença para pecar deliberadamente. Sabemos pela palavra de Deus que não há quem não peque. Louvado seja o Senhor pelo mover da Sua graça a nosso favor, motivo pelo qual podemos nos relacionar com um Deus amoroso que nos permite um relacionamento de intimidade com Ele, pois os nossos pecados estão perdoados pelo sangue de Seu Filho Jesus Cristo, o nosso querido salvador.

Oração: Senhor, perdoaste os meus pecados, deles não se lembra mais, deu-me uma vida nova e digna, coroada de bênçãos e de favores. Quão grande e maravilhoso és pra mim, Deus de amor. Amém.

DO ALTO

03
AGOSTO

"Porque pela graça sois salvos, por meio da fé; e isso não vem de vós; é dom de Deus. Não vem das obras, para que ninguém se glorie." Efésios 2.8-9

A altura fala da graça de Deus, isto é, favor imerecido. É a altura entre a terra e o céu. Significa que o filho de Deus se fez homem e veio habitar entre nós. Graça é uma atitude, uma escolha que se faz. Um filho pega o carro do pai, às escondidas, e bate no muro do vizinho, derrubando o muro e o portão automático de bronze, banhado a prata, cujas dobradiças e maçaneta são de ouro maciço. O carro fica completamente destruído, o chamado "PT". Três atitudes que o vizinho pode ter: Primeira: Ser justo – vou falar com seu pai e ele tem que me pagar o prejuízo. Segunda: Ser misericordioso – eu arrumo o meu muro o e meu portão, e seu pai arruma o carro. Terceira: Ser gracioso – eu vou arrumar o muro e o portão, consertar o carro de seu pai, vou lhe ensinar a dirigir no meu carro e lhe dar um carro novo de presente. Graça é algo que não é simplesmente humano. Quem é a Graça? A Graça é Jesus.

Oração: Senhor, em Nome de Jesus. Eu te agradeço pelo teu favor imerecido. Obrigado pela tua graça O que seria de mim senão fosse a tua graça infinita... Que eu cresça na tua graça, a conheça mais e mais para desfrutar dela e para ser gracioso com os meus irmãos e com todos ao meu redor. Amém.

Jeremias 1-3

04 AGOSTO — NÃO TEM LÓGICA

"sendo justificados gratuitamente, por sua graça, mediante a redenção que há em Cristo Jesus" Romanos 3:24

A Graça de Deus vai além do nosso entendimento limitado! Quero falar sobre a extraordinária loucura da Graça de Deus. Nem eu, nem você merecemos nada, mas, por meio de Cristo, a Graça nos faz merecedores. Imagine uma criança pedindo uma moedinha no semáforo e recebendo um carro — isso parece ilógico, mas é exatamente o que a Graça representa.

Não se contente em pedir apenas a salvação de Deus. Deseje também cura, libertação, prosperidade, milagres, restauração da família, e tudo mais que Ele tem para oferecer. Seja um filho faminto por tudo que a Graça de Deus pode proporcionar. Tudo o que é de Deus é seu, por herança. Pense em um menino que, ao pedir dez reais, recebe dez mil. Ele falaria sobre esse ato generoso para sempre! Agora, pense no que Deus fez por você: Ele lhe deu Jesus Cristo! E, por isso, nossa missão é falar d'Ele por toda a vida, testemunhando a imensidão da Sua Graça a todos ao nosso redor. Deus nos abençoa além da medida humana para que possamos viver e compartilhar essa verdade com todos.

Oração: Deus, querido e eterno, obrigado por Tua graça. Tua graça me envolve, me encoraja, me inebria, me estimula a prosseguir. Tua graça me apaixona. Eu não me canso dela, do contrário, todas as vezes que penso nela, eu sou renovado. Aleluia! Aleluia! Glórias a Ti Senhor, pela Tua graça.

AMOR PROFUNDO

05 AGOSTO

"Quem ama é paciente e bondoso; Quem ama não é ciumento, nem orgulhoso, nem vaidoso; Quem ama não é grosseiro, nem egoísta; Quem ama não fica irritado, nem guarda mágoas; Quem ama não fica alegre quando alguém faz uma coisa errada, mas se alegra quando alguém faz o que é certo; Quem ama nunca desiste, porém suporta tudo com fé, esperança e paciência." 1 Coríntios 13.4-7 NTLH

Significa que ele toca o mais profundo do coração, de forma completa, além de ser perdoador. Lembro-me do profeta Oséias. Ele perdoou quatro vezes a sua esposa traidora e foi buscá-la no prostíbulo a mando de Deus. O perdão é uma das maneiras mais profundas de demonstrar o amor, sobretudo o amor espiritual. E Deus nos ensina isso nas Escrituras.

O nosso Deus é um Pai de amor. A essência do Seu caráter é o amor, por isso, Ele não tem problema com autoestima. Ele perdoa tantas vezes quantas haja arrependimento. Você é amado de uma maneira sobrenatural, porque alguém morreu por você. Ele é Jesus Cristo. Quanto mais você se sentir amado, tanto mais irá repudiar o pecado e desfrutar de uma vida de intimidade com o Pai. Com a compreensão do amor de Cristo, nos valorizamos espiritualmente.

Oração: Eu confesso, Jesus, o seu amor por mim. Desfruto e usufruo desse amor. Quero que o Senhor me dê revelação pelo Espírito, desse amor. Quero sentir de forma intensa e profunda, quero compreender o quão profundo ele é, por mim e pelos meus amados. Em Nome do Senhor Jesus Cristo! Amém! Aleluia!

Jeremias 6-8

06 AGOSTO

PAZ

"Tenho-vos dito isso, para que em mim tenhais paz; no mundo tereis aflições, mas tende bom ânimo; eu venci o mundo." João 16.33.

A palavra "paz", na língua grega, é eirene, pois sabemos que o novo testamento foi escrito, originalmente, em grego. Por essa razão, às vezes nos reportamos à língua grega para entender melhor o que o Espírito Santo está falando através das Escrituras Sagradas: a Bíblia. O significado de eirene é: estado de tranquilidade nacional, ausência da devastação e destruição da guerra; paz entre os indivíduos, isto é, harmonia, concórdia; segurança, seguridade, prosperidade, felicidade (paz e harmonia tornam e mantêm as coisas seguras e prósperas); A paz do Messias: o caminho que leva a paz (salvação); O cristianismo: o estado tranquilo de uma alma que tem certeza da sua salvação através de Cristo e, por essa razão, nada temendo de Deus, contente com a porção terrena de qualquer tamanho que seja.

Portanto, paz é um estado de bem-estar e segurança que tem aqueles que estão em Cristo vivendo no Espírito.

Oração: Eu usufruo Senhor da Tua paz. Me alegro nela. Tenho descanso. Através dela, recebo direção, alívio, conforto, consolo... Na quietude, eu a sinto e a percebo melhor. O Senhor me deu a paz como o mundo não a tem, e sou muito privilegiado e grato por esse presente do Senhor para mim. Em Nome de Jesus, obrigado. Amém.

NENHUMA CONDENAÇÃO

"Agora, pois, já nenhuma condenação há para os que estão em Cristo Jesus."
Romanos 8.1 ARA

07 AGOSTO

Adão comeu do fruto da árvore do conhecimento do bem e do mal, o pecado trouxe como consequência imediata a abertura dos olhos de ambos e conheceram que estavam nus. Desenvolveram a consciência de pecado logo após exercerem o livre arbítrio da alma de maneira errada, tendo optado por desobedecer a Deus, consequentemente sentiram vergonha, por isso coseram folhas de figueira para esconderem a nudez. Quando a consciência da alma foi desenvolvida após o pecado, a intuição e a consciência do espírito do homem foram mortificadas. Isso se chama morte espiritual.

Você precisa aprender, o diabo e a má consciência sempre levarão você a se sentir culpado, pois essa má consciência mostra os seus erros e pecados, gerando acusação, culpa e condenação. Eles – sua má consciência e o diabo – vão lhe dizer: você não é o tipo de cônjuge que deveria ser, não é o pai, a mãe, o filho que deveria ser. Mas nada disso deve ser a voz que te guia e determina o que você é: a palavra de Deus é a verdade. E ela diz: nenhuma condenação há para os que estão em Cristo Jesus. Se alegre e tenha paz!

Oração: Obrigado, Senhor Jesus, pelo que fizeste lá na cruz, porque através da tua obra, eu tenho paz e alegria, e já não há condenação para mim. Eu te agradeço. Em Nome de Jesus. Amém.

Jeremias 12-14

08 AGOSTO — EM CRISTO

"Agora, pois, já nenhuma condenação há para os que estão em Cristo" Jesus. Rm 8.31 (ARA)

Quando o Senhor Jesus Cristo foi pendurado na cruz, Ele cravou a sua dívida de pecado nela, pagando o preço pelo seu resgate. Isso se chama redenção. O Seu sangue derramado livra você de toda acusação, culpa e condenação. Mas pastor Dênio Lara, a coisa é simples assim? É meu querido. Basta você crer dessa forma. A crença correta levará você a viver de maneira correta, isto é, sem culpa e condenação. Aquele que conhece a Palavra de Deus, as promessas de Cristo para sua vida, tem a total certeza da sua salvação e purificação. Assim, irmão, busque a intimidade na oração e conheça, diariamente, o que Deus reserva para você.

Há uma passagem no velho testamento que diz que o falso profeta Balaão, contatado pelo rei Balaque para amaldiçoar o povo de Deus, não pôde fazê-lo, pois ele soube pelo Espírito do Senhor que sobre o povo de Deus repousa a bênção. Onde há benção, não há culpa e condenação. Meu amado irmão, encha-se da consciência de Cristo (que livra você de toda culpa e condenação).

Oração: Senhor, eu Te adoro, porque Tu és o meu Deus. É maravilhoso poder saber que sou amado pelo Senhor e que tenho a mente de Cristo, para saber o que Ele sabe, o que Ele pensa por revelação. Que presente precioso e maravilhoso. Em Nome de Jesus. Amém.

NÃO TENHAS MEDO

09 AGOSTO

"No amor não há medo; o amor que é totalmente verdadeiro afasta o medo. Portanto, aquele que sente medo não tem no seu coração o amor totalmente verdadeiro, porque o medo mostra que existe castigo." 1 João 4.18 NTLH

Esse amor que o apóstolo João está se referindo, o qual afasta o medo, é o amor de Deus por nós. Desfrute do amor de Deus e plante amor no seu lar, na sua parentela, no trabalho, na faculdade, na sua célula, na igreja local e por onde você passar. O amor de Deus está revelado em Jesus Cristo. Ele tomou o nosso lugar, pagando o preço pelo nosso pecado, para nos resgatar da maldição da lei, da culpa e condenação ao fogo do inferno – separação eterna de Deus. A maneira pela qual nos libertamos do medo, que rouba a paz dos nossos corações, é através da revelação do amor de Deus.

Quanto mais você se sentir amado pelo Pai, tanto mais descansará nos Seus braços. Quanto mais amor, menos medo. Receba espírito de sabedoria e revelação, e tenha os olhos do seu entendimento iluminados, cheios da luz e da visão espiritual para enxergar o quanto você é amado.

Oração: Espírito Santo, eu descanso em teus braços de amor. As ondas do mar podem se levantar, o vento soprar forte, as crises me cercarem, os inimigos se levantarem contra mim, mas eu não temerei porque o Senhor está comigo, e eu estou em Ti. Amém!

Jeremias 18-21

10 NÃO FIQUE ANSIOSO

AGOSTO

"lançando sobre ele toda a vossa ansiedade, porque ele tem cuidado de vós."
1 Pedro 5.7

A ansiedade ou preocupação é como uma cadeira de balanço do vovô, vai para frente e para trás, mas não sai do lugar. Considerada por muitos como o mal do século, a ansiedade pode ser definida por muitos outros termos no dicionário, mas na prática, só quem sente de verdade esse mal pode traduzir o quão ruim é. Não devemos desqualificar a ansiedade, tampouco subestimá-la. Pode-se considerar como ansiedade a partir do ponto em que você tem uma preocupação, tensão, medo ou pavor e qualquer outro sentimento ruim em excesso. Mas, assim como tudo, a resposta para vencer a ansiedade está em Cristo e na Palavra viva. O apóstolo Pedro diz, em 1 Pe 5.7, que devemos "lançar em Deus toda nossa ansiedade, porque Ele tem cuidado de nós". Na prática, como fazê-lo? A resposta se encontra em Filipenses 4.6: "Não estejais inquietos por coisa alguma; antes, as vossas petições sejam em tudo conhecidas diante de Deus, pela oração e súplicas, com ação de graças."

Oração: Pai, me alegro em Ti. Eu me aquieto em Tua presença, eu Te busco com perseverança, sem desistir. Não desistirei, mas caminharei na direção que me está proposta pelo Senhor. Eu suplico que tudo aquilo que esteja fora do lugar, seja organizado pelo Senhor. Ajuda-me! Tomo posse da Tua paz, que guarda meu coração e sentimentos! Amém

Jeremias 22-24

VENCENDO A ANSIEDADE

11 AGOSTO

"Regozijai-vos, sempre, no Senhor; outra vez digo: regozijai-vos. Seja a vossa equidade notória a todos os homens. Perto está o Senhor. Não estejais inquietos por coisa alguma; antes, as vossas petições sejam em tudo conhecidas diante de Deus, pela oração e súplicas, com ação de graças. E a paz de Deus, que excede todo o entendimento, guardará os vossos corações e os vossos sentimentos em Cristo Jesus." Filipenses 4.4-7

Nesse texto, Paulo está ensinando como vencer a ansiedade ou preocupação: Mantenha-se alegre, pois o Senhor é que deve ser a alegria do cristão e não as coisas ou realizações desse mundo. Não tenho nada contra aos prazeres lícitos e não pecaminosos desta vida, mas a alegria do coração do cristão tem que ser o Senhor, estar no Senhor.

O próximo passo para vencer a ansiedade e preservar a paz é manifestar a temperança, que é fruto do Espírito Santo. Ao exercer a calma, demonstramos que confiamos na força de Cristo em nossas vidas. Isso demanda buscarmos crescer a cada dia em intimidade com o Espírito Santo. Como? Exercendo as disciplinas espirituais: oração, leitura e meditação bíblica frequentes e o jejum.

Oração: Oro, Pai, a Ti, neste instante, proclamo a Tua palavra que diz que Tu estás comigo todos os dias da minha vida. Declaro, em Nome de Jesus, que estou em Ti, e nenhum mal me sucederá, que Tu estás comigo todos os dias. Me deleito em Ti, me alegro em Ti, recebo a Tua paz, a Tua alegria e a Tua direção. Obrigado, Senhor, pelas provisões espirituais e materiais! Recebo em Nome de Jesus!

Jeremias 25-27

12 NÃO SE PREOCUPE

AGOSTO

"Pedi, e dar-se-vos-á; buscai e encontrareis; batei, e abrir-se-vos-á. Porque aquele que pede recebe; e o que busca encontra; e, ao que bate, se abre. E qual dentre vós é o homem que, pedindo-lhe pão o seu filho, lhe dará uma pedra? E, pedindo-lhe peixe, lhe dará uma serpente? Se, vós, pois, sendo maus, sabeis dar boas coisas aos vossos filhos, quanto mais vosso Pai, que está nos céus, dará bens aos que lhe pedirem?" Mateus 7.7-11

Paulo nos ensina a apresentar nossas preocupações ao Senhor em oração e súplica com ações de graças. A consequência disso será a paz de Deus em nossos corações. Tantas vezes quantas houver uma preocupação, apresente-a em oração e súplica – clamor ao Senhor – e a promessa bíblica de Filipenses 4.7 se cumprirá na sua vida, isto é, a paz de Deus guardará o seu coração e sentimentos em Cristo.

Nada honra mais a Deus do que a fé do cristão. A fé é a crença poderosa que Deus está acima de tudo em nossa vida. Que ele é nosso Senhor e Salvador. Fé é acreditar que ele guia nossa vida desde o começo dos tempos. Essa fé será ativada quanto mais acreditarmos que somos amados d'Ele e que Ele se importa conosco, projetando o melhor para nossas vidas.

Oração: Senhor, sou grato pela fé que depositaste em meu coração. Eu creio que através dela eu venço o mundo. Não temo nada. As circunstâncias podem e, por vezes, serão difíceis, adversas, mas eu sou mais que vencedor. Amém.

A ÁRVORE PROIBIDA

13
AGOSTO

"Honra ao SENHOR com a tua fazenda e com as primícias de toda a tua renda; e se encherão os teus celeiros abundantemente, e trasbordarão de mosto os teus lagares." Provérbios 3: 9 e 10

Tudo o que é primeiro é de Deus. O Senhor Deus é um Pai de amor, misericordioso e generoso, que tem prazer em abençoar os seus filhos, porém, Ele não renuncia às primícias. Qual o conceito de primícias? Primícias apontam para o primeiro; primeiras coisas de uma série; começos; prelúdios; os primeiros frutos colhidos; os primeiros animais nascidos num rebanho. A Palavra de Deus diz, em Lucas 6.38, que é dando que se recebe, mas só recebemos de Deus a medida recalcada, sacudida e transbordante, quando entregamos a Ele as primícias. Como exemplo de coisas que pertencem ao Senhor, das quais ele não renuncia, temos a árvore do conhecimento do bem e do mal. O resultado da desobediência do homem em comer do fruto da árvore do conhecimento do bem e do mal foi a trágica morte espiritual com todas as suas consequências. Por isso, peça discernimento a Deus e evite a desobediência. Saiba o que Deus quer que você se distancie.

Oração: Senhor, dá-me sabedoria e discernimento para perceber quando o adversário tenta me derrubar, mas, principalmente, dá-me um coração pronto a obedecer-Te. Em Nome de Jesus, ajuda-me, Pai, a Te honrar, não tocando no que é do Senhor. Amém.

Jeremias 31-32

14 AGOSTO — PRIMEIROS

"Temos também o exemplo do dízimo: Vocês são como os seus antepassados: abandonam as minhas leis e não as cumprem. Voltem para mim, e eu voltarei para vocês. Mas vocês perguntam: 'Como é que vamos voltar?' Eu pergunto: 'Será que alguém pode roubar a Deus?' Mas vocês têm roubado e ainda me perguntam: 'Como é que estamos roubando?' Vocês me roubam nos dízimos e nas ofertas. Todos vocês estão me roubando, e por isso Eu amaldiçoo a nação toda. Eu, o Senhor Todo-Poderoso, ordeno que tragam todos os dízimos aos depósitos do Templo, para que haja bastante comida na minha casa. Ponham-me à prova e verão que Eu abrirei as janelas do céu e farei cair sobre vocês as mais ricas bênçãos. Não deixarei que os gafanhotos destruam as suas plantações, e as suas parreiras darão muitas uvas." Malaquias 3.7-11 NTLH

Pelo ensinamento da justiça de Deus, bem sei que os impedimentos à bênção de Deus sobre o cristão é a consciência de pecado. Porém, não posso deixar de mencionar que imitamos a Deus na Sua generosidade quando não só devolvemos a Ele na Sua obra a primeira "décima parte" dos nossos rendimentos – dízimo – mas também casamos aos dízimos ofertas voluntárias que brotam de corações agradecidos e que demonstram amor à Sua obra. "Separe para mim todo primeiro filho. Todo primeiro filho homem dos israelitas e todo primeiro filhote macho dos animais domésticos são meus. Vocês darão ao Senhor todo primeiro filho homem. Todo primeiro filhote macho também pertencerá a Ele" Êxodo 13.2,12-13 NTLH.

Oração: Pai santo, quero me dedicar a Ti, também, entregando o que é o primeiro. Mais que isso, quero honrar ao Senhor. Dá-me coração para Te obedecer. Em nome do Senhor Jesus! Amém.

PRIMÍCIAS

15 AGOSTO

"Abel, por sua vez, pegou o primeiro carneirinho nascido no seu rebanho, matou-o e ofereceu as melhores partes ao Senhor. O Senhor ficou contente com Abel e com a sua oferta. Caim ficou furioso e fechou a cara." Gênesis 4.4-5 NTLH.

O exemplo das primícias nos ensina sobre a importância de oferecer a Deus o melhor. Abel agradou ao Senhor ao dar o primeiro carneirinho, enquanto Caim teve sua oferta rejeitada porque não entregou das primícias. Esse relato deixa claro que a abundância vem quando oferecemos ao Senhor o que há de melhor. As primícias representam nossa melhor oferta, que deve ser dada com alegria, amor e paixão, nunca com tristeza, angústia ou insegurança. Oferecer ao Senhor é um ato de confiança, reconhecendo que Ele é o dono de tudo. Ele dá e recebe, multiplicando nossos frutos pela fé.

O verdadeiro dízimo é o primeiro e não se limita a dinheiro ou bens materiais, mas também ao nosso tempo, dons e tudo o que Deus nos concede. Quando entregamos as primícias, demonstramos gratidão e confiança na providência divina, acreditando que Ele abençoa e multiplica o que colocamos em Suas mãos. Ofereça o melhor ao Senhor e veja como Ele transforma e multiplica sua vida.

Oração: Deus, eu consagro toda a minha vida como primícias ao Senhor, não somente as minhas finanças por meio da entrega dos dízimos e ofertas, entrego o meu dia. Vou investir diariamente em consagrar minutos, horas em devocional a Ti, consagro o meu coração e toda a minha vida, amém

Jeremias 37-39

16 AGOSTO
PROVISÃO NO DESERTO

"E, depois de jejuar quarenta dias e quarenta noites, teve fome. Chegando o tentador, disse-lhe: Se és Filho de Deus, manda que estas pedras se tornem em pães. Mas Jesus respondeu: Está escrito: Não só de pão viverá o homem, mas de toda a palavra que sai da boca de Deus." Mateus 4.2-4

Lembrem como o nosso Deus guiou vocês pelo deserto esses quarenta anos. Durante essa longa caminhada, Deus os humilhou e os pôs à prova para saber se estavam resolvidos ou não a obedecer aos seus mandamentos. Ele os deixou passar fome e depois lhes deu para comer o maná, uma comida que nem vocês nem os seus antepassados conheciam. Deus fez isso para que soubessem que o ser humano não vive só de pão, mas vive de tudo o que o SENHOR Deus diz.

Em Deuteronômio, o povo de Deus estava no deserto e não tinha absolutamente nenhuma provisão material ou pão. Naquela ocasião, Deus criou o "maná" pelo poder da palavra da Sua boca, e essa provisão foi literalmente material. No livro de Mateus, as escrituras sagradas trazem essa mesma citação quando Jesus estava no deserto. Ele teve fome e não tinha comida, exatamente como os filhos de Israel. Depois de vencer a tentação do diabo, o Senhor Jesus Cristo foi servido pelos anjos de Deus de alimento material.

Oração: Senhor, hoje, eu quero Te agradecer por toda a provisão que já me deste na minha caminhada em meio aos desertos. O Senhor me sustentou e até aqui me ajudou o Senhor. Oro agora, para que o Senhor continue provendo, pois tenho um caminho a trilhar rumo ao cumprimento do propósito que o Senhor tem para mim.

CONHECIDO DE DEUS

17 AGOSTO

"Aí o SENHOR disse: Você viu o meu servo Jó? No mundo inteiro não há ninguém tão bom e tão honesto como ele. Ele me teme e procura não fazer nada que seja errado. No entanto, você me convenceu, e eu o deixei desgraçar Jó, embora não houvesse motivo para isso. Mesmo assim, ele continua firme e sincero como sempre." NTLH Jó 2.3:

Qual a razão de Deus ter levado o Seu povo e também o Seu Filho Jesus para o deserto? Para despertar fome pela Sua presença! Quero fazer uma afirmação ousada: Deus pode permitir uma temporada de deserto sobre uma nação, para que a Sua glória se manifeste nesta nação através da fome da Sua igreja pelo Senhor e pela Sua presença. Ao levar o povo de Israel para o deserto, o Senhor estava provando o coração daquele povo, para saber se havia disposição ou não de obedecê-Lo.

Quando há disposição no coração em obedecer ao Senhor, isso revela fome pela Sua presença, desejo pela Sua intimidade. O Espírito de Deus conduziu Jesus ao deserto para ser tentado pelo diabo. Penso que o Espírito levou Jesus a ser tentado pelo diabo para que o Pai pudesse dar testemunho de Jesus. Quando Deus nos leva para o deserto a intenção é exatamente a mesma: e nos aprovar dando testemunho a nosso respeito.

Oração: Pai, capacita-me, dá-me escape quando vierem as tentações. Que não falte óleo sobre a cabeça e não me falte o coração cheio da Tua palavra para combater a voz do inimigo. Em nome do Senhor Jesus Cristo!

Jeremias 44-46

18 AGOSTO — NECESSIDADES

"porque já sabeis a graça de nosso Senhor Jesus Cristo, que, sendo rico, por amor de vós se fez pobre, para que, pela sua pobreza, enriquecêsseis."
2 Coríntios 8.9

Quais são as suas necessidades? Se canalizarmos as nossas necessidades no Senhor, Ele é um bom Pai e irá fazer a leitura disso como fome. Da mesma forma que supriu a necessidade material tanto do povo de Israel, no deserto, quanto de Jesus, dando pão, igualmente, Ele suprirá as nossas necessidades.

Qual a sua necessidade? Fome (necessidade) de vitória sobre o diabo? "Eis que vos dou poder para pisar serpentes, e escorpiões, e toda a força do Inimigo, e nada vos fará dano algum." Lucas 10. 19. Fome de perdão? "Se confessarmos os nossos pecados, ele é fiel e justo para nos perdoar os pecados e nos purificar de toda injustiça." 1 João 1.9. Fome de justiça? "Bem-aventurados os que têm fome e sede de justiça, porque eles serão fartos;" (Mateus 5.6). Fome de cura? Fome de direção? E, se algum de vós tem falta de sabedoria, peça-a a Deus, que a todos dá liberalmente e não o lança em rosto; e ser-lhe-á dada." Tiago 1.5. Fome financeira? "O meu Deus, segundo as suas riquezas, suprirá todas as vossas necessidades em glória, por Cristo Jesus." Filipenses 4.19.

Oração: Quando medito na Tua palavra, eu fico maravilhado, óh Pai, porque eu vejo que há provisão para absolutamente tudo o que preciso, até mesmo para aquilo que nunca imaginei que precisaria. Quanta sabedoria e presciência! Isso me dá paz e confiança que dará tudo certo! Em Nome de Jesus, oro agradecendo, crendo que já tenho o que necessito e necessitarei.

ELE É TUDO

"E, no último dia, o grande dia da festa, Jesus pôs-se em pé e clamou, dizendo: Se alguém tem sede, que venha a mim e beba." João 7.37

19 AGOSTO

Em Gênesis, Ele é a semente da mulher, vindo suprir a necessidade de vida de Deus. Em Êxodo, o Cordeiro pascal, vindo suprir o perdão. Em Levítico, o Sacrifício Expiatório, vindo suprir expiação como Sumo Sacerdote. Em Números, a Rocha Ferida, vindo suprir a cura das emoções. Em Deuteronômio, o Profeta de Deus, vindo suprir direção. Em Josué, o Capitão dos Exércitos do Senhor, vindo suprir a proteção. Em Juízes, Ele é o Libertador, vindo suprir a libertação. Em Reis e Crônicas, o Rei Prometido, vindo suprir a necessidade de um Reino de Paz. Em Rute, o Parente Divino, vindo suprir uma família. Em Ester, o Advogado Divino, vindo suprir defesa diante do acusador. Em Salmos, Ele é o Socorro bem presente na angústia, vindo suprir consolo. Em Provérbios, a Sabedoria de Deus, vindo suprir discernimento e sabedoria. Em Eclesiastes, o Alvo Verdadeiro, vindo suprir a necessidade da verdade que resiste a mentira. Em Cantares de Salomão, o Amado das nossas almas, vindo suprir amor. Em todos os profetas, Ele é o Messias, vindo suprir restauração.

Nos Evangelhos, Ele é respectivamente Rei, Servo Sofredor, Filho do Homem. Nas Epístolas Paulinas, é a Pedra Angular e a de Esquina, que os construtores rejeitaram. Ele é a Cabeça da Igreja, o Salvador do Corpo, suprindo a salvação do homem. Em Apocalipse, o Alfa e o Ômega, O Deus que supre o Cumprimento do Propósito Eterno de Deus, dando sentido à vida do homem.

Oração: Obrigado, Jesus, porque eu vejo que Tu és tudo o que eu preciso. Amém. Aleluia.

Jeremias 49

20 AGOSTO
NECESSIDADES

"E temos, portanto, o mesmo espírito de fé, como está escrito: Cri; por isso, falei. Nós cremos também; por isso, também falamos," 2 Coríntios 4.13

Quero abordar a importância de falarmos de maneira apropriada, conforme as promessas da Palavra de Deus. O primeiro passo é se ver como Deus lhe vê. Sabe como Deus lhe vê? Ele vê você como justo, tão justo quanto Cristo, por causa do sacrifício de Cristo no seu lugar.

Deus Pai foi agradado completamente por Jesus Cristo. Quando o Senhor Jesus Cristo disse em João 19.30 "tetelestai", isto é: "está consumado", a chamada obra consumada foi aceita pelo Pai para cumprimento da Sua justiça. Deus Pai proveu a salvação do homem pelo Seu amor e justiça. A fonte da salvação é o amor, e a base da salvação é a justiça. Cristo é o amor e a justiça de Deus. Amor porque Ele morreu no lugar da humanidade por substituição. Justiça porque Ele cumpriu a lei de Deus e remiu o homem do pecado.

Diante disso, não olhe para as circunstâncias negativas da vida acreditando nelas. Abra a boca e fale as promessas de Deus contidas na Sua Palavra.

Oração: Creio, por isso falo, neste momento, Senhor Deus. Eu não sou escravo do medo, das doenças, das perdas, das crises, dos fracassos, das derrotas, escassez, nada disso. Eu sou aquilo que a sua palavra diz que sou: próspero, saudável, cheio da vida de Deus, quando caio o Senhor me levanta e não me deixa prostrado. Obrigado Jesus, porque sempre está

Jeremias 50

NÃO MAIS PECADOR

"Àquele que não conheceu pecado, o fez pecado por nós; para que, nele, fôssemos feitos justiça de Deus." 2 Coríntios 5.21

21 AGOSTO

Quando acreditamos que fomos justificados pelo sangue de Cristo, significa que estamos exercendo fé na justiça de Deus. A justiça de Deus é o próprio Cristo. Existem vários versículos no novo testamento que confirmam isso. Meditemos em 2 Co 5.21. Este versículo está dizendo que Cristo não cometeu pecado, mas o Pai o fez "pecado" no nosso lugar, para que através d'Ele nos tornássemos justiça de Deus.

Significa dizer que não tivemos que praticar justiça para nos tornarmos justos. A justiça de Deus, que é o próprio Cristo, nos foi imputado como uma dádiva, isto é, um presente de Deus. Justo é alguém inocente, sem culpa, livre da condenação. Justificação é a obra que o Senhor Jesus Cristo realizou na cruz por nós, nos transformando de pecadores condenados ao inferno a justos destinados ao céu. Aleluia! Consagre suas primícias ao agradecer ao Senhor por ter nos livrado do pecado, da sujeira, da corrupção. Somos limpos pela graça e poder de Deus!

Oração: Senhor, nesse instante eu quero Te agradecer a Tua obra substitutiva, onde eu posso ser justo, sem ter praticado justiça. A minha justiça é a que vem pela fé, no Filho de Deus. Em Nome de Jesus, Te dou graças pela Tua imensa graça agindo em meu favor. Aleluia! Amém.

Jeremias 51-52

22 AGOSTO

VOCÊ É JUSTO

"Pelo que, como por um homem entrou o pecado no mundo, e pelo pecado, a morte, assim também a morte passou a todos os homens, por isso que todos pecaram." Romanos 5.12

O pecado entrou no mundo (humanidade) pela desobediência de Adão. A partir daí, todos os homens se tornaram pecadores. Bastou que Adão pecasse para que nos tornássemos pecadores. Então, todo homem nasce em pecado. Tornamo-nos pecadores logo que fomos gerados no ventre materno, e a única maneira do homem ser perdoado e transformado a justo com direito de vida eterna é pelo novo nascimento, transformando-se em uma nova criatura pela lavagem da Palavra de Deus e regeneração operada pelo Espírito Santo. Isso é chamado de novo nascimento, que é o início e o centro da vida cristã.

Quando acreditamos nisso de todo coração e vivemos com a crença correta de que somos justos, desfrutamos de todos os benefícios que a Bíblia nos promete. O Senhor Jesus Cristo trocou as nossas vestes de iniquidade por Suas vestes de justiça. Aleluia!

Oração: Oh amado Aba, Pai de nosso Senhor Jesus Cristo, como é bom poder Te pertencer. Como é bom saber que o Senhor nos amou a tal ponto de tornar-se a salvação algo simples. A parte mais difícil coube ao Senhor, quando entregou o próprio Filho, tornando-o maldição em meu lugar, e através da fé na morte e ressurreição do Senhor, abriu o caminho para que eu fosse salvo, me tornando assim, justo diante de Ti. Aleluia!

CREIA CERTO

"Sendo, pois, justificados pela fé, temos paz com Deus por nosso Senhor Jesus Cristo;" (Romanos 5.1)

23 AGOSTO

A justificação é pela fé na obra consumada por Cristo na cruz e dispensa qualquer obra da nossa parte. A justificação é um dom dado ao cristão como presente de Deus para que ele possa reinar em vida sobre o pecado, sobre as doenças, sobre as circunstâncias ruins da vida, sobre os demônios, reinar sobre o mundo e também sobre o diabo. Somos mais que vencedores, conforme diz o Apóstolo Paulo: "Mas em todas estas coisas somos mais do que vencedores, por aquele que nos amou. Porque estou certo de que nem a morte, nem a vida, nem os anjos, nem os principados, nem as potestades, nem o presente, nem o porvir, nem a altura, nem a profundidade, nem alguma outra criatura nos poderá separar do amor de Deus, que está em Cristo Jesus, nosso Senhor!" Romanos 8.37-39

Pela desobediência de Adão, todos os homens foram feitos pecadores. Pela obediência de Cristo, todos quantos se convertem a Ele são feitos justos. A crença correta conduz ao viver correto. O Mover da Graça de Deus está totalmente disponível para o cristão que acredita na Sua justificação em Cristo Jesus.

Oração: Deus amado, a Tua bondade para comigo é extravagante. É maravilhoso quando entendo o tamanho da Tua obra que fizeste e colocou a meu dispor, se tão somente eu crer. Ajuda-me, a entender, por revelação, a profundidade disso Pai, para Tua honra e para Tua glória. Aleluia!

Lamentações 3-5

24 AGOSTO — A PROSPERIDADE DO JUSTO

"Bem-aventurado o varão que não anda segundo o conselho dos ímpios, nem se detém no caminho dos pecadores, nem se assenta na roda dos escarnecedores. Antes, tem o seu prazer na lei do SENHOR, e na sua lei medita de dia e de noite. Pois será como a árvore plantada junto a ribeiros de águas, a qual dá o seu fruto na estação própria, e cujas folhas não caem, e tudo quanto fizer prosperará." Salmos 1.1-3

Justo é todo aquele que está em Cristo. Contudo, é necessário que você viva como justo, tome posse da justiça de Deus e viva isto como uma realidade espiritual. Por quê? Porque nem todo cristão salvo vive na qualidade de justo, ainda que seja justo na legalidade, não o é na experiência. Não se veja justo simplesmente do ponto de vista legal, mas também experimental. Pense como justo, ande como justo e persevere como justo. Ore pedindo ao Senhor a revelação da justiça.

A vida do justo é uma vida de prosperidade em todos os sentidos. Ou seja, Deus abençoa o justo de forma que ele está sob a Sua bondade e protegido como um escudo. Abençoar é liberar para prosperar. Aleluia. Querido leitor, creia que ao orar, Deus ouve a sua oração e libera poder para operar um milagre, trazendo salvação, cura e libertação.

Oração: Eu oro, Senhor Jesus, em fé, crendo que o Senhor está ouvindo, portanto, peço-te que libere poder operando milagres, curas e salvações, em mim e em meu grupo de relacionamento. Em fé, eu oro, e Te agradeço. Amém.

Ezequiel 1-4

FALE O QUE VOCÊ QUER VER

25
AGOSTO

"Ora, a fé é o firme fundamento das coisas que se esperam e a prova das coisas que se não vêem." Hebreus 11.1

Não empreste os seus lábios para falar negativamente, falar murmurando, confessando fracasso e derrota. Abra a boca do amanhecer ao anoitecer e, frequentemente, fale o que a Palavra de Deus diz a seu respeito. Renove a sua mente com as verdades da Palavra. Cresça em revelação acerca da sua identidade em Cristo Jesus. Quanto mais você meditar na Palavra de Deus, tanto mais a sua mente será renovada, e tanto mais as suas confissões estarão em linha com o que Deus pensa a seu respeito.

A crença correta conduz ao viver correto. Creia conforme Deus vê você. Ele enxerga você como Cristo. Em Jeremias 29.11, o Senhor diz: "Porque eu bem sei os pensamentos que penso de vós, diz o SENHOR; pensamentos de paz e não de mal, para vos dar o fim que esperais. Só eu conheço os planos que tenho para vocês: prosperidade e não desgraça e um futuro cheio de esperança. Sou eu, o SENHOR, quem está falando." Jeremias 29.11 NTLH. Creia e confesse que você é sarado, e viva como tal.

Oração: Deus amado, eu declaro que, a partir de hoje, só vou abrir a minha boca para falar aquilo que eu quero ver. Não vou confessar derrota, apenas vitórias, promessas, coisas boas. Não vou mais reclamar, murmurar ou falar contra a tua vontade. Amém.

O Ezequiel 5-8

26 AGOSTO
CONFESSE O QUE ACREDITA

"Ora, a fé é o firme fundamento das coisas que se esperam e a prova das coisas que se não vêem." Hebreus 11.1

Creia e confesse que você é mais que vencedor e viva como tal. "Quem nos separará do amor de Cristo? A tribulação, ou a angústia, ou a perseguição, ou a fome, ou a nudez, ou o perigo, ou a espada? Como está escrito: Por amor de ti somos entregues à morte todo o dia: fomos reputados como ovelhas para o matadouro. Mas em todas estas coisas somos mais do que vencedores, por aquele que nos amou." Romanos 8.35-37.

Mais que vencedor é aquele que vence em todas as áreas. Seja indignado e não aceite a derrota diante das promessas de Deus. Essa "santa indignação" nos ajuda a, ao encontrar obstáculos, buscar a Cristo como solução e - consequentemente, como vitória. Onde está a mão e a graça de Cristo, está a vitória.

Assim como Davi em tudo tinha êxito porque Deus era com ele, devemos buscar também a mão do Senhor sobre nossa vida. Somente com a aprovação divina e confessando diariamente nossa submissão a Deus, teremos a vitória em cada área da nossa vida.

Oração: Senhor, eu creio e confesso tudo o que diz a Tua palavra a meu respeito. Sou mais que vencedor, nada poderá me separar do Teu amor, nenhuma condenação há para mim que estou em Cristo. Sou justo aos olhos de Deus, sou próspero porque essa é a herança e destino dos justos aqui na terra. Em Nome de Jesus! Em Nome de Jesus. Amém. Aleluia! Aleluia!

Ezequiel 9-12

MINISTRO DA NOVA ALIANÇA

27 AGOSTO

"Pedi, e dar-se-vos-á; buscai e encontrareis; batei, e abrir-se-vos-á. Porque aquele que pede recebe; e o que busca encontra; e, ao que bate, se abre. E qual dentre vós é o homem que, pedindo-lhe pão o seu filho, lhe dará uma pedra? E, pedindo-lhe peixe, lhe dará uma serpente? Se, vós, pois, sendo maus, sabeis dar boas coisas aos vossos filhos, quanto mais vosso Pai, que está nos céus, dará bens aos que lhe pedirem?" Mateus 7.7-11

O meu Deus, segundo as suas riquezas, suprirá todas as vossas necessidades em glória, por Cristo Jesus." Filipenses 4.19. "porque já sabeis a graça de nosso Senhor Jesus Cristo, que, sendo rico, por amor de vós se fez pobre, para que, pela sua pobreza, enriquecêsseis." 2 Coríntios 8.9.

Creia e confesse que você é ministro da nova aliança, sacerdote de Deus em Cristo, e viva como tal. Como sacerdote de Deus em Cristo, você tem amor de Deus para ministrar aos corações, poder de Deus para curar os enfermos, autoridade para expulsar demônios, graça e unção para salvar os perdidos. Use essa graça espiritual com autoridade, pois a mão de Deus está sobre o cristão que busca força no Pai. Que a nova aliança seja instaurada pela força do espírito!

Oração: Pai, eu declaro que vou receber o que pedir, vou encontrar o que busco e vai abrir-se a porta em que bato. Terei minhas necessidades supridas em glória. Não serei desamparado e nem verei minha descendência mendigar o pão. Serei abençoado e cercado da Tua benevolência. Sou ministro da nova aliança, sacerdote de Deus em Cristo e tenho amor de Deus para ministrar ao coração das vidas. Estou revestido de poder para curar e tenho autoridade para expulsar demônios. Aleluia!

Ezequiel 13-15

28 AGOSTO — MENTE CORRETA

"porque o Reino de Deus não é comida nem bebida, mas justiça, e paz, e alegria no Espírito Santo." Rm 14.17

Creia e confesse que você é bem-aventurado e desfrute dos privilégios do Reino de Deus. Os privilégios do Reino de Deus são justiça, paz e alegria.

Creia e confesse que você é um filho amado, tão amado do Pai quanto Cristo, e viva como tal. "Mas Deus prova o seu amor para conosco em que Cristo morreu por nós, sendo nós ainda pecadores. Logo, muito mais agora, sendo justificados pelo seu sangue, seremos por ele salvos da ira". Romanos 5.8-9. "Eu neles, e tu em mim, para que eles sejam perfeitos em unidade, e para que o mundo conheça que tu me enviaste a mim e que tens amado a eles como me tens amado a mim." João 17.23

Toda ideologia, todo ensino filosófico ou teológico, exige uma prática, produz um perfil e traz consequências. Todo ensino produz dentro de nós a necessidade de uma resposta que se traduz em um comportamento que, por sua vez, compõe nosso perfil e nossa identidade. E todos nós, mesmo que não percebamos, agimos de acordo com alguma ideologia. É ela que determina os valores sobre os quais tomamos as nossas decisões e desenvolvemos nossos comportamentos e preferências. É a base que sustenta a nossa vida.

Oração: Em Nome do Senhor Jesus, eu peço a Ti, Pai, que renove o meu pensamento enquanto leio e medito na Tua palavra. Quero pensar como o Senhor pensa, que eu tenha revelação clara do Teu evangelho e da Tua graça a mim concedida e ministrada em Nome de Jesus Cristo. Amém!

Ezequiel 16-17

AMADO DO PAI

"Quanto ao mais, irmãos, tudo o que é verdadeiro, tudo o que é honesto, tudo o que é justo, tudo o que é puro, tudo o que é amável, tudo o que é de boa fama, se há alguma virtude, e se há algum louvor, nisso pensai." Fp 4.8

29 AGOSTO

Sobre qual fundamento estamos vivendo? Sobre qual base temos edificado nossa vida? Qual o fundamento da nossa fé? Não aceite pensar e meditar naquilo que não está firmado nas verdades da Palavra de Deus. Saiba, a crença correta conduz ao viver correto. O contrário também é verdadeiro, ou seja: a crença errada conduz ao viver errado. Tenhamos a crença correta e, então, prosperaremos em tudo quanto fizermos, pois somos a justiça de Deus por intermédio de Cristo e estamos debaixo do Mover da Sua graça.

Declare várias vezes ao dia: "eu sou amado do Pai e não tenho justiça própria. Tampouco me deprecio, pois sou tão justo quanto Cristo, por causa da obra consumada por Ele na cruz". Entregue, como primícias do seu dia ao Senhor, suas declarações de amor e submissão ao Pai, louvores de adorações ao Senhor de nossas vidas. Que o amor por ele transborde!

Oração: Eu declaro hoje, em Nome de Jesus, que sou amado do Pai. Eu sou amado do Pai. Eu não tenho justiça própria, sou a própria justiça de Deus. Eu declaro isso, em Nome do Pai, do Filho e do Espírito Santo. Esse sou eu! Em Nome de Jesus. Ensina-me e capacita-me a cada dia Senhor! Amém.

Ezequiel 18-20

30 AGOSTO — AGRADANDO A DEUS

"porque o Reino de Deus não é comida nem bebida, mas justiça, e paz, e alegria no Espírito Santo. Porque quem nisto serve a Cristo agradável é a Deus e aceito aos homens." Romanos 14.17-18

É possível ao homem agradar a Deus? Sua benção e favor estão condicionados de alguma forma ao que possamos fazer para agradá-lo? Deus já não foi agradado por Cristo?

Deus Pai agradou-se completamente do sacrifício de Cristo (Is 53:10). Cristo se submeteu completamente à vontade do Pai, expiando de forma completa e eterna os pecados dos homens, de forma que todo aquele que crê, torna-se participante da justiça produzida por Jesus na cruz do Calvário.

O que Paulo está nos dizendo em Rm 14:17-18? Ele está nos dizendo que andar apegado à verdade da obra consumada no Calvário, viver em paz e provar do contentamento e da alegria plena é viver de forma correta.

A justiça de Deus é o próprio Cristo. Viver segundo os princípios do Reino de Deus é viver como Ele viveu, é descansar na obra que Ele fez por nós. Não aceite condenação ou culpa, não seja parado pelas dúvidas que trazem vergonha e pesar. Somos amados por Deus, creia nisso e viverá em paz e frutificará para Glória de Deus.

Oração: Estou purificado, lavado e remido pelo sangue do Cordeiro. Espírito Santo, o Senhor habita em mim e eu agradeço por tudo o que fizeste desde o dia em que veio habitar em mim. Eu sou a tua justiça em Cristo. Eu sou a justiça de Deus. Graças te dou, Senhor por essa verdade! Aleluia!!

AS EXIGÊNCIAS FORAM CUMPRIDAS

31 AGOSTO

"aquele que não conheceu pecado Deus o fez pecado por nós para que nele fôssemos feitos justiça de Deus." 2 Coríntios 5.21

Quando nos convertemos a Cristo Jesus, nascemos de novo e recebemos o dom da Justiça como presente de Deus. Cristo é a Justiça de Deus, tendo cumprido perfeitamente o padrão exigido pela Sua Palavra. Em 1 João 3:5 lemos: "E bem sabeis que ele se manifestou para tirar os nossos pecados; e nele não há pecado." Isso nos mostra que Cristo nunca praticou pecado e atendeu fielmente todas as exigências da lei de Deus.

O ser humano, por si só, é incapaz de cumprir o padrão ético e moral que a lei de Deus exige. Jesus Cristo foi o único que conseguiu cumprir essa lei em sua totalidade. Ele foi gerado pelo Espírito Santo no ventre de Maria, e por isso Sua semente é pura, sem pecado. Somente Ele poderia ser o sacrifício perfeito para nos justificar diante de Deus. Em Cristo, recebemos uma justiça que jamais conseguiríamos alcançar por nossos próprios esforços, porque Ele viveu a vida que não conseguimos viver e nos ofereceu uma nova vida através de Sua perfeita obediência.

Oração: Querido Aba, eu sou grato por ser a Tua justiça em Cristo, porque o Senhor não vê culpa ou condenação em mim. Cristo se fez culpado e condenado em meu lugar, e nele, e através dele, eu sou inocente. Com essa confiança, eu entro em Tua presença pelo novo e vivo caminha que é o sangue de Jesus, livre de culpa e de condenação, com liberdade para ter certeza de que o que eu pedir, eu vou receber. Aleluia!

Ezequiel 23-24

01 OBRA CONSUMADA
SETEMBRO

"Está Consumado". Jo 19.30

Aquele que acredita, pela fé, estar justificado pelo sangue de Cristo, e que é tão justo quanto Cristo, não vive debaixo de culpa ou condenação. Não vive mais na corrupção de valores do mundo. Da mesma sorte, não se permite ser dominado pela justiça própria. Esse padrão de vida: livre da justiça própria, da culpa e da condenação, é que vai nos revestir de autoridade espiritual para sermos aprovados pelos homens e consequentemente, exercermos influência espiritual sobre eles e atraí-los das trevas para a maravilhosa luz do Evangelho.

Mãos à obra, querido irmão e leitor! Vivamos debaixo do Mover da Graça de Deus aplicando fé na Sua justiça, exercendo autoridade sobre os homens, sendo aprovados por eles, influenciando-os a seguirem a Cristo. Dando nosso exemplo como seguidores dignos da Palavra de Deus. Pois devemos seguir os mandamentos de Cristo, o Ide, o Amai ao próximo. Somente assim alegraremos nosso Pai e nossas obras serão feitas para a eternidade.

Oração: Senhor, eu tenho bebido e experimentado o Teu mover em minha vida. Dá-me, a cada dia mais, revelação da Tua graça, da Tua obra consumada e da minha identidade em Cristo. Dá-me mais, Senhor Jesus. Dá-me mais. Eu quero mais! Em o Nome do Senhor Jesus Cristo!

Ezequiel 25-27

ALTO PADRÃO DE VIDA

"Está Consumado". Jo 19.30

02 SETEMBRO

Porque morremos para o pecado, podemos viver para a justiça. Viver para a justiça é o que agrada a Deus. Isto é confiar completamente na obra consumada de Cristo no Calvário. Em João 19.30 o Senhor Jesus diz: "Está Consumado". O significado dessa afirmação é que não há necessidade de se fazer mais nada para que o Pai seja agradado, pois Cristo cumpriu todas as coisas. "Aquele que deste modo serve a Cristo é agradável a Deus e aprovado pelos homens." Rm 14.18 ARA. Exercemos influência sobre as pessoas sendo aceitos e aprovados por elas, conforme está escrito em Rm 14.18, quando vivemos de uma maneira que agrada a Deus. Autoridade para edificar o Reino de Deus e expandi-lo só tem, de fato, aquele que agrada a Deus, porque a consequência disso é ter o coração das pessoas inclinado ao Senhor.

O Senhor nos comissionou dizendo: "ide e fazei discípulos" (Mt 28.19). Como proceder para que isso se cumpra? Tendo uma vida que agrada a Deus. Como ter uma vida que agrada a Deus? Vivendo para a justiça. Como viver para a justiça? Acreditando piamente que você está justificado pelo sangue de Cristo.

Oração: Eu sou mais que vencedor! Eu sou mais que vencedor! Eu sou mais que vencedor porque o Senhor já venceu por mim. Está consumado. Estou livre para viver a vida que o Senhor projetou para mim. Uma vida de justiça, de exercício de autoridade e governo no Teu reino. Sou um privilegiado. Aleluia! Obrigado, Senhor!

Ezequiel 28-30

03 SETEMBRO

PADRÃO DE VIDA LIVRE

"Porque, se, pela ofensa de um só, a morte reinou por esse, muito mais os que recebem a abundância da graça e do dom da justiça reinarão em vida por um só, Jesus Cristo." Romanos 5.17

Aquele que acredita, pela fé, estar justificado pelo sangue de Cristo, e que é tão justo quanto Cristo, não vive debaixo de culpa ou condenação. De mesma sorte, não se permite ser dominado pela justiça própria. Esse padrão de vida: livre da justiça própria, da culpa e da condenação, é que vai nos revestir de autoridade espiritual para sermos aprovados pelos homens e consequentemente, exercermos influência espiritual sobre eles e atraí-los das trevas para a maravilhosa luz do Evangelho. Essa é nossa missão e devemos pedir ajuda e clamar a Deus para cumpri-la: levar Cristo para a vida de cada pessoa que conhecemos. Assim, levaremos a liberdade espiritual para elas e as livraremos do mal do mundo.

Mãos à obra, querido irmão e leitor! Vivamos debaixo do Mover da Graça de Deus aplicando fé na Sua justiça, exercendo autoridade sobre os homens, sendo aprovados por eles, influenciando-os a seguirem a Cristo.

Oração: Senhor, eu tenho bebido e experimentado o Teu mover em minha vida. Dá-me, a cada dia mais, revelação da Tua graça, da Tua obra consumada e da minha identidade em Cristo. Dá-me mais, Senhor Jesus. Dá-me mais. Eu quero mais! Em o Nome do Senhor IJesus Cristo!

Ezequiel 31-32

ABRAÃO PAI DA FÉ

04
SETEMBRO

"Ora, o SENHOR disse a Abrão: Sai-te da tua terra, e da tua parentela, e da casa de teu pai, para a terra que eu te mostrarei. E far-te-ei uma grande nação, e abençoar-te-ei, e engrandecerei o teu nome, e tu serás uma bênção. E abençoarei os que te abençoarem e amaldiçoarei os que te amaldiçoarem; e em ti serão benditas todas as famílias da terra." Gênesis 12.1-3

Abraão é o exemplo de um homem que viveu na dependência de Deus. Ele foi desafiado pelo Senhor a deixar seu conforto, sua segurança, sua parentela e caminhar rumo ao cumprimento do propósito de Deus." E creu no SENHOR, e foi-lhe imputado isto por justiça." Gênesis 15.6. Abraão viveu antes da lei instituída por Deus, através de Moisés. Ele teve fé para viver de acordo com a vontade de Deus, praticando Justiça, porque viveu por fé e acreditando na promessa de Deus. Ele foi tido como justo porque creu em Deus. Isso é tudo o que precisamos fazer: Viver por fé. Quando vivemos por fé, agradamos a Deus!

Nada honra mais a Deus do que a fé. Devemos orar, mas não é a vida de oração que agrada a Deus. Devemos jejuar, nos consagrar, disciplinar a nossa carne. Porém, se fizermos tudo isso e muito mais, e não confiarmos em Deus iremos desagradá-Lo.

Oração: Quero Te honrar, ó Pai querido. Quero crescer em fé. Se eu crescer em fé, crescerei em honra. Abraão creu e Te honrou. Eu quero crer cada vez mais, para Te honrar mais. Eu profetizo isso, em Nome do Senhor Jesus Cristo! Aleluia!

Ezequiel 33-35

05 SETEMBRO
SEGUNDO O CORAÇÃO DE DEUS

"E pôs-se o rei Davi em pé e disse: Ouvi-me, irmãos meus e povo meu: Em meu coração, propus eu edificar uma casa de repouso para a arca do concerto do SENHOR e para o escabelo dos pés do nosso Deus, e eu tinha feito o preparo para a edificar. Porém Deus me disse: Não edificarás casa ao meu nome, porque és homem de guerra e derramaste muito sangue. E o SENHOR, Deus de Israel, escolheu-me de toda a casa de meu pai, para que eternamente fosse rei sobre Israel; porque a Judá escolheu por príncipe, e a casa de meu pai, na casa de Judá; e entre os filhos de meu pai se agradou de mim para me fazer rei sobre todo o Israel. E, de todos os meus filhos (porque muitos filhos me deu o SENHOR), escolheu ele o meu filho Salomão para se assentar no trono do reino do SENHOR sobre Israel. E me disse: Teu filho Salomão, ele edificará a minha casa e os meus átrios, porque o escolhi para filho e eu lhe serei por pai." 1 Crônicas 28.2-6

Davi desejou construir casa para Deus. Ele foi um homem sanguinário e o Senhor não lhe permitiu esse privilégio. Deus disse que seria o seu filho Salomão que construiria essa casa como templo de adoração ao Senhor, onde Ele haveria de habitar.

Isso agradou muito o coração de Deus. Construção de casas para Sua habitação aponta para nova aliança em Cristo e Davi teve revelação disso no período da Lei! Que coração! Que espírito sensível à vontade de Deus. Assim são as ações de um homem que esquadrinha o coração de Deus em sua vida!

Oração: Deus, eu quero que o Senhor me ajude a fazer, mais e mais aquilo que Davi desejou fazer e não pôde: edificar casas para Ti. Muito obrigado, Senhor Jesus!

HABITAÇÃO

"Não sabeis vós que sois o templo de Deus e que o Espírito de Deus habita em vós?" 1 Coríntios 3.16

06 SETEMBRO

Na velha aliança, Deus habitava em templos feitos por mãos humanas, mas na Nova Aliança, Deus passou a habitar no coração de todo aquele que se converte ao Senhor Jesus Cristo. Se há algo que agrada a Deus, é um coração totalmente voltado em construir templos para Ele habitar. Davi agradou ao Senhor por se preocupar em construir um templo para Sua habitação. Se queremos agradar ao Senhor, sejamos como Davi, preocupemo-nos em construir casas para Deus habitar.

Querido leitor, você pode estar questionando: Como construir casas para Deus habitar? A resposta é simples: cada pessoa ganha para Cristo se torna um templo da habitação de Deus. Sejamos como Davi, vamos construir casas para o Senhor habitar resgatando vidas para o Seu reino. Quanto mais lugares Deus habitar no mundo, melhor o planeta será. Material e espiritualmente falando, estaremos purificando e restaurando o mundo com o Reino de Deus.

Oração: Pelo teu poder Senhor, testemunharei e falarei da salvação disponível às vidas que se perdem. Elas serão salvas, se renderão à mensagem e ao testemunho e se converterão a Ti. Também serão cheias do Teu poder dínamus e também testemunharão do que o Senhor vai fazer na vida delas. E assim elas se tornarão Tuas habitações, Tuas casas. Eu profetizo isso em Nome do Senhor Jesus Cristo! Aleluia!

Ezequiel 39-40

07
SETEMBRO

ESTÁ DISPONÍVEL

"Ao cumprir-se o dia de Pentecostes, estavam todos reunidos no mesmo lugar; de repente, veio do céu um som, como de um vento impetuoso, e encheu toda a casa onde estavam assentados. E apareceram, distribuídas entre eles, línguas, como de fogo, e pousou uma sobre cada um deles. Todos ficaram cheios do Espírito Santo e passaram a falar em outras línguas, segundo o Espírito lhes concedia que falassem." At 2.1-4

O Pentecostes foi o cumprimento nos dias dos discípulos de uma profecia do profeta Joel, mas hoje também ela é válida e está disponível para você. Ou seja, a força sobrenatural de Cristo está disponível para aqueles que a buscam! Que benção. O quanto temos buscado isso? Entregado nossas primícias e honrando a Deus, que nos deu essa força divina?

Você quer receber mais do Espírito Santo? Quer ser cheio do Espírito? Deus deseja que você seja cheio, mais do que você possa desejar ser cheio. Há um Pentecostes disponível para você. Hoje! Agora! Lembre de sempre agradecer e pedir ao pai pelo fogo dos céus, o fogo divino e espiritual que consome o mal e restaura a vida.

Oração: Eu quero, eu desejo, eu anseio e eu profetizo: venha e derrama sobre mim, Senhor, o Teu Espírito. Derrama do Teu fogo. Derrama da Tua glória sobre mim! Eu quero mais do que a minha própria vida. Vem, doce Espírito! Vem como fogo, como em Pentecostes e enche-me de novo!

PAULO

08 SETEMBRO

"esquecendo-me das coisas que atrás ficam e avançando para as que estão diante de mim, prossigo para o alvo, pelo prêmio da soberana vocação de Deus em Cristo Jesus". Filipenses 3.13b-14

Paulo é exemplo de alguém que usou a vida para agradar a Deus, ele tinha uma paixão de levar o evangelho aos gentios. Ele descreve resumidamente a sua biografia da prisão aos Filipenses no Capítulo 3. Os versículos 5, 7, 9, 13b e 14 mostram o quanto ele se desprendeu de si mesmo e viveu uma vida que agradou ao Pai. Essas colocações de Paulo a seu respeito deixam claro para nós que ele renunciou tudo para cumprir o propósito de Deus. Ou seja, que ele entregou as primícias do seu tempo, da sua vida inteira para o propósito do Reino. O quanto estamos disposto a fazer o mesmo? A abrir mão das nossas vontades... Em Atos 20.24, está escrito a seu respeito: "Mas em nada tenho a minha vida por preciosa, contanto que cumpra com alegria a minha carreira e o ministério que recebi do Senhor Jesus, para dar testemunho do evangelho da graça de Deus." Cristo na vida, Cristo na morte! Cristo sempre! E a vontade do Pai em nossas vidas!

Oração: Senhor, eu me inspiro em Paulo, que teve a revelação do evangelho da graça. Obrigado, Senhor, pela obra que fizeste na vida dele, que é um exemplo de como eu devo viver, crer na graça vivendo como justiça de Deus. Obrigado Senhor pela vida de Paulo e pela Tua santa Palavra. Glórias a Deus!

Ezequiel 44-46

09 UM REFERENCIAL
SETEMBRO

"Ao cumprir-se o dia de Pentecostes, estavam todos reunidos no mesmo lugar; de repente, veio do céu um som, como de um vento impetuoso, e encheu toda a casa onde estavam assentados. E apareceram, distribuídas entre eles, línguas, como de fogo, e pousou uma sobre cada um deles. Todos ficaram cheios do Espírito Santo e passaram a falar em outras línguas, segundo o Espírito lhes concedia que falassem." At 2.1-4

Paulo era um homem culto, nobre, abastado, reconhecido na nação de Israel como autoridade. O capítulo 9 de Atos fala da sua conversão. Ao ser encontrado por Cristo e quebrantado pelo seu amor e graça, ele se esvaziou por completo de si mesmo e se tornou o maior referencial de vida cristã no Novo Testamento. Sejamos como Paulo, esse apóstolo que tanto nos ensinou sobre a vida e prática cristã. Não tenhamos nada mais precioso do que o Senhor Jesus Cristo! Que nossa entrega diária seja apaixonada e intencional!

Só nos movemos na graça de Deus quando O agradamos. Portanto, não é o nosso sacrifício, nossa obra, nossa santidade, nossa espiritualidade, nossa boa vontade que possamos ser ou fazer que agrada a Deus. O que agrada a Deus de fato é viver de maneira correta, isto é, viver para a justiça do Reino.

Oração: Senhor, quero me mover na Tua graça. Não quero viver de acordo com outro padrão, preceito ou modo de pensar. Ajuda-me, ensina-me, inspira-me e capacita-me, em Nome de Jesus. Oro por isso, Senhor, em Nome de Jesus! Amém.

O FAVOR DE DEUS

"De Cristo vos desligastes, vós que procurais justificar-vos na lei; da graça decaístes" Gl 5:4

10 SETEMBRO

O maior privilégio que um cristão deve desfrutar na vida terrena é o favor de Deus. A vontade de Deus é de que todo cristão desfrute desse favor de maneira contínua. Porém, infelizmente, poucos são os que permanecem na posição do favor. Qual a razão de muitos cristãos não desfrutarem desse favor? A resposta se encontra em Gálatas 5.4-5: "Separados estais de Cristo, vós os que vos justificais pela lei; da graça tendes caído. Porque nós, pelo espírito da fé, aguardamos a esperança da justiça". A graça de Cristo é o favor de Deus sobre nós.

Assim também, o cristão está casado com Cristo através da nova aliança, mas se ele vive com base na velha aliança – Velho Testamento – deixa de desfrutar da abundante graça de Deus na sua vida, o que lhe priva de receber o favor do Pai de maneira contínua. Portanto, decaímos da graça quando vivemos segundo a lei. A lei é o favor merecido, e se nos comportamos bem, somos abençoados; mas se nos comportamos mal, recebemos condenação. Assim era a lei de Deus no Velho Testamento. A graça é o favor não merecido (imerecido). O Senhor Jesus Cristo já cumpriu a lei em nosso lugar – Aleluia! – e agora recebemos a bênção de Deus por causa da Sua obediência.

Oração: Senhor, eu me inspiro em Paulo, que teve a revelação do evangelho da graça. Obrigado, pela obra que fizeste na vida dele, que é um exemplo de como eu devo viver, crer na graça vivendo como justiça de Deus. Glórias a Deus!

Daniel 1-3

11 APENAS CREIA
SETEMBRO

"E, se é pela graça, já não é pelas obras; do contrário, a graça já não é graça."
Rm 11.6 RA

Anulamos a justiça de Cristo, que nos proporciona o favor de Deus, quando vivemos na lei. Isso se chama justiça própria ou mérito próprio. A Graça é favor imerecido, enquanto as obras traduzem algum tipo de merecimento. A nossa tendência humana é fugir da dependência e do favor de Deus e, por isso, tentamos fazer alguma obra para merecer a bênção de Deus. Contrariamente ao que maioria dos cristãos pensam, o que interrompe a graça de Deus na vida do cristão não é o pecado, e sim a justiça própria, viver no padrão da lei. O que é viver no padrão da lei? É procurar merecer a bênção de Deus. Os que confiam na sua obediência à lei estão debaixo da maldição de Deus.

Merecer a bênção é confiar na própria capacidade de obedecer à lei, mas isso é impossível humanamente falando. Confiar na sua obediência à lei é estar debaixo da maldição de Deus. O que realmente bloqueia o fluir do favor e da graça de Deus é a justiça própria.

Oração: Eu sou justo e ando na graça! Em sou justo e me movo pela graça. Eu sou justo e me movo, pela fé, na graça. Obrigado, Senhor Jesus, pelo privilégio de andar pela graça. Sou liberto do jugo da Lei. Aleluia!

PECADOR, NÃO MAIS

"Porque eu sei que em mim, isto é, na minha carne, não habita bem nenhum, pois o querer o bem está em mim; não, porém, o efetuá-lo." Rm 7.18 RA

12 SETEMBRO

Justiça própria é o pecador que pretensamente pensa ser justo diante de Deus e, automaticamente, se julga merecedor das bênçãos de Deus. Querido leitor, talvez você esteja questionando: Afinal, não somos justos? Sim! Mas a nossa justiça é única e exclusivamente por causa da obra de Cristo no Calvário e nunca por causa de nós mesmos! Portanto, "Não decaia da graça". Vamos juntos meditar e desfrutar de tudo aquilo que a graça de Deus nos proporciona.

Precisamos reconhecer que ainda temos a carne, e nela não habita bem nenhum. Precisamos rejeitar toda justiça que procede da lei, pois ela é segundo a carne e se chama justiça própria ou mérito próprio. A maioria dos cristãos assume que tem pecado, mas dificilmente assume que, em sua carne, não habita bem algum. Somos tentados a pensar que há coisas boas em nós e, por essa razão, seremos abençoados. A carne é a natureza humana decaída. Herdamos do primeiro Adão. Nascemos de novo no momento que fomos alcançados pela graça de Jesus Cristo, o segundo Adão, porém continuamos sendo habitados por essa natureza decaída, da qual nos livraremos quando partirmos desse mundo. Então, só podemos ser abençoados e desfrutarmos do favor de Deus por causa da obra de Cristo.

Oração: Eu confesso que sou a justiça de Deus em Cristo. Não sou pecador. Obrigado, Pai e Soberano!

Daniel 6-8

13
SETEMBRO

EX-LEPROSO

"Quando, no homem, houver praga de lepra, será levado ao sacerdote. E o sacerdote o examinará, e eis que, se há inchação branca na pele, a qual tornou o pelo branco, e houver alguma vivificação da carne viva na inchação, lepra envelhecida é na pele da sua carne; portanto, o sacerdote o declarará imundo; não o encerrará, porque imundo é. E, se a lepra florescer de todo na pele e a lepra cobrir toda a pele do que tem a praga, desde a sua cabeça até aos seus pés, quanto podem ver os olhos do sacerdote, então, o sacerdote o examinará, e eis que, se a lepra tem coberto toda a sua carne, então, declarará limpo o que tem a mancha: todo se tornou branco; limpo está." Lv 13.9-13

Não precisamos fazer mais nada para sermos agraciados e favorecidos, mas precisamos tão somente crer que a Sua obra foi completa. Simplesmente nos colocarmos na posição de recebedores. Se confiarmos em nossa própria justiça, perdemos o favor. Não podemos e nem devemos substituir a ótica espiritual de Deus pela nossa ótica terrena, ou seja, acreditarmos mais em nós que em nosso Pai. Sempre que acreditamos ser bondosos, que somos parcialmente bons e que há algumas partes boas em nós, somos desqualificados para recebermos o favor de Deus. Assim, dessa maneira, nos distanciamos da mão bondosa do Senhor que aflige os corações entregues a Ele. Em meio as dificuldades, irmãos, dedique as primícias do seu tempo para o Senhor e confie na força Celestial.

Oração: Pai, confesso que não sou bom, não tenho méritos e que tudo o que tenho é pela Tua graça e bondade. Recebo tudo aqui que está disponível nos lugares celestiais em Cristo para mim. Pela fé na Tua graça, que habita em mim. Em Nome de Jesus! Nesse dia, eu tomo posse. Amém.

TOTALMENTE LEPROSO

14 SETEMBRO

"Quando, no homem, houver praga de lepra, será levado ao sacerdote. E o sacerdote o examinará, e eis que, se há inchação branca na pele, a qual tornou o pelo branco, e houve alguma vivificação da carne viva na inchação, lepra envelhecida é na pele da sua carne; portanto, o sacerdote o declarará imundo; não o encerrará, porque imundo é. E, se a lepra florescer de todo na pele e a lepra cobrir toda a pele do que tem a praga, desde a sua cabeça até aos seus pés, quanto podem ver os olhos do sacerdote, então, o sacerdote o examinará, e eis que, se a lepra tem coberto toda a sua carne, então, declarará limpo o que tem a mancha: todo se tornou branco; limpo está." Lv 13.9-13

Temos aqui um exemplo extraordinário que pode servir para ilustrar o quanto a justiça própria é impedimento para o recebimento do favor de Deus. Esse texto fala sobre a lei da lepra. Ela poderia aparecer em várias partes do corpo. Assim, se uma pessoa tivesse lepra na cabeça, era considerada impura. Se tivesse na barba, era impura. Se tivesse em alguma queimadura ou numa ferida, era igualmente considerada impura. Mas se a lepra estivesse no corpo inteiro, a pessoa era declarada limpa pelo sacerdote.

"Portanto, os que estão na carne não podem agradar a Deus." Rm 8.8. Você não é a sua carne, mas deve reconhecer que tem a carne.

Oração: Estou aqui, óh Paizinho querido, novamente. Que privilégio poder saber que não há nada de bom em mim. Que tudo o que há dentro de mim, necessita ser mudado. Em Nome do Senhor Jesus! Amém.

Oséias 1-4

15 NÃO CONFIE EM VOCÊ
SETEMBRO

"Pois ninguém é aceito por Deus por fazer o que a lei manda." Gl 2.16 NTLH

Ninguém que seja nascido de novo planeja o pecado. Pedro não acordou de manhã planejando negar o Senhor Jesus Cristo três vezes. Ele caiu porque confiou na sua maldita carne. Mas sabemos que todos são aceitos por Deus somente pela fé em Jesus Cristo e não por fazerem o que a lei manda. Assim nós também temos crido em Cristo Jesus a fim de sermos aceitos, por Deus, pela nossa fé em Cristo e não por fazermos o que a lei manda. Tanto em Gálatas 2.16 quanto em Filipenses 3.9, o apóstolo Paulo deixa claro que, se fizermos o que a lei manda, ainda assim não iremos agradar a Deus.

Aqueles que andam na lei não guardam realmente todos os mandamentos, mas escolhem alguns que consideram mais importantes e, quando julgam que os cumprem, enchem-se de justiça própria. Sabemos que ninguém é capaz de obedecer à lei integralmente. O único capaz foi o Senhor Jesus Cristo. Ele cumpriu plenamente a lei para nos colocar acima dela, isto é, na graça. Querer agradar a Deus cumprindo a lei é justiça própria.

Oração: Pai, eu oro hoje, pedindo perdão por, muitas vezes, confiar na minha carne. Achar e pensar que sou forte para resistir ao pecado e pensar que eu mereço receber coisas. Em Nome de Jesus. Amém.

NÃO TEMOS MÉRITOS

"Está consumado" Jo 19.30b

16 SETEMBRO

Então, há somente uma saída para estarmos debaixo do favor de Deus: Confiarmos na justiça de Cristo, a qual acessamos através da fé no Seu sacrifício perfeito, pois Ele disse: "Está consumado" Jo 19.30b

Sejamos vigilantes para não alimentarmos a justiça própria e, automaticamente, perdermos o favor de Deus. A justiça própria é uma maneira de dizer que não precisamos da obra de Cristo e que podemos ser aprovados por Deus por nossos próprios méritos. A justiça própria pode assumir muitas faces. Somos constantemente tentados pelo diabo a confiar em nossos méritos, por isso precisamos vigiar.

Jesus Cristo foi tentando em seu período no deserto, mas manteve firme sua convicção no Pai Celestial. Assim devemos ser também, não podemos cair nas armadilhas brilhantes e douradas do mal. As tentações nos provocam e sabem da nossa carnalidade, sabem o que atraem os seres humanos. Mas os olhos, a luz, a mente e o espírito do cristão devem ser diferentes. Ou seja, não pode se encantar por esse mundo de méritos, individualismo, etc. Sejamos firmes com Cristo.

Oração: Pai, eu tenho decidido depositar total confiança na obra da cruz. Declaro, em Nome de Jesus, que sou incapaz e não tenho mérito algum. Confio plenamente na justiça de Cristo. Amém.

Oséias 10-14

17 SETEMBRO — NÃO CONFIE EM VOCÊ

"Quem intentará acusação contra os eleitos de Deus? É Deus quem os justifica." Romanos 8:33

Sempre que nos justificamos, perdemos a justiça que vem de Cristo. Todas as vezes que lutamos para ter razão, manifestamos sinal de justiça própria. Há pessoas que sempre dirão que estão com a razão, que estão certas, não importando o argumento que se use. Se assumem que erraram, afirmam que alguém primeiro errou com elas. O motivo de procurarmos sempre ter a razão e ficarmos magoados uns com os outros é porque pensamos que temos algum mérito em nós mesmos. Os principais sinais de justiça própria são: o ressentimento, o melindre e a amargura. Aqueles que se acham justos e bons não admitem que outros errem com eles, por isso se dão o direito de guardar ressentimento e exigir a justiça. Se você exorta pessoas assim, elas admitem que possuem falhas, mas que, de forma geral, são boas. Possuem erros, mas têm mais virtudes do que falhas. Essa é a condição de muitos crentes, infelizmente. Eles se acham parcialmente justos e bons.

Que o Senhor abra os nossos olhos espirituais e nos livre da justiça própria! Querido leitor! Gostaria de terminar esse capítulo orando com você. Peço-lhe a gentileza de fazer essa oração em voz alta.

Oração: Aba Pai, sonda o meu coração e expurga de mim o que não Lhe agrada. Senhor Jesus, conceda-me espírito de revelação e sabedoria, no pleno conhecimento de Deus, quebranta o meu coração todas as vezes que for tentado a alimentar a justiça própria, e leva-me a descansar na justiça de Cristo, Amém.

IGUAL A JOÃO

"Nisto está o amor: não em que nós tenhamos amado a Deus, mas em que ele nos amou e enviou seu Filho para propiciação pelos nossos pecados." 1 Jo 4.10

18 SETEMBRO

Deus não está interessado em saber o quanto O amamos, até que saibamos o quanto somos amados por Ele. Por quê? Porque ninguém pode amar a Deus se primeiro não tiver a revelação do amor dele. É isso que 1 João 4.10 afirma. O amor aqui mencionado não se refere ao nosso amor por Deus, mas sim ao amor dele por nós. Quanto mais revelação do amor de Deus tivermos, tanto mais seremos constrangidos a amá-Lo e, automaticamente, amar as pessoas. "Disse-lhe Pedro: por que não posso seguir-te agora? Por ti darei a minha vida. Respondeu lhe Jesus: Tu darás a tua vida por mim? Na verdade, na verdade te digo que não cantará o galo, enquanto me não tiveres negado três vezes." Jo 13.37-38.

O apóstolo João era o discípulo a quem Jesus amava. Ele se identifica dessa forma no seu Evangelho. Ele se gloriava em ser amado pelo Senhor Jesus Cristo. Pedro, por outro lado, se gloriava em amar o Senhor e ser capaz de dar a própria vida por Ele. A lei diz: "Amarás o Senhor teu Deus de todo o teu coração, de toda a tua alma, e de todo o teu entendimento e de todas as tuas forças," Dt 6.5. A graça, porém, diz: "Nós o amamos porque Ele nos amou primeiro" 1 Jo 4.19. João é o exemplo do que devemos seguir.

Oração: Como João, eu quero confiar em Ti. Mergulhar no Teu amor, Senhor Jesus. Obrigado por me fazer participante da Tua graça, ensinar-me e capacitar-me a andar na Tua graça. Confiarei em Ti, não em mim. Para Tua honra e glória, em nome de Jesus. Amém.

Amós 1-4

19 SETEMBRO — DECIDA CONFIAR

"Nós o amamos porque Ele nos amou primeiro" 1 Jo 4.19

Confiar em nosso próprio amor pelo Senhor é confiar na carne. Isso é justiça própria, e interrompe a justiça de Cristo que atrai o favor de Deus sobre nós. Pedro representa aqueles que se apoiam em seu próprio amor pelo Senhor e ele rapidamente disse: "Por ti darei a própria vida". Pedro e João representam dois estilos diferentes de vida e de ministério. Pedro se vangloria dizendo que amava o Senhor dando a própria vida. João, pelo contrário, se vangloria dizendo que tinha convicção do quanto se sentia amado. No fim, João estava ao pé da cruz, mas Pedro negou Jesus.

Nesse caso, é melhor nos identificarmos com João e não com Pedro. Não convém que confiemos em nosso próprio amor pelo Senhor, e sim que nos descansemos no amor divino por nós. O nosso próprio amor é lei, mas o amor dele é graça. Um espírito confiante no amor de Deus é leve e conquista o mundo com sua paz, sua alegria, seu amor. Não tem irritação, impaciência e carnalidades.

Oração: Como João, Senhor, eu decido confiar em Ti. Vou mergulhar no Teu amor, e assim, crescerei em confiança e fé para andar debaixo da graça. Viver o melhor e a plenitude do que o Senhor tem para mim. Em nome do Senhor Jesus. Aleluia!

NÃO É TROCA

20 SETEMBRO

"Ora, sem fé é impossível agradar a Deus; porque é necessário que aquele que se aproxima de Deus creia que ele existe, e que é galardoador dos que o buscam." Hb 11.6

A única maneira de agradar a Deus é vivendo pela fé. Quando vivemos pela fé não nos relacionamos com Deus numa base de troca do tipo "toma lá e dá cá". Por falta de entendimento e revelação, podemos viver na base da troca, que pode ser também chamada de meritocracia. Exemplos disso: "eu dou o meu dízimo e Deus me dá a prosperidade". Não quero dizer com isso que não devemos entregar o dízimo. Muito pelo contrário. Porém, não deve ser na base da troca, mas sim, por um ato de gratidão à Deus e generosidade. "Eu dou o meu tempo de oração e Deus me dá a minha bênção". Também não estou dizendo que não devemos orar, pois a base da sua comunhão com Deus é a oração. "Eu dou o meu culto a Deus no domingo e Ele me dá uma semana abençoada". É claro que devemos congregar e não faltar no culto de domingo, e tampouco deixar de participar da reunião da célula. Porém, mais importante do que ir ao culto (o que é muito importante e deve ser praticado por todo cristão) é crer que você já é o templo do Espírito Santo, e que a presença dele está com você e em você em todo o tempo, inclusive quando você está dormindo.

Oração: Senhor, hoje eu ajusto o foco da minha fé. Entendo que não é uma troca. Eu decido fazer por prazer e por amor ao Senhor como gratidão por tudo o que Tens feito a mim. Dá-me mais revelação, em Nome de Jesus. Amém.

Obadias

21 SETEMBRO
ABENÇOADO

"Bendito o Deus e Pai de nosso Senhor Jesus Cristo, o qual nos abençoou com todas as bênçãos espirituais nos lugares celestiais em Cristo". Ef 1.3

Viver na base da troca com Deus, a chamada teologia do relacionamento mercantil com Deus, é não crer que a obra já está consumada. Quando o Senhor Jesus disse na cruz "está consumado" (Jo 19.30 b), significa que não há necessidade de se fazer mais nada para estarmos abençoados, simplesmente basta crer e vivermos descansados nas promessas da nova aliança em Cristo Jesus. Ele é fiel e justo para cumprir as promessas, até aquelas que não fazemos ideia que está em nossas vida, algo que jamais esperamos, mas Deus sabe. Quais? Toda sorte de bênçãos, conforme Paulo diz em Efésios 1.3: "Bendito o Deus e Pai de nosso Senhor Jesus Cristo, o qual nos abençoou com todas as bênçãos espirituais nos lugares celestiais em Cristo." Ef 1.3

Estar abençoado com toda sorte de bênçãos é ter o favor de Deus. E a condição para se ter o favor é reconhecer que não somos merecedores. Esse entendimento só tem quem possui luz sobre a justiça própria. Quando acreditamos que possuímos algum mérito, estamos vivendo na lei.

Oração: Pai Celestial, eu Te agradeço por ter me abençoado com toda sorte de bênçãos. Sei que isso é graça, favor imerecido. Eu sou grato a Ti, alegro-me nisso e encho o meu coração de fé e convicção de que isso é obra totalmente Tua e não tenho mérito algum nisso. Obrigado Senhor! Em Nome do Senhor Jesus! Aleluias!

VIVA NA FÉ

"E é evidente que, pela lei, ninguém será justificado diante de Deus, porque o justo viverá da fé." Gl 3.11

22 SETEMBRO

Quando vivemos pela fé na justiça de Cristo, crendo que a obra está consumada, desfrutamos do favor de Deus, pois a benção prometida a Abraão diz respeito a nós também, isto é, a todos os seguidores de Cristo. Em contrapartida, aqueles que julgam que o merecimento é pela prática das obras da lei, os tais estão debaixo de maldição. Na versão bíblica NTLH (Nova Tradução na Linguagem de Hoje), Gálatas 3.10a, encontra-se traduzido da seguinte forma: "os que confiam na sua obediência à lei estão debaixo de maldição."

Confiar na própria capacidade de obedecer à lei é desprezar o sacrifício de Cristo e isso é literalmente justiça própria, o que impede a bênção de Deus, e mais ainda, coloca o crente debaixo de maldição. Imagino que você deve estar pensado: "Que coisa séria!". Eu diria: "seríssima!". É por isso que muitos cristãos não experimentam o favor de Deus, a Sua abundante graça, e vivem uma vida cristã que não vale a pena ser vivida.

Oração: Senhor Deus e Pai, eu rejeito e renuncio confiar em minha capacidade de obediência. Eu me abro e aceito total e incondicionalmente o que diz a sua palavra, que estou crucificado com Cristo e agora não mais vivo eu, mas Cristo vive em mim. E é essa verdade que me capacita a viver e desfrutar da sua abundante graça. Em Nome de Jesus. Amém.

Miquéias 1-4

23 SETEMBRO — PODER ATRATIVO

"Qualquer que guardar toda a lei, mas tropeçar em um só ponto, tornou-se culpado de todos." Tg 2.10

Estou escrevendo sobre esse assunto exatamente para nos alertar a fugirmos da lei e mergulharmos na abundante graça de Deus, que é favor imerecido. "Qualquer que guardar toda a lei, mas tropeçar em um só ponto, tornou-se culpado de todos". Tg 2.10 O único capaz de cumprir toda a lei foi o Senhor Jesus Cristo. Por isso a lei não teve o poder de amaldiçoá-Lo. Porém, quem não consegue cumprir toda a lei está debaixo de maldição. Diante disso, só há uma saída: viver com fé na justiça de Cristo e desfrutar de toda sorte de bênçãos que Ele conquistou para nós através do Seu perfeito sacrifício no calvário.

Aleluia! Viver na graça significa, necessariamente, viver confiado no favor imerecido. Então, a condição para desfrutarmos da graça é rejeitarmos a justiça própria e reconhecermos que não merecemos coisa alguma. Quando acreditamos que temos algum mérito, caímos na lei, e isso é atrair maldição sobre nós.

Oração: Senhor Jesus Cristo, eu fujo da lei. Renuncio a todo resquício de legalismo em mim. Muda, Senhor, minha teologia e crença errada. Oro em nome do Senhor Jesus Cristo, rejeitando a justiça própria e declaro que estou debaixo da graça e não da lei. Amém.

DOM DA JUSTIÇA

24 SETEMBRO

"Se pela ofensa de um, e por meio de um só, reinou a morte, muito mais os que recebem a abundância da graça e dom da justiça reinarão em vida por meio de um só, a saber, Jesus Cristo." Rm 5.17 RA

Não caia na tentação louca de acreditar que a sua justiça é resultado da sua obediência aos mandamentos. Em vez disso, confesse que a sua justiça é Cristo. "Aquele que não conheceu pecado, Deus o fez pecado por nós, para que nele fôssemos feitos justiça de Deus." 2 Co 5.21 Se Cristo foi feito pecado na cruz, você agora foi feito justiça de Deus nele. Aleluia, sete vezes! O centro do Evangelho é Cristo, em nós, a esperança da glória. Iniciamos a vida cristã através do novo nascimento em Cristo e alcançamos a justificação, pela fé, no Seu sangue. "Pois tu, Senhor, abençoas o justo; tu o circundas do teu favor como de um escudo." Sl 5.12 TB. "Coroas o ano com a tua bondade, e as tuas pegadas destilam fartura." Sl 65.11 RA. "Pois será como a árvore plantada junto às correntes de águas, a qual dá o seu fruto na estação própria, e cuja folha não cai; e tudo quanto fizer prosperará." Sl 1.3. Esses três textos do livro dos Salmos fazem menção do justo. Todas as promessas de Deus foram feitas ao justo.

Exclua, definitivamente, o pensamento equivocado que justo é aquele que supostamente obedece aos mandamentos. O justo é aquele que crê e recebe o dom da justiça em Cristo.

Oração: Aba Pai, Papai querido, a justiça é um dom recebido de Ti. Muito obrigado por esse dom. Eu profetizo que andarei pelo Mover da Sua Graça a meu favor, que é Cristo em mim. Oro a Ti, Papai, para que essa revelação cresça e seja sólida em mim. Em nome do Senhor Jesus Cristo te peço.

Naum 1-3

25 SETEMBRO

CONFESSANDO CONTINUAMENTE

"Se, pela ofensa de um e por meio de um só, reinou a morte, muito mais os que recebem a abundância da graça e o dom da justiça reinarão em vida por meio de um só, a saber, Jesus Cristo." Romanos 5:17

A única maneira de recebermos a justiça é recebendo o dom. A justiça é um dom que recebemos, e não algo que fazemos. Há uma necessidade extrema em aprendermos a perceber a justiça própria e rejeitá-la sempre que ela se manifestar.

Nenhum cristão pode dizer que não possui nenhuma justiça própria. Todos nós temos alguma demanda com Deus. Eu lhe pergunto: Como vencer a justiça própria? Confessando "continuamente": "eu sou a justiça de Deus em Cristo Jesus". Por nossa carne, somos incrédulos, duros e individualistas, o que dificulta nossa razão humana e senso de justiça. Entretanto, o discernimento, a sabedoria – que provêm de Deus, nos auxilia a tomarmos as melhores decisões. Busque a intimidade com o Senhor e receba a sabedoria divina, irmão.

Oração: Como é maravilhoso, Senhor, ter recebido o dom da justiça. Justiça é um presente. Eu confesso que sou abençoado e privilegiado por não precisar confiar em minha justiça, mas na Tua justiça. Eu sou justo porque sou a Tua justiça. Eu sou, mas não fui eu quem fiz, foi o Senhor. Eu apenas cri. Obrigado pelo privilégio de poder usufruir e usar esse dom, amado Jesus.

CONFISSÕES PELA MANHÃ

26 SETEMBRO

"Bendize, ó minha alma, ao Senhor , e tudo o que há em mim bendiga o seu santo nome." Salmos 103:1

Tenho o hábito de fazer algumas confissões logo ao amanhecer de cada dia. São elas: Eu sou feliz porque a minha felicidade está em Cristo. "Que a sua felicidade esteja no SENHOR! Ele lhe dará o que o seu coração deseja." Sl 37.4 NTLH. Eu sou a justiça de Deus em Cristo Jesus. "Aquele que não conheceu pecado, o fez pecado por nós; para que, nele, fôssemos feitos justiça de Deus." 2 Co 5.21. Eu sou próspero e vivo debaixo do favor de Deus. "Pois tu abençoarás o justo; Cercá-lo-ás, Jeová, de favor, como dum pavês". Sl 5.12 TB. Eu sou mais que vencedor. "Mas em todas estas coisas somos mais que vencedores por aquele que nos amou." Rm 8.37. Eu sou sarado e desfruto de plena saúde no corpo e na alma. "Levando ele mesmo em seu corpo os nossos pecados sobre o madeiro, para que, mortos para os pecados, pudéssemos viver para a justiça; e pelas suas feridas fostes sarados. 1 Pe 2.24. Eu sou livre da consciência de pecado, da vergonha, da ansiedade, do medo, da acusação, da culpa e da condenação, "Mas Deus prova o seu amor para conosco em que Cristo morreu por nós" Rm 5.8.

Oração: Oh Pai, eu sou feliz porque a minha felicidade é Cristo. Eu sou a justiça de Deus em Cristo, Eu sou próspero e vivo debaixo do favor de Deus, Eu sou mais que vencedor, eu sou livre do pecado, da vergonha, do medo, da culpa e condenação, amém

Sofonias 1-3

27 SETEMBRO

MINISTROS

"O qual nos fez também capazes de ser ministros dum Novo Testamento, não da letra, mas do Espírito; porque a letra mata, e o Espírito vivifica." 2 Co 3.6

No Velho Testamento, apenas uma entre as doze tribos de Israel exercia o sacerdócio. No Novo Testamento, todos os cristãos desfrutam do privilégio de exercerem o sacerdócio. A nova aliança foi feita entre Deus Pai e o Seu Filho, nosso Senhor e Salvador Jesus Cristo. "Bendito o Deus e Pai de nosso Senhor Jesus Cristo, que nos tem abençoado com toda sorte de bênção espiritual nas regiões celestiais em Cristo." Ef 1.3 RA

O Filho de Deus cumpriu todas as exigências da lei do Velho Testamento, colocando-nos em plena comunhão com o Pai, como herdeiros de Deus e co-herdeiros com Cristo. "Por isso, nenhuma carne será justificada diante dele pelas obras da lei, porque pela lei vem o conhecimento do pecado." Rm 3.20. Há seiscentas e treze leis no Velho Testamento. O único homem capaz de cumprir todas essas leis foi o Senhor Jesus Cristo. A lei foi dada para revelar o pecado do homem. Uma vez revelado o pecado, a lei exige condenação. Todo cristão está favorecido pelo Pai, pois a nova aliança o coloca debaixo da bênção de Deus que nos foi dada pelo sacrifício expiatório de Jesus Cristo.

Oração: Como é maravilhoso, Senhor, ser um ministro da nova aliança. Não ministramos a morte, ministramos vida. Declaramos a tua morte que resulta em vida. Pregamos aos mortos, mas falamos de vida. Obrigado pelo grande privilégio de poder ser usado pelo Senhor, amado Jesus.

Ageu 1-2

PODER SOBRENATURAL

28 SETEMBRO

"Portanto, ide, ensinai todas as nações, batizando-as em nome do Pai, e do Filho, e do Espírito Santo; ensinando-as a guardar todas as coisas que eu vos tenho mandado; e eis que eu estou convosco todos os dias, até a consumação dos séculos. Amém!" Mateus 28:19,20

Aquele cara que negou Jesus por três vezes antes que o galo cantasse, aquele mero pescador afoito, impetuoso, incauto, analfabeto; ao receber poder do Espírito Santo, em Atos capítulo 2 – me refiro a Pedro – pregou e, no primeiro batismo, quase três mil pessoas desceram às águas batismais. É o que eu e você precisamos, de mais poder! Precisamos ter em mente que a Igreja é a extensão de Cristo, o Seu Corpo aqui na terra.

As igrejas constituem o reino de Deus aqui na terra. Como se dá esta expansão no reino de Deus hoje, na prática, de maneira simples de se fazer? Como dar continuidade na obra que os apóstolos iniciaram em Jerusalém, Antioquia e depois se espalhou pelo mundo?

Ao final do terceiro século da era cristã, todo o império romano havia se dobrado diante do poder de Cristo e reconhecido Jesus como Senhor e Salvador. Que coisa tremenda! Os primitivos cristãos não tinham os meios de comunicação que temos hoje. Você sabe, não havia TV, telefone, internet, Whatsapp, ainda assim eles evangelizavam com muita eficiência e consolidavam a fé dos novos convertidos na igreja local. Hoje, temos recursos em abundância, mas falta-nos o mais importante que é o poder dínamus sobrenatural do Espírito Santo.

Oração: Eu quero mais poder, mais dínamus, mais da Tua unção preciosa, Espírito. Eis-me-aqui para receber. Estou disponível! Em Nome de Jesus!

Zacarias 1-5

29 SETEMBRO
MINISTRO DA JUSTIÇA

"O qual nos fez também capazes de ser ministros dum Novo Testamento, não da letra, mas do Espírito; porque a letra mata, e o Espírito vivifica." 2 Co 3.6

O ministério da justiça é o ministério do Novo Testamento, isto é, o ministério da nova aliança. A nova aliança foi feita entre o Pai e o Filho, Jesus Cristo, e toda pessoa que é convertida a Cristo, pelo mover do Espírito Santo, é automaticamente colocada debaixo dessa aliança para receber toda sorte de bênçãos. O Espírito Santo produz vida em todo aquele que está debaixo da nova aliança. A lei do Velho Testamento é a lei de Moisés, que veio para condenar o pecador.

Graças a Deus pelo ministério da nova aliança, pois, através dele, fomos libertos da condenação. Interessante o ensinamento de Paulo, acerca do ministério da condenação, isto é, o ministério do Velho Testamento - que é da letra - apesar de ser o ministério da morte, foi considerado glorioso. Contudo, muito mais excede, em glória, o ministério da justiça, isto é, o ministério da Nova Aliança.

A lei do Velho Testamento é a lei de Moisés para condenação. A lei do Novo Testamento é a lei do Espírito de vida em Cristo Jesus para justificação.

Oração: Senhor, eu me alegro, pois eu era culpado, mas fui tornado inocente. O Teu Espírito habita em mim e hoje eu sou justo. Eu, hoje, oro agradecendo por essa gloriosa e grandiosa obra em minha vida, em Nome de Jesus. Amém.

PROMESSAS

"Se, com a tua boca, confessares ao Senhor Jesus e, em teu coração, creres que Deus o ressuscitou dos mortos, serás salvo. Visto que com o coração se crê para a justiça, e com a boca se faz confissão para a salvação." Rm 10.9-10.

A nova aliança, em Cristo Jesus, nos proporciona incontáveis promessas de bênçãos. Vou mencionar apenas algumas: 1) Sempre que você encontrar, no Novo Testamento, a expressão "em Cristo", sugiro que marque essa passagem, medite e aproprie-se da promessa, pois diz respeito a você. 2) Salvação. 3) A regeneração ou novo nascimento: é o início da vida cristã. Isso se dá pelo efeito imediato da fé, aplicada na nova aliança, em Cristo Jesus. Todos os outros resultados na vida cristã por causa da nova aliança dependem do novo nascimento. 4) Cura e libertação: "Verdadeiramente, ele tomou sobre si as nossas enfermidades e as nossas dores levou sobre si; e nós o reputamos por aflito, ferido de Deus e oprimido. Mas ele foi ferido pelas nossas transgressões e moído pelas nossas iniquidades; o castigo que nos traz a paz estava sobre ele, e, pelas suas pisaduras, fomos sarados." Is 53.4-5.

Cerca de oitocentos anos antes da vinda do Senhor Jesus Cristo como Messias ao mundo, o profeta Isaías profetizou a seu respeito. Ele contemplou o Senhor Jesus em uma visão, pendurado na cruz, recebendo em Suas feridas as nossas dores e enfermidades. Essa visão e promessa já se cumpriu.

Oração: Pai, eu quero usufruir de todos os benefícios e promessas que me dizem respeito. Tua palavra diz que o Senhor é o Deus de toda a graça. Amém.

Zacarias 11-14

01 PAZ E ALEGRIA

OUTUBRO

"Porque o Reino de Deus não é comida nem bebida, mas justiça, e paz, e alegria no Espírito Santo." Rm 14.17 RC

Viver com fé na justiça é acreditar que Cristo já cumpriu toda a lei de Deus plenamente e, por consequência, quem está em Cristo desfruta da justificação como uma dádiva de Deus. O resultado disso é a paz de Cristo e a alegria no Espírito Santo. A justiça é recebida como um dom de Deus (Rm 5:17). Basta receber pela fé. Não temos que fazer qualquer coisa senão crer e receber toda sorte de bênçãos. "Bendito o Deus e Pai de nosso Senhor Jesus Cristo, o qual nos tem abençoado com todas as bênçãos espirituais nos lugares celestiais em Cristo," Ef 1.3 RA.

Essas bênçãos representam: Tudo o que você precisa para viver uma vida que vale a pena ser vivida. Todo o suprimento para uma vida próspera, feliz, cheia de paz e alegria no Espírito Santo. Essa é a bondade de Deus. Ele já preparou tudo para nós desfrutarmos, pois Cristo disse em João 19.30: "...está consumado". Eu desafio você a meditar todos os dias no amor de Deus manifestado na morte de Cristo na cruz, e desfrutar da bondade de Deus, caminhando debaixo do Seu favor pela fé na justiça de Cristo Jesus.

Oração: Senhor, hoje eu posso desfrutar de uma vida cheia de paz e alegria. Todas as vezes que eu penso em Ti, em Tua obra e em Tua graça, e também, em Tua obra em minha vida, nas bênçãos, promessas, eu não consigo me conter: eu me regozijo. Obrigado Senhor. Aleluia!

DESCANSE

"Porque aquele que entrou no descanso de Deus, também ele mesmo descansou de suas obras, como Deus das suas." Hb 4.10 RA

02
OUTUBRO

Um dos principais sinais de alguém que vive na graça é o descanso. Qual deve ser o descanso do povo de Deus na nova aliança? Viver pela fé na justiça de Cristo, quando o fazemos nos imunizamos contra a justiça própria. O segredo de se viver no descanso é entrar no descanso de Deus. O próprio Criador descansou de suas obras. "E abençoou Deus o dia sétimo e o santificou; porque nele descansou de toda a obra que, como Criador, fizera". Gn 2.3 RA

Se o próprio Deus descansou de toda obra, é claro que nós também devemos descansar. Quando saímos do descanso de Deus somos dominados pela ansiedade, ou pelo medo, ou pela dúvida, ou pela incredulidade. A ansiedade está no caminho oposto da fé. Quando ficamos ansiosos ou preocupados, é como se amarrássemos uma corda no pescoço para estrangulamento. Em termos práticos, como o cristão deve proceder para viver no descanso de Deus, e então se descansar das suas obras, tal qual Deus descansou das Suas? Aprendendo a descansar, conforme o ensino de Fp 4.4-7.

Oração: Senhor Jesus Cristo, eu declaro que vou descansar no Teu descanso. Decido não mais confiar em mim, decido crer na sua Palavra e mergulhar no oceano infinito da Tua graça, óh Deus Pai. Não vou temer, ficar ansioso, preocupado ou duvidar. Dou-Te graças pela revelação da Tua graça, Em nome de Cristo Jesus, amém!

03 ALEGRE-SE

OUTUBRO

"Que a sua felicidade esteja no Senhor! Ele lhe dará o que o seu coração deseja" Sl 37.4.

O primeiro passo é manter-se alegre, independentemente das circunstâncias da vida. Esse é o segredo de sempre estar feliz. Não busque felicidade nas coisas terrenas. É lícito desejar um bom salário, uma vida financeira estável, uma faculdade, boas viagens no período de férias, realização profissional... Contudo, que a sua felicidade não esteja nas realizações, nos relacionamentos, nos bons momentos da vida. Que a sua felicidade esteja, de fato, no Senhor. Medito frequentemente no Sl 103.1-5 e vejo o quanto a presença de Cristo e do Espírito Santo na minha vida é mais do que suficiente para me manter feliz.

A presença do Senhor na sua vida é mais do que suficiente para você ser feliz e, automaticamente, viver sempre alegre. A sua alegria é o Senhor, que traz alegria, perdão, paz, justiça e bondade para a vida daqueles que foram libertados da maldade do mundo terreno, em que a corrupção. Como novas criaturas, nossa alegria vem do céu.

Oração: "Bendize, ó minha alma, ao Senhor, e tudo o que há em mim bendiga o seu santo nome. Bendize, ó minha alma, ao Senhor, e não te esqueças de nenhum de seus benefícios. É ele que perdoa todas as tuas iniquidades e sara todas as tuas enfermidades; quem redime a tua vida da perdição e te coroa de benignidade e de misericórdia; quem enche a tua boca de bens, de sorte que a tua mocidade se renova como a águia." Sl 103.1-5.

MODERE-SE

"Seja a vossa moderação conhecida de todos os homens. Perto está o Senhor." Fp 4.5.

04 OUTUBRO

Em 2 Timóteo 1.7, Paulo diz que o Senhor nos deu espírito de moderação. No original grego do Novo Testamento, a palavra é "sophronismos", cujo significado é: chamado a uma mente estável; chamado ao equilíbrio, à moderação. Isso acontece à medida que oramos em línguas estranhas. "Não andeis ansiosos de coisa alguma; em tudo, porém, sejam conhecidas, diante de Deus, as vossas petições, pela oração e pela súplica, com ações de graças." Fp 4.6. Depois disso, apresente a Deus em oração aquilo que está nos causando preocupação, seja uma pessoa, um relacionamento, um problema financeiro, ou qualquer outra coisa ou situação que tem sido o causador da ansiedade.

Terminar a oração dando graças ao Senhor e já vendo o problema solucionado, já é uma atitude de fé que agrada a Deus. Você vai apresentar essa situação ao Senhor todas as vezes que ela lhe causar preocupação. Quando você se lembrar do problema e não mais se preocupar, então está resolvido, e a partir daí já não se faz necessário falar desse problema para o Senhor, pois o descanso chegou ao seu coração. "E a paz de Deus, que excede todo o entendimento, guardará o vosso coração e a vossa mente em Cristo Jesus." Fp 4.7.

Oração: Deus querido e eterno, eu clamo por estabilidade mental e emocional. Sophronismos, eu clamo por isso! Calmo por moderação, equilíbrio, estabilidade. Dou graças ao Senhor e comtemplo, pela fé, o problema solucionado! Amém.

Mateus 7-9

05 A PAZ DE DEUS
OUTUBRO

"Porque o Reino de Deus não é comida nem bebida, mas justiça, e paz, e alegria no Espírito Santo." Rm 14.17 RC

Quando oramos e apresentamos as nossas preocupações ao Senhor, isso é uma demonstração de dependência de Deus. Por essa razão, Ele nos enche de paz e, no momento certo, conforme a Sua vontade, Ele nos dá a Sua resposta e solução para aquele problema que estava gerando ansiedade em nosso coração. Aprendendo a descansar, conforme o ensino de Mt 6.25-34: "Por isso, vos digo: não andeis cuidadosos quanto à vossa vida, pelo que haveis de comer ou pelo que haveis de beber; nem quanto ao vosso corpo, pelo que haveis de vestir. Não é a vida mais do que o mantimento, e o corpo, mais do que a vestimenta? Olhai para as aves do céu, que não semeiam, nem segam, nem ajuntam em celeiros; e vosso Pai celestial as alimenta. Não tendes vós muito mais valor do que elas?"

Jesus está mostrando que a vida humana vale infinitamente mais que as aves do céu. Se Ele alimenta as aves do céu, quanto mais ao homem que é a Sua imagem e semelhança.

Oração: Doce e Consolador Espírito Santo, eu venho pedir que me encha com a paz de Deus. Eu decido e opto por apresentar minhas preocupações diante do Senhor. Entrego-as a Ti, e peço que me encha da Tua paz. Oro por isso, em Nome de Jesus. Amém. Ajuda-me Senhor!

O PAI É BOM

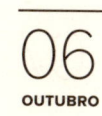

"E qual de vós poderá, com todos os seus cuidados, acrescentar um côvado à sua estatura?" Mt 6.27.

06
OUTUBRO

Mover-se ou paralisar-se com o coração cheio de preocupação ou ansiedade de nada adianta. Estes sentimentos são completamente incapazes de solucionar problemas. Eles demonstram falta de confiança na bondade paternal de Deus. Salomão foi o rei mais rico, sábio, famoso e poderoso que existiu. "No entanto, nem mesmo Salomão em toda a sua glória se vestiu como os lírios do campo. É óbvio que é o nosso Aba Pai que veste os lírios do campo. Eles crescem, não trabalham e nem fiam. Porventura o Pai celestial não lhe vestirá, sendo você à Sua imagem e semelhança, sendo chamado por Ele de filho amado? Não andeis, pois, inquietos, dizendo: Que comeremos ou que beberemos ou com que nos vestiremos?" Mt 6.31.

Depois de chamar a atenção dos seus discípulos mostrando-lhes que a vida do homem vale muito mais do que as aves e os lírios, o Senhor faz a seguinte exortação: "Deixem de lado toda preocupação, pois se o Pai alimenta as aves e veste os lírios, de maneira alguma faltarão vestes, alimentos e o necessário para o sustento da vida de vocês." Mas buscai primeiro o Reino de Deus, e a sua justiça, e todas essas coisas vos serão acrescentadas." Mt 6.33.

Oração: Senhor Jesus, eu quero lançar mão de toda ansiedade e preocupação. Lanço diante de Ti. Declaro que confio em Teu grande amor e cuidado por mim. Em Ti, tenho tudo o que preciso. Toda a provisão virá até mim, porque o Senhor cuida dos pássaros e das flores, quanto mais, cuidará de mim. Obrigado, Senhor! Aleluia!

Mateus 12-13

07 A PAZ DE DEUS
OUTUBRO

"Porque o Reino de Deus não é comida nem bebida, mas justiça, e paz, e alegria no Espírito Santo." Rm 14.17.

O Senhor Jesus exorta os seus discípulos a buscarem em primeiro lugar o Reino de Deus e a Sua justiça. A consequência disso é que não lhes faltará nada para o sustento da vida. O que significa buscar o Reino de Deus em primeiro lugar? O Reino de Deus não tem nada a ver com as coisas terrenas. Tem tudo a ver com as coisas espirituais de Deus, que são loucura para o homem natural. Buscar o Reino de Deus em primeiro lugar envolve aplicar fé na justiça de Cristo. Aplicar fé na justiça de Cristo é anular a justiça própria, e consequentemente atrair o favor de Deus.

O sinal para você saber se está vivendo segundo a justiça de Cristo é o seguinte: você tem tido paz? A alegria do Espírito Santo tem dominado o seu coração? Se sim, fique tranquilo, pois cada adversidade que vem para tentar você a estar ansioso será mais uma experiência com o Senhor, em que Ele manifestará a Sua bondade e favor em sua vida. Mas ao contrário, se não tem tido paz no seu coração, então arrependa-se e ore, lançando toda a sua ansiedade no Senhor. Ele ama muito você e lhe dará o escape e a vitória, pois tudo já foi conquistado por Ele para lhe abençoar com toda sorte de bênçãos.

Oração: Senhor Jesus, obrigado por não desistir de mim. Obrigado pelas novas chances, que sempre me dá, sempre que preciso. Aleluia, Senhor! Obrigado por tudo!

HOJE

"Não vos inquieteis, pois, pelo dia de amanhã, porque o dia de amanhã cuidará de si mesmo. Basta a cada dia o seu mal." Mt 6.34

08
OUTUBRO

Finalmente, o Senhor exorta os seus discípulos a não se preocuparem com o dia de amanhã, porque o dia de amanhã cuidará de si mesmo. Então, não se preocupe com o que vai acontecer amanhã, nem tampouco com o que não vai acontecer. Por quê? Porque o ontem ficou para trás, já não existe. O hoje é para ser vivido e desfrutado. O amanhã é um mistério que só a Deus pertence.

Diante disso, eu declaro que sou o que a Bíblia diz que eu sou; tenho o que a Bíblia diz que eu tenho; posso o que a Bíblia diz que eu posso.

Querido leitor, se você tem vivido cheio de medos, dúvidas, incredulidades ou preocupações, eu gostaria de lhe convidar a orar comigo agora. Entregue seu coração e as suas dificuldades para Jesus, nosso intercessor espiritual. O Espírito Santo acompanhará e fortalecerá nossa caminhada. Entretanto, devemos, diariamente, nos prostrar e entregar adorações ao Senhor.

Oração: Pai celestial, paizinho querido, peço-Lhe perdão por estar duvidando do Seu amor paternal, cuidado e bondade para com minha vida. Eu lanço toda preocupação do meu coração no Senhor e me descanso na Sua bondade.

Mateus 18-20

09 OUTUBRO
A BONDADE DE DEUS

"Provai e vede que o Senhor é bom, bem-aventurado é aquele que nele se refugia" Sl 34.8.

É muito fácil falar da bondade de Deus. O nosso grande desafio é acreditar que Deus é bom e não cairmos no mesmo engano que Eva caiu de duvidar da bondade de Deus. Podemos dizer que Deus é bom, simplesmente olhando para a cruz e, contemplando o Senhor Jesus Cristo dizendo "está consumado". Busque desenvolver de maneira crescente e progressiva uma consciência de Cristo, que é oposta à consciência de pecado. A consciência de pecado impede que percebamos a bondade de Deus.

A Bíblia está repleta de versículos que fazem alusão à bondade de Deus. Vejamos alguns: "Coroas o ano da tua bondade; as tuas pegadas destilam fartura." Sl 65.11 RA. Pois Tu, Senhor, abençoas o justo e, como escudo, o cercas da Tua benevolência. Sl 5.12: "Bem-aventurado o homem que não anda no conselho dos ímpios, não se detém no caminho dos pecadores, nem se assenta na roda dos escarnecedores. Antes, o seu prazer está na lei do SENHOR, e na sua lei medita de dia e de noite. Ele é como árvore plantada junto a corrente de águas, que, no devido tempo, dá o seu fruto, e cuja folhagem não murcha; e tudo quanto ele faz será bem-sucedido." Desfrute da bondade do Senhor!

Oração: Senhor, obrigado por Tua bondade. O Senhor é bom, Teu amor dura para sempre. Sua graça se manifestou a mim. Eu tenho experimentado e provado que o Senhor é bom! Amém.

Mateus 21-22

BENDIZE Ó MINHA ALMA

10 OUTUBRO

"Bendize, ó minha alma, ao SENHOR, e tudo o que há em mim bendiga ao seu santo nome. Bendize, ó minha alma, ao SENHOR, e não te esqueças de nem um só de seus benefícios. Ele é quem perdoa todas as tuas iniquidades; quem sara todas as tuas enfermidades; quem da cova redime a tua vida e te coroa de graça e misericórdia; quem farta de bens a tua velhice, de sorte que a tua mocidade se renova como a da águia." Sl 103.1-5 RA.

A bondade de Deus é um dos Seus atributos. Deus, por natureza, é inerentemente bom. A bondade de Deus resume o caráter de Seu grande amor, de Sua infinita graça e de Sua incomensurável compaixão e paciência em relação ao pecador. A nossa grande dificuldade em compreender a bondade de Deus está na formação da nossa espécie, fundo em nosso DNA: nós não somos bons. A nossa natureza decaída perdeu a capacidade de sermos naturalmente bons. O nosso caráter, diferentemente de Deus, é mau e reproduz esta maldade em tudo que fazemos ou pensamos em fazer.

Se o ser de Deus é a Sua glória; se a disposição de Deus é a Sua santidade; se a maneira de Deus agir é a Sua justiça, então a essência do Seu caráter é o amor que se manifesta por meio da Sua bondade. Aleluia!

Oração: Senhor, a minha alma Te agradece e bendiz a Ti. Quantos benefícios, quantas promessas, quantas curas, quantos perdões, quantos livramentos, quantas consolações, quantas restaurações, quantas direções, quantos sonhos, quantas realizações, quantas operações em minha vida, quantos dons, quantos presentes...! A minha alma se lembrará de todos os seus benefícios porque o Senhor me tem feito muito bem! Aleluia!

Mateus 23-24

11 OUTUBRO

ATRAÇÃO

"Portanto, assim como por um só homem entrou o pecado no mundo, e pelo pecado, a morte, assim também a morte passou a todos os homens, porque todos pecaram." Rm 5.12.

É unicamente por causa da bondade de Deus que nos é dada a oportunidade de ouvir a Sua Palavra de salvação; é por pura bondade da parte de Deus que somos capacitados a crer em Jesus Cristo como nosso salvador; e é unicamente por causa da bondade de Deus que haveremos de desfrutar de um novo céu e de uma nova terra, na companhia do nosso Senhor. A bondade de Deus se manifestou na cruz, o sacrifício de Cristo foi maior do que a ira de Deus. O pecado é um certificado de dívida. Jesus Cristo substituiu o homem pecador na cruz, pagou a nossa dívida com seu sangue e nos deu o perdão, a redenção, a justificação e a vida eterna.

O Seu sacrifício perfeito foi suficiente para aplacar a ira de Deus Pai e livrar o homem da condenação, dando-lhe a plena salvação de Deus. Experimente a bondade de Deus no seu dia a dia. Assim como o sol irradia calor, Deus irradia bondade. Não é somente o que Ele faz, mas o que Ele é. A natureza de Deus é boa.

Oração: Senhor, através de sua bondade sou atraído a ti, fui chamado ao convívio íntimo, obrigado porque, por meio do teu sacrifício fui livrado de toda a condenação, o Senhor me reconciliou contigo mesmo e eu desfruto do privilégio de abrigar em tua poderosa presença, encha-me, Pai, cada dia mais de ti.

COMUM É EXTRAORDINÁRIO

12 OUTUBRO

"Toda boa dádiva e todo dom perfeito são lá do alto, descendo do Pai das luzes, em quem não pode existir variação ou sombra de mudança." Tiago 1:17.

Todas as coisas boas que recebemos, sejam elas grandes ou pequenas, são a expressão da bondade de Deus. O surgimento inesperado de uma vaga de estacionamento no shopping lotado, um amigo que lhe desperta ânimo e motivação em um momento difícil ou uma promoção salarial inesperada são manifestações da bondade de Deus. Busque enxergar a bondade de Deus no seu dia a dia. Nossa atitude, ao amanhecer de todos os dias, dever ser: "Estou com uma grande expectativa para saber o que Deus vai fazer hoje, pois Ele é bom em todo o tempo". Reconheça sempre a Sua bondade e seja constantemente agradecido, pois "a murmuração é adubo para a miséria emocional, e a gratidão é combustível para a felicidade" – Augusto Cury. Não foi coincidência você conhecer o seu cônjuge e se apaixonar, ou um golpe de sorte você conseguir aquele emprego. O fato de seus filhos serem saudáveis e fortes é a manifestação da bondade de Deus a seu favor. Agradeçamos ao Senhor todos os dias pelas Suas bênçãos em nossas vidas.

Oração: Obrigado Senhor, pela Sua bondade; obrigado Senhor pelo meu cônjuge; obrigado Senhor pelos meus filhos; obrigado Senhor pelos meus irmãos. Eu Te agradeço por tudo, em Nome do Senhor Jesus Cristo.

Mateus 27-28

13 OUTUBRO
ESTOU SENDO SEGUIDO

"Bondade e misericórdia certamente me seguirão todos os dias da minha vida; e habitarei na Casa do Senhor para todo o sempre." Sl 23.6

Vejamos como é extraordinário aquilo que é ordinário. Caminhar, enxergar, ouvir ou pensar, todas estas coisas são sinais da bondade de Deus. A saúde, perceber as oportunidades ou reconhecer as dádivas diariamente, isso também é a bondade de Deus. Eu dedico todos os dias tempo expressando a minha gratidão ao Senhor. Começo agradecendo-o pela salvação, é o que faço nos primeiros minutos de cada dia. Sempre contemplo o calvário e adentro os seus átrios para relacionar-me intimamente com o Pai, com o coração cheio de louvor e gratidão. Medito em versos da Bíblia, nos quais Deus nos revela quanto amor tem por nós. Proclamo textos como esse do Sl 23:6, à medida que avanço em meu tempo de oração, sou transbordado da presença do Espírito Santo e me quebranto, derramo minhas lágrimas, constrangido por Seu imenso amor. Feche os seus olhos, assim como eu, e dedique todos os dias minutos louvando-o e adorando-o pelos Seus feitos na sua vida, pela Sua salvação e tantos benefícios que Ele lhe tem concedido, consciente de sua bondade. Você experimentará o transbordamento do Seu amor, da alegria do Espírito Santo e dias ainda mais agradáveis e abençoados.

Oração: Oh Pai, paizinho querido, Abba, meu pai, obrigado porque a sua Bondade e misericórdia certamente me seguirão todos os dias da minha vida; e habitarei na tua presença para todo o sempre. Eu te amo, oro em nome de Jesus, amém

DEUS É BOM

14 OUTUBRO

"Ora, a serpente era mais astuta que todas as alimárias do campo que o Senhor Deus tinha feito. E esta disse à mulher: É assim que Deus disse: Não comereis de toda árvore do jardim?" Gn 3.1-2.

Eva duvidou da bondade de Deus. Não caiamos no mesmo engano de Eva de duvidar da bondade de Deus. Satanás lançou dúvida na mente de Eva acerca da verdade da Palavra de Deus, da bondade de Deus e do caráter de Deus. Dúvida quanto à verdade da Palavra de Deus. Ora, se Deus disse que o fruto mataria, o questionamento de Satanás à Eva veio para causar dúvida acerca do que Deus diz. Deus e a Sua Palavra são um só. Dúvida quanto ao caráter de Deus (Gn 3.4b). Aqui, Satanás está chamando Deus de mentiroso. Dúvida quanto à bondade de Deus (Gn 3.5). O que Satanás quis insinuar no coração de Eva foi o seguinte: Se Deus fosse tão bom, Ele não faria qualquer proibição. Ele proibiu que se comesse do fruto da árvore do conhecimento do bem e do mal porque é egoísta. Quem é egoísta não é bom. Deus está escondendo algo bom de você. Ele está retendo alguma bênção.

A Palavra de Deus afirma: "Bendito o Deus e Pai de nosso Senhor Jesus Cristo, o qual nos abençoou com todas as bênçãos espirituais nos lugares celestiais em Cristo". Ef 1.3. Deus é bom em todo tempo, independentemente das circunstâncias.

Oração: O Senhor é bom e seu amor dura para sempre. Eu creio e confio em Tua bondade, Pai Amado, porque o Senhor não pode negar-se a si mesmo. Tu não poupaste o Teu próprio Filho, antes o entregou por nós. Amém.

Marcos 4-5

15 OUTUBRO
LÓGICA DIVINA

"Ora, o homem natural não aceita as coisas do Espírito de Deus, porque lhe são loucura; e não pode entendê-las, porque elas se discernem espiritualmente." 1 Co 2.14.

A lógica de Deus argumenta das coisas menores para as maiores. As coisas do Espírito de Deus só podem ser entendidas através da revelação dada pelo próprio Espírito. É necessário o novo nascimento para compreender.

"Olhai para as aves do céu, que não semeiam, nem segam, nem ajuntam em celeiros; e vosso Pai celestial as alimenta. Não tendes vós muito mais valor do que elas? E qual de vós poderá, com todos os seus cuidados, acrescentar um côvado à sua estatura? E, quanto ao vestuário, por que andais solícitos? Olhai para os lírios do campo, como eles crescem; não trabalham, nem fiam. E eu vos digo que nem mesmo Salomão, em toda a sua glória, se vestiu como qualquer deles. Pois, se Deus assim veste a erva do campo, que hoje existe e amanhã é lançada no forno, não vos vestirá muito mais a vós, homens de pequena fé? Não andeis, pois, inquietos, dizendo: Que comeremos ou que beberemos ou com que nos vestiremos? (Porque todas essas coisas os gentios procuram.) Decerto, vosso Pai celestial bem sabe que necessitais de todas essas coisas; Mas buscai primeiro o Reino de Deus, e a sua justiça, e todas essas coisas vos serão acrescentadas. Não vos inquieteis, pois, pelo dia de amanhã, porque o dia de amanhã cuidará de si mesmo. Basta a cada dia o seu mal." Mt 6.26-34.

Oração: Pai querido, eu Te amo, preciso de revelação. Em Nome de Jesus. Amém.

COISAS BOAS

"Pedi, e dar-se-vos-á; buscai e encontrareis; batei, e abrir-se-vos-á. Porque aquele que pede recebe; e o que busca encontra; e, ao que bate, se abre. E qual dentre vós é o homem que, pedindo-lhe pão o seu filho, lhe dará uma pedra? E, pedindo-lhe peixe, lhe dará uma serpente? Se, vós, pois, sendo maus, sabeis dar boas coisas aos vossos filhos, quanto mais vosso Pai, que está nos céus, dará bens aos que lhe pedirem?" Mt 7.7-11.

O Senhor Jesus Cristo exortando os seus discípulos a confiarem na bondade de Deus, pois se Ele alimenta as aves do céu, veste os lírios do campo, não haveria de alimentar e vestir os Seus filhos? É claro para todos nós que tem muito mais valor a vida humana do que as aves e os lírios do campo, mas mesmo assim Deus cuida de todas as coisas, mantém a harmonia da vida em cada área da natureza.

Aqui, vemos o Senhor comparando o amor de um pai terreno com o nosso Pai celestial. Um pai terreno não dá pedra a um filho quando esse lhe pede pão, não dá serpente quando lhe pede peixe. Quanto mais o Pai celestial dará bens (coisas boas) aos que lhe pedirem. Essas comparações, baseadas na Bíblia, ilustram o fato de que Deus argumenta das coisas menores para as maiores.

Oração: Deus Pai, dá-me um coração simples e confiante. Acreditador, que sabe que o Senhor tem o melhor para mim. Eu creio em Ti e confio em Ti. Tu vais fazer o melhor. Desde as coisas mais simples, até as mais difíceis, vai dar tudo certo e o melhor vai acontecer. Em Nome de Jesus! Aleluia!

Marcos 8-9

17 OUTUBRO
COM DEUS É TUDO AO CONTRÁRIO

"Que diremos pois a estas coisas? Se Deus é por nós, quem será contra nós? Aquele que nem mesmo a seu próprio filho poupou, antes o entregou por todos nós, como não nos dará também com ele todas as coisas?" Rm 8.31-32.

Se Deus é por nós, quem será contra nós? Ninguém pode ser contra você. Se Deus é por nós, quem será contra Ele?

O grande problema do homem é que ele não acredita na bondade de Deus. O que devemos fazer para não cairmos nesse grave erro? Renovar a mente com a Palavra de Deus de acordo com as promessas da nova aliança. O qual nos habilitou para sermos ministros de uma nova aliança, não da letra, mas do espírito; porque a letra mata, mas o espírito vivifica. "E, se o ministério da morte, gravado com letras em pedras, se revestiu de glória, a ponto de os filhos de Israel não poderem fitar a face de Moisés, por causa da glória do seu rosto, ainda que desvanecente, como não será de maior glória o ministério do Espírito! Porque, se o ministério da condenação foi glória, em muito maior proporção será glorioso o ministério da justiça." 2 Co 3.6-9. "Finalmente, irmãos, tudo o que é verdadeiro, tudo o que é respeitável, tudo o que é justo, tudo o que é puro, tudo o que é amável, tudo o que é de boa fama, se alguma virtude há e se algum louvor existe, seja isso o que ocupe o vosso pensamento." Fp 4.8.

Renove sua mente com a palavra de Deus e falará como Deus fala e pensará como Deus pensa.

Oração: Oro a Ti neste dia, querido Deus. Peço espírito de sabedoria e de revelação para entender a Tua palavra e a Tua vontade. E que a cada dia mais, eu possa ter a mente de Cristo. Em Nome do Senhor Jesus!

PENSE GRANDE, COMO DEUS

18 OUTUBRO

"Aquele que nem mesmo a seu próprio filho poupou, antes o entregou por todos nós, como não nos dará também com ele todas as coisas?" Rm 8.32

O melhor que Deus tem é o Seu filho. Se Ele lhe deu o Seu melhor, como é que Ele não lhe dará o suprimento de todas as suas necessidades em glória? O inimigo sempre vai dizer na sua mente: Você acha que Deus vai lhe dar o que você está lhe pedindo? Olhe como está a sua vida, olhe como estão as suas finanças, negativas. Olhe a sua saúde, debilitada. Olhe o seu casamento, em desarmonia. Olhe os seus relacionamentos, instáveis. Olhe a sua vida emocional, um desastre... Foi isso que o inimigo fez com Eva: colocou dúvida quanto à bondade de Deus.

Ele nos deu o Seu Filho, o maior presente, e por isso Ele dará também as pequenas coisas do dia a dia, isto é: comida, bebida, vestimenta e saúde. Como também lhe dará coisas grandes que sejam para glória do Seu próprio nome. Aleluia sete vezes! A mentalidade humana está firmada na mediocridade, mas a de Deus está firmada na generosidade.

Oração: Senhor, Eu Te agradeço o teu favor imerecido, pela Tua graça, também, de forma especial, pelas bênçãos que Tens me dado. Senhor, eu Te louvo em Nome de Jesus, tanto pelas pequenas bênçãos, tanto pelas grandes. Sou feliz por ter o Senhor como meu bem maior. Amém.

19 OUTUBRO

MENTE DE CRISTO

"O qual nos habilitou para sermos ministros de uma nova aliança, não da letra, mas do espírito; porque a letra mata, mas o espírito vivifica." 2 Co 3.6.

Deus entregou o Seu Filho por todos nós. Eu lhe desafio a não acreditar nas mentiras do diabo. Se Deus não poupou o Seu Filho por todos nós, é claro que Ele tem prazer de suprir você em todas as suas necessidades e lhe proporcionar uma vida digna. "O qual nos habilitou para sermos ministros de uma nova aliança, não da letra, mas do espírito; porque a letra mata, mas o espírito vivifica." 2 Co 3.6. "Porque, se o ministério da condenação foi glória, em muito maior proporção será glorioso o ministério da justiça." 2 Co 3.9. Analisemos esses dois textos (2 Co 3.6 e 3.9) e vejamos quão privilegiados somos em ser capacitados pelo Senhor a exercer o sacerdócio da nova aliança, o qual é muito mais glorioso que o da velha aliança.

Isso também é manifestação da bondade de Deus. Experimentamos a bondade de Deus a cada dia: cultivando uma consciência de Cristo (que é oposta à consciência do pecado). Ativando a percepção da bondade de Deus nas pequenas e grandes coisas no decorrer do dia. E por fim, cultivando um espírito de gratidão. A murmuração é oração a Satanás. Ela é adubo para a miséria emocional.

Oração: Eu me rendo, Senhor, ao Teu amor. Peço a Ti, nessa hora, a mente de Cristo Que eu pense como o Senhor pensa, para que eu venha a fazer o que o Senhor faz. Eu Te amo, Senhor. Aleluia! Amém.

CONSOLADOR

20 OUTUBRO

"E eu rogarei ao Pai, e ele vos dará outro Consolador, para que fique convosco para sempre, o Espírito da verdade, que o mundo não pode receber, porque não o vê, nem o conhece; mas vós o conheceis, porque habita convosco e estará em vós. Não vos deixarei órfãos; voltarei para vós." Jo 14.16-18.

O Espírito Santo é o outro Consolador, porque o Senhor Jesus Cristo é o consolador que o Pai enviou ao mundo para salvar o homem. Ele revelou aos seus discípulos que voltaria para o Pai, mas não os deixaria órfãos. Ele disse: "Eu pedirei ao Pai e Ele vos enviará outro consolador", referindo-se ao Espírito Santo. Amado irmão, você nunca está só. Existe a companhia e a presença contínua do Espírito Santo na sua vida. Basta buscá-lo, chamá-lo! Ele habita em você, não é necessário viajar para encontrá-lo! Que privilégio! Aleluia! Essa verdade encontra-se em 1 Coríntios 3.16: "Não sabeis vós que sois o templo de Deus e que o Espírito de Deus habita em vós?". Devemos honrar ao máximo essa dádiva de Deus, essa habitação celestial que se faz em nós. Que, ao acordar e ao dormir, lembremos dessa luz divina e consoladora que habita nosso espírito renovado pela graça de Cristo.

Oração: Doce Espírito Santo, precioso e poderoso Consolador, venha com o Teu consolo sobre a minha vida. Cobre-me com conforto, com auxílio, com assistência, carregue o peso comigo. Seja presente sempre, se manifestando poderosamente, em Nome de Jesus. Eu Te peço. Amém.

Marcos 15-16

21 OUTUBRO — OUTRO CONSOLADOR

"E eu rogarei ao Pai, e ele vos dará outro Consolador, para que fique convosco para sempre," Jo 14.16.

O Espírito Santo é o meu – OUTRO – Consolador. Em João 14.16, o Senhor Jesus promete rogar ao Pai a vinda de outro consolador. Outro, no original grego, é "allos", que significa uma outra pessoa, porém da mesma espécie. O Espírito Santo é uma outra pessoa que viria estar com os discípulos, habitando neles, porém, da mesma espécie: a espécie divina e com os mesmos atributos, com a mesma deidade, com o mesmo caráter perfeito de Cristo e do Pai. Consolador no original grego do Novo Testamento é "parakletos", que significa chamado, convocado a estar do lado de alguém, convocado a ajudar alguém, como aquele que pleiteia a causa de outro diante do juiz. Significa também intercessor, conselheiro de defesa, assistente legal, advogado.

Você, que é um seguidor de Cristo, pode e deve contar em todo tempo com a intercessão do Espírito Santo a seu favor junto ao Pai. Ele é o seu advogado que advoga as suas causas, inclusive as impossíveis. Acredite nele, na Sua perfeita intercessão, pois Ele ama você e veio habitar na sua vida proporcionando-lhe o Seu tão precioso consolo e conforto.

Oração: Doce e maravilhoso Espírito. Obrigado por ser tão presente e próximo em minha vida. És Deus, com toda a Onipotência e Onipresença que tens e és, e ainda, assim, consegue habitar em mim. Amém.

TRABALHANDO JUNTOS

22 OUTUBRO

"Também o Espírito, semelhantemente, nos assiste em nossa fraqueza; porque não sabemos orar como convém, mas o mesmo Espírito intercede por nós sobremaneira, com gemidos inexprimíveis." Rm 8.26 RA

O Espírito Santo nos assiste continuamente. No original grego, a palavra assiste é "sunantilambanomai", cujo significado é: Trabalhar junto com; trabalhar lado a lado com alguém; lutar para obter algo juntamente com; ajudar a obter. Vou lhe oferecer uma ilustração simples acerca do que é assistir. Suponha que você precisa carregar um piano. É um instrumento musical muito pesado (já me disseram que existe piano de setecentos quilos). Vamos imaginar um piano com o peso de trezentos quilos. Eu sou completamente incapaz de deslocar esse piano de um lugar para outro. Se alguém me ajudar, juntos conseguiremos.

É exatamente isso que o Espírito Santo faz a seu favor. Ele lhe assiste em sua fraqueza, de forma que você consegue vencer as suas limitações humanas e fazer aquilo que somente com a ajuda e assistência dele pode ser possível. Diante disso, querido irmão, procure sempre contar com a assistência amorosa do Espírito Santo consolador.

Oração: Precioso Espírito Santo, ajuda-me nas minhas fraquezas. Com a Tua ajuda, é que quando estou fraco que sou forte. Ajuda-me Senhor, para que juntos possamos cumprir o propósito para o qual fui criado. Em Nome de Jesus. Aleluia!

Lucas 3-4

23 OUTUBRO — ORAR EM LÍNGUAS

"Mas recebereis a virtude do Espírito Santo, que há de vir sobre vós; e ser-me-eis testemunhas tanto em Jerusalém como em toda a Judéia e Samaria e até aos confins da terra." At 1.8

As línguas estranhas são a evidência do batismo com o Espírito Santo. Antes de ser assunto ao céu, no monte das Oliveiras, o Senhor Jesus disse aos seus discípulos para irem para Jerusalém porque lá receberiam o poder do alto. Isso foi escrito pelo doutor e evangelista Lucas em Lc 24.49 ARC: "E eis que sobre vós envio a promessa de meu Pai; ficai, porém, na cidade de Jerusalém, até que do alto sejais revestidos de poder". Esse poder se manifestou no cenáculo em Jerusalém, quando quase cento e vinte discípulos de Cristo estavam no décimo dia de oração, cumprindo-se o dia de Pentecostes. Ao final da passagem bíblica acima disposta, "Todos falavam em línguas estranhas, conforme o Espírito lhes concedia que falassem". Eis aí a evidência do batismo. Isso aconteceu no dia da festa do Pentecostes, uma das três principais festas do povo judeu. Por essa razão diz-se que o derramamento do Espírito Santo chama-se Pentecoste.

Oração: Ore em línguas por alguns instantes. Enquanto você ora em línguas, com a sua mente, pense nas coisas nas quais você deseja e precisa que Deus aja.

ALVO DAS BENÇÃOS

24 OUTUBRO

"E, dizendo Pedro ainda estas palavras, caiu o Espírito Santo sobre todos os que ouviam a palavra. E os fiéis que eram da circuncisão, todos quantos tinham vindo com Pedro, maravilharam-se de que o dom do Espírito Santo se derramasse também sobre os gentios. Porque os ouviam falar em línguas e magnificar a Deus." At 10.44-46

Como sabiam que eles haviam recebido o Espírito Santo? Porque falavam em línguas e magnificavam a Deus. Ao falarmos em línguas, edificamo-nos e glorificamos a Deus. A palavra edificar é a mesma expressão no original grego do Novo Testamento, isto é, oikodomeo, cujo significado é "construir dentro de si a capacidade de abrigar a presença e o poder de Deus". Presença e poder de Deus são a Sua graça. Em Cristo, mediante a justificação pelo Seu sangue, tornamo-nos justos pela fé na Sua obra consumada e, consequentemente, somos alvo de toda sorte de bênçãos em Cristo Jesus. Falar em línguas é se edificar. É espevitar, isto é, abanar as brasas que há no altar de Deus, tal qual o sacerdote da velha aliança fazia para que o fogo pudesse arder continuamente no altar e não se apagar (Levítico 6.13). O altar na nova aliança é o espírito do cristão, a casa da habitação do Espírito Santo.

Oração: Querido Deus, em nome de Jesus Cristo, peço que o fogo do Espírito me encha enquanto oro em línguas. Que haja renovo, fortalecimento, encorajamento, avivamento, ousadia, fé renovada e restaurada. Que haja intrepidez, em Nome de Jesus. Fogo de Deus!

Lucas 7-8

ELE QUER ENCHER VOCÊ

25 OUTUBRO

"Porque, se eu orar em língua estranha, o meu espírito ora bem, mas o meu entendimento fica sem fruto." 1 Co 14.14.

O primeiro Pentecoste aconteceu quando a lei foi dada, no monte Sinai. Deus deu a lei e três mil pessoas morreram. Em Atos capítulo 2, no segundo Pentecoste, Deus deu o Espírito Santo e três mil pessoas foram salvas. A lei mata (Velho Testamento) e o Espírito vivifica (nova aliança). No primeiro Pentecoste, Deus falou das obras dos homens – não terás outros deuses, não farás para ti imagem de escultura, não tomarás o nome do Senhor teu Deus em vão, não matarás, não adulterarás..., mas no segundo Pentecoste, Deus falou das Suas obras: Você está abençoado com toda sorte de bênçãos, você está curado, você é próspero, você é mais que vencedor. Por quê? Porque Cristo consumou a obra no calvário. No dia de Pentecoste, o Espírito veio como um vento veemente e impetuoso.

Quando oramos em línguas, falamos com Deus. Quando algum cristão fala em variedade de línguas, Deus estará falando com a igreja, caso haja algum intérprete.

Oração: Ore em línguas por alguns instantes para que ele encha você. E perceba como Ele vai te tocar.

Lucas 9-10

FAZ BEM ORAR EM LÍNGUAS

26 OUTUBRO

"Dou graças ao meu Deus, porque falo mais línguas do que vós todos." 1 Co 14.18.

Os crentes de Corinto falavam em línguas se gloriando. Havia desordem no uso das línguas o que causava confusão, incompreensão e poderia dificultar a mensagem espiritual de Cristo. Paulo não proibiu que se falasse em línguas, pelo contrário, ele incentivou. Porém, ensinou como falar, e ainda disse que dava graças a Deus por falar em línguas estranhas mais do que todos os crentes da igreja dos coríntios. Se orarmos dez mil palavras em línguas em casa, bastaria que falássemos apenas cinco palavras em português no culto e o Senhor faria grandes coisas. Paulo não está proibindo o falar em línguas, tampouco desestimulando.

Quando falamos em línguas, somos completamente dominados pelo espírito e não pelo intelecto. Por isso que Deus manda que falemos em línguas e o intelecto não entende. Isso é uma postura de humildade e dependência de Deus, que é a necessidade e o lugar que todo cristão deve estar, independente do seu lugar na vida profissional, na Igreja, na hierarquia da sociedade e afins.

Oração: Ore em línguas por alguns instantes para que você seja edificado. Repare no seu antes e depois dessa oração.

Lucas 11-12

27 OUTUBRO — FALANDO EM LÍNGUAS

"Porque o que fala língua estranha não fala aos homens, senão a Deus; porque ninguém o entende, e em espírito fala de mistérios." 1 Co 14.2.

Quando oramos em línguas, normalmente não sabemos pelo que estamos orando, mas o próprio Espírito Santo está intercedendo. Quando oramos em línguas, trazemos todo tipo de questão para Deus, tanto do passado, presente e futuro. Deus não falaria de algo que não é importante, por isso está na Sua Palavra o assunto "orar em línguas estranhas". Desprezamos as pequenas coisas, e o dom de línguas é uma das tais. Porque todos tropeçamos em muitas coisas. "Se alguém não tropeça em palavra, o tal varão é perfeito e poderoso para também refrear todo o corpo." Tg 3.2. Se alguém não tropeça no falar, é perfeito varão. Por isso, a primeira coisa que aconteceu no segundo Pentecoste foi o governo da língua pelo fogo do Espírito Santo.

Por este motivo, te lembro que despertes o dom de Deus, que existe em ti pela imposição das minhas mãos. Quando oramos em línguas, crescemos em ousadia, poder, amor e equilíbrio (moderação).

Oração: Ore em línguas por alguns instantes para que você seja edificado. Repare no seu antes e depois dessa oração.

FALAR EM LÍNGUAS DÁ RESULTADOS

28
OUTUBRO

"Por este motivo, te lembro que despertes o dom de Deus, que existe em ti pela imposição das minhas mãos. Porque Deus não nos deu o espírito de temor, mas de fortaleza, e de amor, e de moderação." 2 Tm 1.6-7

Reavivar (RA) ou despertar (RC) ou tornar vivo (NTLH) significa reacender com fogo. Como fazemos isso? Eu creio que é orando em línguas. Quando falamos em línguas, se estivermos cheios de ansiedade e medo, abanamos as brasas do altar de Deus – que é o nosso espírito – expulsamos a timidez, crescemos em ousadia, poder, amor e equilíbrio (do grego "sophronismos" que significa: 1. admoestação ou chamado a estabilidade de mente, a moderação e autocontrole; 2. autocontrole, moderação), produzimos "cura para o corpo, sabedoria para a mente e amor para o coração". Carisma, daí carismático. Quando o crente ora em línguas, ele desperta o carisma em si, isto é, o poder de Deus que atrai pessoas a Cristo. Ao orar em línguas, você desperta o carisma, o poder de Deus em sua vida. David Wilkerson é o pastor fundador do movimento "Desafio Jovem". Ele descobriu que os dependentes que eram batizados no Espírito Santo, com a consequente evidência do falar em línguas estranhas e que cultivavam o hábito de permanecer orando em línguas, não tinham recaída no vício das drogas.

Oração: Ore em línguas por alguns instantes. O Senhor quer encher você.

Lucas 16-18

29 OUTUBRO — DEIXE FLUIR AS LÍNGUAS

"Porque o que fala língua estranha não fala aos homens, senão a Deus; porque ninguém o entende, e em espírito fala de mistérios". 1 Coríntios 14:2

Deixe fluir as línguas e você irá remover o estresse do seu corpo. As mulheres vivem mais porque falam o que sentem. Os homens normalmente não falam, não desabafam. Dr. Carl Peterson, um médico pesquisador na faculdade Oral Roberts, ao colocar eletrodos no cérebro de pacientes cristãos descobriu que, quando eles oravam em línguas estranhas, eram libertos do estresse. Além disso, o sistema imunológico é ativado em 30 a 50%. Não existe nenhum tipo de comida ou de remédio que possa melhorar o seu sistema imunológico de 30 a 50%. Além disso, quando se ora em línguas, ele constatou que o organismo libera endorfina, hormônio que é liberado quando se pratica exercício físico e atividade sexual. Esse hormônio comunica ao cérebro que está tudo bem, o que promove saúde e bem-estar no organismo. Além disso, faz cair a pressão arterial, combatendo a hipertensão. Quem tem pressão arterial alta, ore muito em línguas, depois vá ao médico checar e verá que sua pressão baixou. Quando se ora, no Espírito, em línguas, vem salvação para a mente.

Oração: Ore em línguas por alguns instantes. O Senhor quer abençoar sua saúde.

Lucas 19-20

DONS

"Que farei, pois? Orarei com o espírito, mas também orarei com o entendimento; cantarei com o espírito, mas também cantarei com o entendimento." 1 Co 14.15.

Você pode orar em línguas e cantar em línguas. Não despreze o dom de Deus, pois são as pequenas coisas de Deus que liberam as grandes. Use esse dom e abane as brasas do altar do seu coração! Você é mordomo desse dom, pode começar e terminar quando quiser. Seja sábio e ore em línguas. Quanto mais você orar em línguas, tanto mais poder terá para manifestar milagres, vencer o medo, crescer em amor, moderação, e administrar saúde para o corpo, sabedoria para a mente e amor para o coração. Em línguas manifestamos o poder sobrenatural de Deus, evocamos o poder do Espírito Santo, que, desde Atos, preenche a terra e o espírito de cada cristão que crê no amor completo de Deus que transborda da vida espiritual para a vida terrena. Como reavivar o dom?

Reavivar significa reacender com fogo. Como fazemos isso? Eu creio que seja orando em línguas.

Oração: Pai santo, quero, nesta hora, pedir ao Senhor os dons do Espírito. Quero pedir ainda, que o Senhor me ajude a despertar os dons que me deste e estão adormecidos. Em nome do Senhor Jesus, venha com o fogo do Teu Espírito! Venha com a Tua glória sobre mim. Em Nome de Jesus! Amém.

31 OUTUBRO — SOB SEU CONTROLE

"E, impondo-lhes Paulo as mãos, veio sobre eles o Espírito Santo; e falavam línguas e profetizavam." At 19.6

Em segundo lugar, temos que considerar que esse dom foi liberado a Timóteo por meio da imposição de mãos de Paulo. Como sabemos que a Bíblia explica a Bíblia, temos, em Atos 19.1-6, a narrativa de uma única ocasião em que Paulo orou com imposição de mãos: houve o batismo com Espírito Santo e a evidência do falar em línguas estranhas.

O único dom do Espírito Santo que opera segundo a nossa vontade é o dom de línguas. Todos os outros dependem do querer de Deus e não nosso. Em 1 Coríntios 14.14, Paulo diz que "se eu orar em línguas estranhas, o meu espírito ora de fato". "Se eu orar" significa que eu decido orar. O Espírito Santo é o nosso consolador. Quanto mais orarmos em línguas, tanto mais receberemos edificação. Que nossa mente seja submetida ao nosso espírito. Sim, irmãos, ceda diariamente mais espaço ao seu espírito e entregue-o em primícias para o Senhor, nosso Deus, que nos consagra e abençoa.

Oração: Eu quero, eu desejo, eu anseio e eu profetizo: vem e derrama sobre mim, Senhor, o Teu Espírito. Derrama do Teu fogo. Derrama da Tua glória sobre mim! Eu quero ser cheio para orar em línguas, como disse Paulo, mais do que todos os outros. Vem como fogo e me renova, Senhor, em Nome de Jesus!

ESPÍRITO E MENTE

01 NOVEMBRO

"Porque o que fala língua estranha não fala aos homens, senão a Deus; porque ninguém o entende, e em espírito fala de mistérios." 1 Co 14.2.

O espírito de poder, de amor e de moderação será ativado em nós. Então, ore em línguas o dia inteiro. Quando falamos em línguas, se estivermos cheios de ansiedade e medo, abanamos as brasas do altar de Deus (que é o nosso espírito), expulsamos a timidez, crescemos em ousadia, poder, amor e equilíbrio, produzimos cura para o corpo, sabedoria para a mente e amor para o coração. Querido leitor! Quero lhe motivar a orar em línguas estranhas por quinze minutos todos os dias, sempre no mesmo horário. "Que farei, pois? Orarei com o espírito, mas também orarei com o entendimento; cantarei com o espírito, mas também cantarei com o entendimento." 1 Co 14.15.

Enquanto você estiver orando em línguas, ore também com a sua mente aquilo que vier ao seu coração. Você pode fazer o propósito de orar por alguma situação que tem lhe causado preocupação, por uma questão difícil ou impossível, ou até mesmo por uma necessidade.

Oração: Ore em línguas por alguns instantes. Peça algo para o Senhor, algo espiritual e observe o que acontece dentro de você.

João 1-2

02 OVEMBRO — **MINHA DEVOÇÃO**

"Está consumado" Jo 19.30

Entramos no reino de Deus através do novo nascimento, fomos sepultados com Cristo no batismo e ressuscitamos com Ele através do poder do Espirito Santo. Iniciamos a vida cristã através da obra consumada de Cristo na cruz.

A partir desse entendimento, quero compartilhar como realizo o meu devocional diário:

Coloco-me diariamente a sós na presença de Deus para, com Ele, me relacionar intimamente. O salmista disse que a intimidade do Senhor é para os que o temem. A palavra "temor" tem vários significados: medo, obediência, submissão, reverência e amor. Na velha aliança, o povo de Deus obedecia ao Senhor por medo da Sua ira. Na nova aliança não só obedecemos a Deus, mas também prestamos a Ele submissão, honra, respeito, reverência e amor. Por que? Porque o relacionamento com Deus, através da nova aliança, é inspirado pelo amor. Diante disso, o que me motiva todos os dias a investir tempo de qualidade com Deus em devocional é saber que sou profundamente amado.

Oração: Pai querido, eu Te reverencio, e Te amo porque o Senhor me amou primeiro. Embora o Senhor seja tão grande, tão poderoso, o Senhor é totalmente amor. Obrigado por me escolher, me chamar e me fazer seu filho. Obrigado por tudo o que Tens feito. Te amo, Pai.

PROFUNDAMENTE AMADO

03 NOVEMBRO

"Nós o amamos porque ele nos amou primeiro," 1 Jo 4.19

Ele nos amou primeiro enviando o Seu Filho para morrer em nosso lugar. Por essa razão, presto a Ele temor, submissão, respeito, honra, reverência e amor. Então, o relacionamento com Deus, através da nova aliança, é inspirado pelo amor e não pelo medo. Diante disso, o que me motiva todos os dias a investir tempo de qualidade com Deus, em devocional, é saber que sou profundamente amado. Levo a minha imaginação para o calvário, contemplo o grande amor de Deus por mim através da grande troca do calvário, em que Cristo tomou o meu lugar, fazendo-se pecado em meu lugar. Ele assumiu a minha culpa, dando-me o perdão e a vida eterna. Isso é sensacional. Aleluia!

Tenho o hábito de orar em língua estranha a maior parte do tempo em que me dedico em devocional, como também no decorrer do dia. Enquanto falo em língua estranha, rumino na mente versículos que falam do amor de Deus. Deus nos amou e enviou o Seu Filho como propiciação pelos nossos pecados.

Oração: Te amo, ó Pai. Quando medito e penso no que fizeste por mim, meu coração se comove, se remexe, se aquece. Quão grande é esse amor. Resolveste todos os problemas provocados pelo pecado para que eu pudesse desfrutar da Tua presença. Isso é muito doce e suave. Isso é muito bom. Muito obrigado por tão grande salvação, ó amado Jesus.

João 5-6

04 NOVEMBRO — INOCENTES

"Mas Deus prova o seu próprio amor para conosco pelo fato de ter Cristo morrido por nós, sendo nós ainda pecadores. Logo, muito mais agora, sendo justificados pelo seu sangue, seremos por ele salvos da ira." Romanos 5.8-9

Paulo diz que o sangue de Cristo nos justificou, isto é, fomos feitos justos, ou seja, inocentes, sem culpa, livres de condenação. Comumente começo o meu devocional orando em língua estranha e mastigando esses versículos na mente (Rm 5.8-9). Imediatamente, sou tomado por um forte quebrantamento promovido pela manifestação do amor de Deus em meu coração.

À medida que desfruto da comunhão com o Senhor através do Espírito Santo que habita em mim, simultaneamente medito na Sua Palavra, ruminando-a na mente. O resultado disso é a renovação da mente. O processo de transformação da nossa alma envolve, necessariamente, a renovação da mente pela Palavra de Deus. A meditação na Palavra de Deus produz uma crença correta, pois somos alimentados pelo alimento sagrado, pelo maná, pela Palavra viva, o que nos enche de força e amor. A crença correta conduz a um viver correto. Irmão, se esforce na busca e entrega diária a Cristo.

Oração: Espírito Santo de Deus, dá-me inspiração, revelação e, cada vez mais, dá-me desejo de meditar em Sua Palavra. Somente assim terei capacidade de pensar como o Senhor pensa, ver como vê, crer como crê. Em Nome de Jesus. Amém.

DEVOCIONAL LEVA AO PROCESSO

05 NOVEMBRO

"E não vos conformeis com este século, mas transformai-vos pela renovação da vossa mente, para que experimenteis qual seja a boa, agradável e perfeita vontade de Deus." Rm 12.2

Charles Spurgeon disse que "a crença correta conduz ao viver correto". À medida que meditamos na Palavra de Deus, a mente é renovada. Com a renovação da mente, alcançamos fé para crer nas promessas de Deus. Isso nos leva à apropriação. O próximo passo no devocional, agora, é abrir a boca e fazer declarações de fé. Feche os olhos e enxergue o que fala... Então, se há uma doença no físico, agora é o momento de abrir a boca e declarar a cura em nome do Senhor Jesus Cristo. Se há uma necessidade, abrir a boca e declarar a provisão. Se há um problema a ser resolvido, declarar a solução. Se há um relacionamento quebrado, declarar a restauração. Somos profetas da nova aliança, aqueles que, assim como Cristo, foram convocados para trazer paz, justiça, amor, bondade, perdão.. Devemos sempre abrir a boca e declarar o que queremos ver.

Oração: Obrigado Senhor pelo processo de transformação. Porque através dele sou modelado no modelo de Cristo, sou trabalhado para parecer-me com Cristo. A pensar como Ele pensa, ver como Ele vê, desejar o que Ele deseja. Inunda o meu ser com um profundo desejo de me render e aceitar esse processo, em Nome de Jesus. Amém.

João 9-10

06
NOVEMBRO

PROFUNDIDADE

"Mediu ainda outros mil, e era já um rio que eu não podia atravessar, porque as águas tinham crescido, águas que se deviam passar a nado, rio pelo qual não se podia passar." Ez 47.5

Profundidade é uma boa palavra para definir um devocional. Devocional leva à profundidade. Ezequiel foi convidado e guiado por um anjo para águas profundas, em etapas. A segunda etapa não veio antes que ele seguisse até o fim da primeira. E o convite às águas que só podiam ser atravessadas nadando só veio após três etapas de obediência, atendimento ao convite, ter aceito entrar água adentro. Ezequiel entrou vendo uma vara de medir e lá, depois de ir ao profundo, quando subiu das águas, já não via como antes. Via o que não via antes. Sua visão é alterada, mudada. Seu ser é renovado. O frescor, o novo, a nova perspectiva, maior alegria... quanta coisa há nas profundezas da intimidade com o Todo Poderoso, que é seu Pai.

Devotar-se envolve oração, insistência, disciplina, esforço. Nem sempre você vai querer. Essas etapas precisam ser vencidas. Profundidade em Deus exige curiosidade, vontade, querer estar próximo de Deus. Muitas vezes você não se sentirá apto, preparado, com vontade.

Oração: Ó Pai querido, como eu desejo ir mais fundo. Como eu desejo ir às profundezas do Teu ser. Tu és totalmente perfeito, totalmente puro. Leva-me a águas profundas, leva-me além de minhas limitações. Eu clamo por isso, em Nome de Jesus.

João 11-12

GOVERNE SEUS PENSAMENTOS

07 NOVEMBRO

"Tenha cuidado com o que você pensa, pois a sua vida é dirigida pelos seus pensamentos." Pv 4.23 NTLH

Cerca de três mil anos atrás, o rei Salomão disse isso pelo Espírito. O filósofo Decartes disse: "eu sou o que eu penso".

Exerça autodomínio sobre a sua mente. Não permita que a passividade e a inatividade dominem a sua mente. "Um passarinho pode até pousar em sua "cabeça", mas não pode fazer um ninho". Em segundo lugar: use sempre o que está escrito em Filipenses 4.8 para peneirar os seus pensamentos: "Quanto ao mais, irmãos, tudo o que é verdadeiro, tudo o que é honesto, tudo o que é justo tudo o que é puro, tudo o que é amável, tudo o que é de boa fama, se há alguma virtude, e se há algum louvor, nisso pensai".

Tenha um estilo de vida de adoração. Em Lc 7.36-50, temos o exemplo da mulher pecadora que adorou a Jesus na casa do fariseu, sem se importar com a presença dele ou seus julgamentos.

Contemple o Senhor. Em 2 Co 3.18, a palavra nos fala que quando o contemplamos, somos transformados. Nossa mente, além de controlada, ela passa a ser transformada.

Oração: Querido Deus, dá-me domínio próprio e autocontrole. Que através desse governar de pensamentos eu possa ser mais objetivo, mais santo, mais parecido contigo no meu pensar, falar, sentir e agir. Ajuda-me a praticar essas disciplinas espirituais. Em Nome de Jesus, Amém.

João 13-15

08 NOVEMBRO
LÍNGUA, DOMANDO ESTA FERA

"Porque todos tropeçamos em muitas coisas. Se alguém não tropeça no falar, é perfeito varão, capaz de refrear também todo o corpo. Ora, se pomos freio na boca dos cavalos, para nos obedecerem, também lhes dirigimos o corpo inteiro." Tg 3.2-3

Tanto o que você diz quanto o que você não diz é importante. Para falarmos adequadamente, não só devemos falar as palavras certas no tempo certo, mas também não devemos dizer aquilo que não deve ser dito. Para domarmos a língua, precisamos dominar nosso pensamento. Uma língua não domada, sem freios, fala de mexericos, despreza pessoas, realiza manipulações, falsos ensinos, exageros, reclamações, bajulações, mentiras e exibe orgulho.

Portanto, antes de falar, use as seguintes perguntas como um freio: o que quero dizer faz parte da Verdade absoluta de Deus? É Necessário? É Gentil? Todas as falas que não contemplam a verdade sagrada e divina precisam ser abolidas da nossa boca. É verdade? É necessário? É gentil? Use esses freios antes de falar, pois podemos plantar ou destruir com nossas palavras - e, acredite, as palavras são de nossa responsabilidade.

Oração: Pai amado, ajuda-me a controlar e domar a minha língua. Ajuda-me a lembrar e usar esses freios e sempre me questionar antes de falar, se é verdade, necessário ou gentil. Em Nome de Jesus, que eu perca a vontade pecaminosa de falar impensadamente ou de forma que magoe ou machuque as pessoas. Que a minha fala seja uma bênção para as pessoas. Amém.

EXERCENDO GOVERNO SOBRE A LÍNGUA

09 NOVEMBRO

"Porque todos tropeçamos em muitas coisas. Se alguém não tropeça no falar, é perfeito varão, capaz de refrear também todo o corpo." Tg 3.2

Ninguém saberá se relacionar bem com as pessoas se, primeiramente, não domar a sua própria língua. A comunicação é a chave, independente do tipo de relacionamento entre as partes. Theodore Roosevelt disse que "o principal ingrediente da fórmula do sucesso é saber se relacionar bem com as pessoas". Para nos relacionarmos bem, precisamos exercer governo sobre a língua. A Bíblia nos fala de várias formas para conseguirmos isso.

Submeter nossa língua à autoridade de Deus – "Põe guarda, SENHOR, à minha boca; vigia a porta dos meus lábios." Sl 141.3. Ter uma linguagem sã: "linguagem sadia e irrepreensível, para que o adversário seja envergonhado, não tendo indignidade nenhuma que dizer a nosso respeito". Tt 2.8. Que o poder da linguagem de Deus, a sobriedade e a autoridade divina esteja acima e ao lado de todo cristão que busca desenvolver sua vida espiritual.

O amor de Cristo é conosco, irmãos, busquemos seus ensinamentos na Palavra e na intimidade.

Oração: Paizinho querido, coloque um guarda à minha boca. Que eu tenha um linguajar edificante, uma fala doce, agradável e abençoadora. Que minha linguagem seja saudável, como reflexo da minha mente transformada, renovada. Em Nome de Jesus. Amém.

João 18-19

10 NOVEMBRO — COMO FILHOS

"E, quando orardes, não sereis como os hipócritas; porque gostam de orar em pé nas sinagogas e nos cantos das praças. Tu, porém, quando orares, entra no teu quarto e, fechada a porta, orarás a teu Pai, que está em secreto; e teu Pai, que vê em secreto, te recompensará. E, orando, não useis de vãs repetições, como os gentios" Mateus 6:5-8

Jesus disse que jamais fizéssemos orações que fazemos somente para homens. Quero tocar um aspecto menos evidente da hipocrisia, há muitas orações que podemos nos arriscar a fazer simplesmente porque alguém nos pediu que oremos, ou porque a oportunidade ficou com você, você pode e deve orar quando isso acontecer, mas não o faça só por fazer. Coloque intenção, coração, paixão, que toda a sua vida material e espiritual dependa da oração. Deus reconhece os corações aflitos.

Já falamos sobre tameon, é a sala de tesouro, o quarto onde devemos nos refugiar, entrando e fechando a porta quando oramos, a questão aqui, podemos orar em publico mas com o nosso coração abrigado de portas fechadas em tameon, é que quando oramos o fazemos como filhos, assim como os pequenos abrem a geladeira de casa quando estão com fome.

Oração: Oh Pai, que honra saber que sou filho, em qualquer lugar, em qualquer situação, seja para o que for, a todo tempo, acesso a intimidade como um filho, por que essa é a posição que o Senhor me colocou, é nesta condição que eu oro a ti no dia de hoje

VEJA O PRÓXIMO DE FORMA DIFERENTE

11 NOVEMBRO

"Assim que, daqui por diante, a ninguém conhecemos segundo a carne; e, ainda que também tenhamos conhecido Cristo segundo a carne, contudo, agora, já o não conhecemos desse modo." 2 Co 5.16

Falar sobre mudar a maneira de ver o próximo é um dos grandes desafios de mudança de postura do novo cristão, pois o Reino enxerga essa relação de outra forma. Assim, buscar vê-lo como Deus vê, requer um relacionamento de intimidade com o Espírito de Deus. O recurso mais poderoso do cristão é a comunhão com Deus por meio da oração. Os resultados da oração geralmente são maiores do que consideramos possível. Algumas pessoas consideram a oração um último recurso, mas essa abordagem é um retrocesso. A oração dever vir em primeiro lugar.

Para vermos as pessoas com a visão de Deus precisamos continuamente nos alimentar de Cristo. Cristo é a chave para amar o próximo. Alimentamo-nos dele, diariamente, por meio da oração e, também, através da leitura e meditação bíblica.

Oração: Eu oro, Senhor, pela vida dos meus irmãos em Cristo, especialmente os da minha igreja e convívio! Dá-me mais amor por eles, capacita-me a amá-los e enxergá-los com os Teus olhos, Senhor. Obrigado, Paizinho! Em Nome de Jesus!

Atos 1-3

12 NOVEMBRO
VOCÊ É MUITO AMADO

"Porque toda a lei se cumpre numa só palavra, nesta: Amarás o teu próximo como a ti mesmo." Gl 5.14

Paulo, escrevendo aos Gálatas, confirma que a lei exige que amemos ao nosso próximo como a nós mesmos. Acredito que você pensa como eu: Isso é impossível! Afinal, nossa tendência humana é inegavelmente egoísta, individual e quer o melhor sempre pra si. Entretanto, no Reino de Deus, muitas coisas são ao contrário. Devemos desejar o melhor – e o amor – ao outro tanto quanto a nós mesmos.

No Novo Testamento, a graça nos exorta a crermos que somos muito amados pelo nosso Aba Pai. Quando nos voltamos para o Novo Testamento, somos surpreendidos percebendo que Deus não está interessado em saber o quanto O amamos, mas sim no quanto sentimos que somos amados por Ele. O nosso próprio amor é lei, mas o amor do Senhor é graça. Quanto mais revelação recebemos do amor do Senhor Jesus Cristo, tanto mais somos constrangidos a amar o nosso Aba Pai. Que esse constrangimento traga a submissão necessária para nos achegarmos diariamente ao Senhor e buscá-lo nos momentos difíceis e bons de nossa vida.

Oração: Obrigado, Pai, pela Tua palavra. Quero descobrir o quanto o Senhor me ama. Leva-me ao profundo. Quero crescer na graça. Mergulhar na Tua graça. Aleluia! Amém! Aleluia! Eu Te amo, mas não vou me basear no Teu amor. Seu amor por mim será sempre a referência de amor.

CONSTRANGIDOS

"Pois o amor de Cristo nos constrange, porque julgamos assim: se um morreu por todos, logo todos morreram; e ele morreu por todos, para que os que vivem não vivam mais para si, mas para aquele que por eles morreu e ressuscitou." 2 Co 5.14-15.

13 NOVEMBRO

O constrangimento causado pelo amor de Cristo em nosso coração nos constrange a amar a Deus e, automaticamente, amar ao próximo. Assim, nos tornamos um canal de Deus através do qual o Seu amor flui para amarmos as pessoas. Na lei você deve amar o seu próximo como a si mesmo, no entanto, na graça, você o ama como Deus lhe ama. O segredo do cristão vencedor é provar continuamente do amor do Pai. Aquele que sabe que é amado, possui uma maior sensibilidade espiritual. A sua expectativa é receber o melhor de Deus e não o pior. Automaticamente, vive livre do medo, da ansiedade, da acusação, da culpa e da condenação. Vive em paz com Deus, consigo mesmo e com o próximo.

A intimidade do Senhor é para os que têm a revelação do amor de Deus, aos quais Ele dará a conhecer a Sua aliança. Qual o resultado gracioso dessa aliança no Novo Testamento? O Senhor Jesus Cristo nos salvou da condenação do inferno.

Oração: Eu oro, Senhor, pela vida dos meus irmãos em Cristo, especialmente os da minha igreja e convívio! Dá-me mais amor por eles, capacita-me a amá-los e enxergá-los com os Teus olhos, Senhor. Obrigado, Paizinho! Em Nome de Jesus!

Atos 6-7

14 NOVEMBRO — VERDADES QUE EDIFICAM I

"Veio para o que era seu, e os seus não o receberam. Mas a todos quantos o receberam deu-lhes o poder de serem feitos filhos de Deus: aos que creem no seu nome." Jo 1.11-12

Ele se ofereceu como sacrifício perfeito para nos tornar filhos de Deus. Passou por humilhações, pois sabia de sua missão com o destino da humanidade, ele sabia o que era necessário para salvar o mundo, espiritualmente falando... Ele se fez pobre para nos enriquecer: "Porque já sabeis a graça de nosso Senhor Jesus Cristo, que, sendo rico, por amor de vós se fez pobre, para que, pela sua pobreza, enriquecêsseis 2 Co 8.9. Ele se fez doença para nos curar: Levando ele mesmo em seu corpo os nossos pecados sobre o madeiro, para que, mortos para os pecados, pudéssemos viver para a justiça; e pelas suas feridas fostes sarados." 1 Pe 2.24.

Ele se fez carne para nos abençoar: "Cristo nos resgatou da maldição da lei, fazendo-se maldição por nós, porque está escrito: Maldito todo aquele que for pendurado no madeiro;" Gl 3.13. Que a força dessa passagem, desse Palavra viva, encontre lugar no seu coração e cause impacto, irmãos.

Oração: Obrigado, Senhor Jesus. Quando medito no que fizeste por mim, meu coração se alegra, minha alma se quebranta. Sou constrangido, sou impactado e sinto-me encorajado a entregar-me ao Teu querer e vontade. Vejo-me com uma vontade cada vez maior de Te conhecer e viver para que a Tua vontade seja feita aqui na terra como é feita no céu. Graças, Senhor, por tão grandes coisas que fizeste por mim. Aleluia!

VERDADES QUE EDIFICAM II

15 NOVEMBRO

"Em quem temos a redenção pelo seu sangue, a remissão das ofensas, segundo as riquezas da sua graça". Ef 1.7

Jesus se fez redenção para nos conceder Sua bendita graça. Ele se sacrificou para que fôssemos abençoados com toda sorte de bênçãos e para que a humanidade fosse purificada: "Bendito o Deus e Pai de nosso Senhor Jesus Cristo, o qual nos abençoou com todas as bênçãos espirituais nos lugares celestiais em Cristo" (Ef 1:3). Ele se fez pecado para nos tornar justiça de Deus: "Àquele que não conheceu pecado, o fez pecado por nós; para que, nele, fôssemos feitos justiça de Deus" (2 Co 5:21).

Para conhecer o amor de Cristo, precisamos seguir um caminho que vai além dos dons, do individualismo ou das conquistas materiais. É o caminho do exercício e da prática do amor, edificando não apenas nossa vida material, mas principalmente a espiritual e eterna. É trilhando o caminho divino que fortalecemos nossa caminhada com Deus, lembrando que um dia prestaremos contas ao nosso Pai celestial. Buscar esse caminho é viver verdadeiramente o propósito de Cristo, que nos chamou para sermos luz e testemunhas do Seu amor e graça em todas as áreas de nossas vidas.

Oração: Pai, eu oro hoje, pedindo que o Senhor me ajude a desfrutar das bênçãos que a Tua morte na cruz me proporciona e, ao mesmo tempo, peço que me ajude também a amar o próximo, amar meus irmãos, meu cônjuge, minha família. Quero trilhar o caminho do amor, que é o mais excelente. Capacita-me e ajuda-me. Em Nome de Jesus, Amém.

Atos 10-11

16 NOVEMBRO
O AMOR DE DEUS

"Quem ama é paciente e bondoso. Quem ama não é ciumento, nem orgulhoso, nem vaidoso. Quem ama não é grosseiro nem egoísta; não fica irritado, nem guarda mágoas. Quem ama não fica alegre quando alguém faz uma coisa errada, mas se alegra quando alguém faz o que é certo. Quem ama nunca desiste, porém suporta tudo com fé, esperança e paciência." 1 Co 13.4-7 NTLH.

O amor de Deus tem um nome: chama-se Jesus Cristo. A maneira violenta, apaixonada, profunda, sem limites e sem barreiras, através da qual o Pai nos amou, foi entregando o Seu Filho na cruz para nos resgatar do pecado, do diabo, da doença, da maldição, da culpa, da condenação e do inferno. Cheio de paciência e bondade, sem inveja, orgulho ou vaidade, sem usar de grosseria com você e despojado de todo egoísmo. Jesus não se irrita, tampouco guardas mágoas, não se alegra quando você O desobedece e sofre as consequências, mas alegra-se quando você faz o que é certo e desfruta da prosperidade. Ele não desiste de amar você, suporta tudo com fé, esperança e paciência, acreditando que Seu amor irá lhe transformar a cada dia segundo à Sua imagem. Você é muito amado por Ele. Devemos retribuir esse amor dedicando nosso tempo, dons, segredos e intimidade com o Senhor que nos ama.

Oração: Querido Aba, eu sou grato. Como agradecer? Eu sou amado, muito amado pelo Senhor. Eu me rendo aos Teus pés, em oração, humildade, quebrantamento, sem resistência e recebo Seu amor. Senhor. Aleluia!

MEDIDOR DE AMOR

17 NOVEMBRO

"Amados, amemo-nos uns aos outros, porque a caridade é de Deus; e qualquer que ama é nascido de Deus e conhece a Deus. Aquele que não ama não conhece a Deus, porque Deus é caridade." 1 Jo 4.7-8

A intensidade com a qual amamos as pessoas expõe o quanto nos sentimos amados pelo Pai. "Nisto está a caridade: não em que nós tenhamos amado a Deus, mas em que ele nos amou e enviou seu Filho para propiciação pelos nossos pecados." 1 Jo 4.10. "E nós conhecemos e cremos no amor que Deus nos tem. Deus é caridade e quem está em caridade está em Deus, e Deus, nele." 1 Jo 4.16. "Na caridade não há temor; antes, a perfeita caridade lança fora o temor; porque o temor tem consigo a pena, e o que teme não é perfeito em caridade. Nós o amamos porque ele nos amou primeiro." 1 Jo 4. 18-19.

Nós damos às pessoas aquilo que recebemos. Quanto mais íntimo o nosso relacionamento com Deus, tanto mais estaremos abertos para aprofundar os nossos relacionamentos com as pessoas que Deus nos presenteia a caminharmos juntos. Sendo assim, nosso maior desafio diário é: entregar nosso tempo e espaço ao Senhor. E devemos vencer esse desafio, que só trará benefícios em nossas vidas.

Oração: Aba Pai, Papai querido, transborda-me do Teu amor. Quanto mais cheio for do Teu amor, mais poderei amar as vidas, as pessoas ao meu redor e do meu grupo de relacionamento. Quero me relacionar com os outros de maneira profunda, assim como me relaciono contigo. Oro a Ti por isso, Papai, em nome do Senhor Jesus Cristo.

Atos 14-15

18 NOVEMBRO

SEGREDOS REVELADOS

"O segredo do SENHOR é para os que o temem; e ele lhes fará saber o seu concerto." Sl 25.14

A intimidade do Senhor é para aqueles que se sentem amados por Ele. Você crescerá em intimidade com o Senhor tanto quanto crescer em revelação acerca do Seu amor. Isso se refere a um cristão que deixou de amar o Senhor, mas também àquele que perdeu a convicção do amor do Senhor por ele. Só ama com o amor ágape, que é o amor de Deus, aquele que se sente amado por Deus. Permanece, de fato, no exercício do amor, aquele que tem a revelação do amor de Deus por si. Quem revela esse amor é o Espírito Santo.

Deus espera que cada cristão busque no Espírito Santo a revelação desse amor e se alimente dele. O amor paternal de Deus é o combustível da fé. Essa liberdade deixa o cristão esvaziado da expectativa de se relacionar com as pessoas com a necessidade de se sentir amado. Pelo contrário, ele se sente tão abençoado que deseja estar na vida das pessoas para amar e se doar, tal qual Cristo fez por nós.

Oração: Senhor Jesus Cristo, revela-me os teus segredos. Quero me aprofundar em Te conhecer e conhecer o Teu amor por mim. Quero ser íntimo Teu, em nome de Cristo Jesus. Leva-me a isso, cada vez mais. Em Nome de Jesus, amém!

REMOVA OS RÓTULOS

19 NOVEMBRO

"Por isso, daqui em diante, não vamos mais usar regras humanas quando julgarmos alguém. E, se antes de nos termos tornado cristãos julgamos Cristo de acordo com regras humanas, agora não fazemos mais isso." 2 Co 5.16 NTLH

A ninguém mais vejo segundo a carne porque agora coloco os óculos de Deus e enxergo as pessoas pelas lentes da graça. Já não julgamos mais as pessoas pelas leis e regras humanas, e sim pela lei da nova aliança, que é o amor. O nosso nível de espiritualidade é medido por aquilo que fazemos com os rótulos das pessoas quando os descobrimos.

Vamos parar de cultivar a prática de ter rótulos para todo mundo, o único rótulo necessário é Cristo em nossas vidas, ou seja: a marca de amor, bondade, perdão, justiça que ele ensina e deixa em cada um de nós! Pode até ser que tudo isso sejam verdades naturais, no entanto, já não enxergamos as pessoas pela nossa ótica, e sim com os óculos de Deus que possuem as chamadas "lentes da graça". Não somos caçadores de rótulos, somos removedores de rótulos! Que Cristo esteja acima de toda aparência!

Oração: Como Paulo nos ensina nesse texto aos Filipenses, óh Pai, eu removo os óculos do julgamento. Eu abro meu coração e minha mente para olhar segundo os Teus olhos, com amor. Estarei com disposição para servir e honrar as pessoas, começando a olhar para o melhor delas e com os olhos de que o Senhor as ama incondicionalmente, tanto quanto a mim. Para Tua honra e glória, em nome de Jesus. Amém.

Atos 18-19

20 NOVEMBRO

REMOVA

"Ouvistes que foi dito: Amarás o teu próximo e aborrecerás o teu inimigo. Eu, porém, vos digo: Amai a vossos inimigos, bendizei os que vos maldizem, fazei bem aos que vos odeiam e orai pelos que vos maltratam e vos perseguem, para que sejais filhos do Pai que está nos céus; porque faz que o seu sol se levante sobre maus e bons e a chuva desça sobre justos e injustos. Pois, se amardes os que vos amam, que galardão tereis? Não fazem os publicanos também o mesmo? E, se saudardes unicamente os vossos irmãos, que fazeis de mais? Não fazem os publicanos também assim? Sede vós, pois, perfeitos, como é perfeito o vosso Pai, que está nos céus." Mt 5.43-48

O Senhor Jesus nos exorta a amar o nosso inimigo. Qual o significado bíblico de "próximo"? O Senhor Jesus nos exorta a amar o próximo. O "próximo", na língua grega em que foi escrito o Novo Testamento, é "plesion", referindo-se a vizinho, amigo, qualquer outra pessoa onde duas estão envolvidas, o outro (teu companheiro). De acordo com os judeus, qualquer membro da nação e comunidade hebraica. De acordo com Cristo, qualquer outra pessoa (não importa de que nação ou religião) com quem se vive ou com quem se encontra. Quando é que o próximo se torna nosso inimigo?

Como amar o inimigo? Vivendo no princípio bíblico da morte segundo o Evangelho.

Oração: Meu Pai, oro pelos meus inimigos. Peço que os abençoe! Oro agora também pelas pessoas que eu julgo como inimigas e não são. Em Nome do Senhor Jesus! Amém.

SENDO UM CANAL

21 NOVEMBRO

"Assim também, vós considerai-vos como mortos para o pecado, mas vivos para Deus, em Cristo Jesus, nosso Senhor." Rm 6.11

Pela fé, o cristão está morto para o mundo. Pela fé, o cristão está morto para o pecado. "Assim, meus irmãos, também vós estais mortos para a lei pelo corpo de Cristo, para que sejais doutro, daquele que ressuscitou de entre os mortos, a fim de que demos fruto para Deus." Rm 7.4. "Pela fé, o cristão está morto para a lei. Já estou crucificado com Cristo; e vivo, não mais eu, mas Cristo vive em mim; e a vida que agora vivo na carne vivo-a na fé do Filho de Deus, o qual me amou e se entregou a si mesmo por mim." Gl 2.20. Você se tornará alguém com o qual as pessoas tenham prazer de estar e conviver porque se sentirão como se estivessem com o próprio Cristo. Pela fé, o cristão está morto para o ego. É impossível amar as pessoas como Cristo nos ama do ponto de vista humano. Porém, quando valorizamos o que Deus valoriza, passamos a colocar as pessoas acima de coisas.

O Senhor Jesus expressou suas prioridades ao vir à terra se entregar pelos homens. Liberte-se do jugo de ter que amar. Simplesmente seja um canal de Deus através do qual Cristo possa amar as pessoas. Deixe Cristo amar através de você!

Ao enxergar as pessoas como Jesus as enxerga, você perceberá que elas são preciosas e muito valiosas.

Oração: Senhor, eu me aproprio da capacidade que o Teu amor me dá. Quando me sinto e sei o quanto sou amado, tenho do Teu amor para amar as pessoas. Deus de amor, faça fluir através de mim, este humilde canal, o Teu amor. Obrigado Aba. Amém.

Atos 22-23

22 NOVEMBRO
NÃO DESISTA DOS SEUS SONHOS

"E dizia um ao outro: Vem lá o tal sonhador!" Gn 37.19

Quero falar sobre como tornar os seus sonhos uma realidade com o exemplo de José do Egito. Na verdade, a trajetória de um campeão. O nome de José, em hebraico, é Yoseph, significa que Ele (Deus) adiciona (filhos). Primeiro filho de Raquel (Gn 30.24) e o preferido do pai Jacó. Depois de vendido como escravo pelos irmãos para o Egito, foi injustamente acusado e posteriormente elevado ao posto de governador. Foi instrumento de Deus para preservação da vida do seu povo.

Morreu aos 110 anos e foi embalsamado segundo os costumes dos egípcios. Teve dois filhos: Efraim e Manasses, cujas tribos também são conhecidas pelo nome "casa de José". Recebeu a bênção de Jacó (Gn 49.22-26). Os caminhos pelos quais José passou para realizar o seu sonho: 1. Da casa do pai à cisterna (Gn 37.1-24); 2. Da cisterna ao mercado de escravos (Gn 37.24-28); 3. Do mercado de escravos ao serviço na casa de Potifar – capitão da guarda de Faraó (Gn 37.28-36); 4. De escravo livre a escravo prisioneiro (Gn 39.1-20); 5. De prisioneiro se tornou governador (Gn 40 e 41). Você é mais que vencedor, mas há uma trajetória pra qual você deve passar para chegar à realização do seu sonho.

Oração: Obrigado, Senhor, pela sua vitória, que me faz mais que vencedor. Peço, em Nome de Jesus: força, encorajamento e ânimo para poder caminhar e enfrentar os desafios e adversidades sem desanimar ou desistir do meu sonho e dos sonhos que o Senhor tem para a minha vida. Obrigado, Senhor.

Atos 24-26

LIÇÕES DE JOSÉ

"Vendo Potifar que o Senhor era com José..." Gn 39.3

23 NOVEMBRO

Primeira lição: Não existe terreno estéril quando Deus é quem planta. José foi plantado por Deus na casa de Potifar e lá José frutificou, no cárcere e lá também frutificou, no Palácio e lá também frutificou. Segunda lição: Não é o ambiente que faz a pessoa, mas a pessoa cheia do Espírito Santo que faz o ambiente. No trabalho, na escola, na sociedade, o mundo precisa ver as marcas de Deus em nós. Influenciando e não sendo influenciados. Disse a mulher de Potifar a José: "Deita-te comigo". Respondeu José à mulher do seu senhor: "E como eu pecaria contra Deus?" (Gn 39.9). José sabia que Deus esperava muito dele. Há uma expectativa de Deus em relação à resposta que devemos dar para o mundo. Terceira lição: Não basta sonhar (Gn 37.19). Entre sonhar e realizar este sonho, há caminhos de testes a serem percorridos, onde etapas não podem ser queimadas.

José passou pelo caminho da perseguição: os seus irmãos tinham inveja dele. Ele passou pelo caminho da traição: os seus irmãos venderam-no como escravo. José passou pelo caminho da tentação no trabalho: a mulher do seu patrão tentou seduzi-lo. José não desistiu, persista!

Oração: Deus todo-poderoso, ajuda-me a perseverar no caminho até a realização do sonho. Que o Senhor esteja comigo, como sei que estará. Fortaleça-me. Direciona-me. Guia-me, em Nome do Senhor Jesus. Aleluia!

Atos 27-28

24 NOVEMBRO
SEGREDOS DE JOSÉ PARA VOCÊ

"Vós, na verdade, intentastes o mal contra mim; porém Deus o tornou em bem, para fazer, como vedes agora, que se conserve muita gente em vida."
Gn 50.20

Viva acima da mediocridade, não aceite ser nivelado por baixo. Aonde José chegava, era posto em lugar de excelência: na casa de Potifar como mordomo-mor (chefe dos escravos, no meio dos escravos); no cárcere, teve a confiança do carcereiro (chefe dos presos, mesmo no presídio). Viva de tal forma que seus caluniadores e críticos passem por mentirosos. Certamente Potifar não acreditou em sua mulher. Julgou José apenas para manter sua imagem pública. Se realmente tivesse acreditado, teria mandado matá-lo – o costume normal da época.

Não negocie princípios, honre o nome de Deus e Deus o honrará. José estava numa excelente posição na casa de Potifar, era administrador de tudo o que ele possuía e ainda podia ter a chance de se deitar com a própria mulher dele (deveria ser linda, já que os comandantes tinham direito de escolherem as mulheres que desejavam). Porém não negociou os princípios de Deus que tinha no coração. Não aceite o ódio definitivo e fatal. José foi odiado em casa, mas Deus mudou a sua história e aqueles que o odiaram ele perdoou e isso transformou as suas vidas. Deus tem poder para transformar vidas.

Oração: Senhor, obrigado pelos desafios que a fé no Senhor e no evangelho me trazem. Posso vencer todos eles porque o Senhor está comigo. Ajuda-me a responder corretamente, a pagar o mal com o bem, a perdoar os que me ofenderem, a orar e abençoar os que me odeiam. Em Nome de Jesus. Amém.

TUDO CONTRIBUI PARA O SEU BEM

25 NOVEMBRO

"E sabemos que todas as coisas contribuem juntamente para o bem daqueles que amam a Deus, daqueles que são chamados por seu decreto." Rm 8.28

Não desperdice as oportunidades que Deus lhe dá. Na prisão, José aproveitou a oportunidade da saída do copeiro-mor de Faraó e pediu para que este se lembrasse dele. Quando Faraó ofereceu um alto cargo a José, ele não vacilou, aceitou o desafio e se apropriou da oportunidade. Assim como José, devemos estar atentos e preparados para aceitar os desafios e missões que Deus prepara e coloca em nossas vidas. E, ao começo e fim de cada dia, agradecer e entregar nas mãos do Senhor.

Nunca se esqueça: Deus está no controle. José entendeu que em toda sua trajetória de vida estavam as mãos de Deus lhe dirigindo. Creia nessa verdade! Tudo contribui para o bem daqueles que amam a Deus. Você pode amar a Deus simplesmente porque Ele lhe amou primeiro. Mantenha o coração protegido com a graça do perdão.

Oração: Eu decido perdoar Senhor, os meus perseguidores. Eu os abençoo. Ajuda-me a avançar e a caminhar em meio às calúnias, perseguições, oposições. Em nome de Jesus. Como foste com José no Egito, seja comigo nesse mundo. Quero reinar com Cristo nessa terra. Ajuda-me a pagar o preço. Amém. Aleluia!

26 NOVEMBRO — O PLANO DE DEUS

"É da natureza humana fazer planos, mas a resposta certa vem do Senhor".
Pv 16.1 NVT

Deus tem um plano para sua vida. E esse plano ou projeto está debaixo da Sua vontade. Romanos 12.2 diz que a vontade de Deus é boa, agradável e perfeita. Então, o melhor é fazer da vontade de Deus o seu sonho. Por quê? Porque a vontade de Deus nos faz sentir realizados e satisfeitos. Talvez você esteja questionando: Como saber a vontade de Deus? 1. Busque saber a revelação da vontade de Deus jejuando; 2. Tenha uma vida de oração contínua e intensa; 3. Cultive o hábito da leitura e meditação bíblica frequentes; 4. Exercite fé na justiça de Cristo; 5. Persevere em andar no temor ao Senhor por meio de uma vida de santidade; 6. Tenha disposição em obedecer à voz do Espírito Santo no seu íntimo. Assim, você estará sonhando os sonhos e planos de Deus para sua vida, e isso é glorioso, pois Ele mesmo ativará a fé no seu coração para crer.

Não desista dos seus sonhos! Não pare de sonhar, pois o seu sonho é o combustível que mantém você vivo, animado, motivado! Honre a Deus e Ele honrará você! Não desista dos seus sonhos porque Jesus Cristo ama você, e Ele é poderoso para levar você a desfrutar de bênçãos muito além daquilo que você é capaz de pensar ou imaginar (Ef 3.20).

Oração: Senhor, dá-me graça para ser intenso nos jejuns, nas orações e no temor ao Senhor. Espírito Santo, capacita-me a discernir a tua voz com clareza. Quero, Senhor, fazer dos teus planos e sonhos, os meus sonhos, pois sei que a tua vontade é boa, agradável e perfeita para minha vida, conforme a Bíblia afirma em Romanos 12.2.

O AMOR DE DEUS É UM COMBUSTÍVEL

27
NOVEMBRO

"Mas Deus prova o seu amor para conosco em que Cristo morreu por nós, sendo nós ainda pecadores. Logo, muito mais agora, sendo justificados pelo seu sangue, seremos por ele salvos da ira." Rm 5.8-9

No Velho Testamento, o sacrifício de animais era menor do que a ira de Deus, por isso havia a necessidade de se repetir os sacrifícios. No Novo Testamento (nova aliança em Cristo), não há necessidade de ser repetir os sacrifícios, porque o sacrifício de Cristo foi maior do que a ira de Deus. A ira de Deus contra você foi anulada pelo sacrifício de Cristo. Sabe o que restou para você? O amor de Deus com toda sorte de bênçãos. "Bendito o Deus e Pai de nosso Senhor Jesus Cristo, o qual nos abençoou com todas as bênçãos espirituais nos lugares celestiais em Cristo, em quem temos a redenção pelo seu sangue, a remissão das ofensas, segundo as riquezas da sua graça" Ef 1.3,7.

Os textos bíblicos citados acima são para encorajar você. Não desista dos seus sonhos. Jesus Cristo aplacou a ira de Deus na Sua morte sacrificial. Permanece o amor de Deus Pai para que você desfrute dele e se alimente. Faça do amor de Deus o combustível da fé para o cumprimento dos seus sonhos.

Oração: Querido Aba, muito obrigado pelo Teu amor. Sou grato por Tuas grandes promessas. Meu amado Salvador e Senhor Jesus Cristo! Agradeço-Te por Tuas palavras de amor e encorajamento. Elas me dão fé, certeza de que será como o Senhor tem dito. Aleluia! Vou em frente! Declaro que não desistirei dos meus sonhos, em nome do Senhor Jesus Cristo.

Romanos 11-14

28 NOVEMBRO
A VIDA É A SOLITUDE COM DEUS

"Mas tu, quando orares, entra no teu aposento e, fechando a tua porta, ora a teu Pai, que vê o que está oculto; e teu Pai, que vê o que está oculto, te recompensará." Mt 6.6

Tempo de solitude com Deus é aquele tempo a sós que todo cristão deve investir, para tornar mais íntima a sua comunhão com o Espírito Santo. Nesse texto, o Senhor Jesus Cristo está ensinando que a oração em secreto, a sós com o Pai, é ouvida e Ele dá a recompensa. Devemos orar na reunião da igreja juntamente com os irmãos, na célula – que é o pequeno grupo no qual comungamos e compartilhamos a Palavra de Deus - e também devemos orar no secreto, no particular, no oculto, isto é, a sós com Deus. Esse tipo de oração é a que, de fato, nos levará a um relacionamento de intimidade com Deus. É a oração que nos aproxima, como filhos, do nosso Pai Celestial. Devemos sempre buscar a solidão com nosso Senhor, entregar nosso tempo de qualidade e entregar nossa devoção a Ele.

É importantíssimo esse tempo a sós com Deus, no qual investimos em orar, ler e meditar na Sua Palavra. O recurso mais poderoso do cristão é a comunhão com Deus através da oração. Essa oração nos torna mais sensíveis ao Espírito Santo.

Oração: Quero Te honrar, Pai querido. Quero crescer em fé. Me inspire a Te buscar em oração. Quero me derramar, ter intimidade maior com o Senhor. Eu profetizo isso: enquanto Te busco, Tu me revelas mais e mais do Teu coração. Em Nome do Senhor Jesus Cristo! Aleluia!

SOLITUDE GERA SENSIBILIDADE

29 NOVEMBRO

"E, passando pela Frígia e pela província da Galácia, foram impedidos pelo Espírito Santo de anunciar a palavra na Ásia. E, quando chegaram a Mísia, intentavam ir para Bitínia, mas o Espírito de Jesus não lho permitiu. E, tendo passado por Mísia, desceram a Trôade. E Paulo teve, de noite, uma visão em que se apresentava um varão da Macedônia e lhe rogava, dizendo: Passa à Macedônia e ajuda-nos! E, logo depois desta visão, procuramos partir para a Macedônia, concluindo que o Senhor nos chamava para lhes anunciarmos o evangelho". At 16.6-10

Solitude com Deus é: Investir tempo diariamente para ler e meditar na Sua Palavra (Bíblia), orar em secreto com o Pai e desfrutar da Sua presença. Isso nos torna progressivamente sensíveis à voz do Espírito Santo. A sensibilidade para perceber qual palavra deve ser ministrada a alguém exige tempo de solitude com Deus. A sensibilidade para entrar por essa ou aquela porta de emprego exige tempo de solitude com Deus. A sensibilidade para falar ou não alguma coisa a tal pessoa exige tempo de solitude com Deus. A sensibilidade para tentar ou não tal estratégia exige tempo de solitude com Deus. Tudo que é espiritual exige solitude com Deus, então devemos estar preparados para entregar nosso tempo e nosso espaço ao Senhor.

Oração: Pai, eu tenho decidido Te buscar e tenho me colocado em Tua presença. Quero pedir para Ti sensibilidade para discernir e perceber o sopro do seu vento, me impelindo a me mover na direção que Tu desejas. Ajusto as velas do meu barco para receber a Tua direção. Em Nome de Jesus, Amém.

1 Coríntios 1-4

30 NOVEMBRO
A DIREÇÃO VEM COM SENSIBILIDADE

"Falava o SENHOR a Moisés face a face, como qualquer fala a seu amigo; então, voltava Moisés para o arraial, porém o moço Josué, seu servidor, filho de Num, não se apartava da tenda." Ex 33.11

Quando Jesus foi escolher os seus discípulos, Ele passou a noite inteira orando. Você não deveria se casar sem ter sensibilidade. Você não deveria negociar sem ter sensibilidade. Você não deveria exercer uma liderança espiritual sem ter sensibilidade. Não convém exercer o ministério pastoral sem ter sensibilidade. O exercício de uma liderança espiritual sem sensibilidade produz "cansaço". Deus falava com Moisés porque ele tinha tempo de solitude com Deus. Josué não se apartava da tenda, por isso Deus o escolheu como sucessor. Se você investir em tempo de solitude com o Senhor todos os dias, vai entender o propósito de Deus e não ficará confuso. Na época de Abraão, todos andavam para o oriente, porém Abraão investia em tempo de solitude com Deus e a sua sensibilidade o levou a ouvir o Espírito de Deus e andar para o ocidente. Significa andar na contramão de todos. Deus o queria diferente de todos.

Quem não investe em tempo de solitude vive confuso e se embaraça em pequenas dificuldades.

Oração: Deus, eu tenho uma vida privilegiada, pois tenho comunhão contigo. Muito obrigado, Senhor Jesus. A Tua presença modifica o meu caráter e me faz mais sensível, suscetível a perceber o Teu agir, o Teu falar e o Teu mover! Em Nome de Jesus!

1 Coríntios 5-9

SENSIBILIDADE DESCOBRE A VONTADE DE DEUS

01 DEZEMBRO

"E, havendo-lhes dado muitos açoites, os lançaram na prisão, mandando ao carcereiro que os guardasse com segurança, o qual, tendo recebido tal ordem, os lançou no cárcere interior e lhes segurou os pés no tronco. Perto da meia-noite, Paulo e Silas oravam e cantavam hinos a Deus, e os outros presos os escutavam. E, de repente, sobreveio um tão grande terremoto, que os alicerces do cárcere se moveram, e logo se abriram todas as portas, e foram soltas as prisões de todos. O carcereiro anunciou a Paulo estas palavras, dizendo: Os magistrados mandaram que vos soltasse; agora, pois, saí e ide em paz." At 16.23-26,36

Paulo e Silas sofreram muito na cidade de Filipos. No versículo acima, vemos que eles foram açoitados e presos por fazerem a vontade de Deus. Eles tinham convicção da vontade de Deus (evangelizar na cidade de Filipos) e por isso não murmuraram na prisão, mas louvaram ao Senhor e consequentemente veio o terremoto do livramento.

Talvez você esteja sofrendo por fazer a vontade de Deus e, se não investir em tempo de solitude com Deus, não se tornará sensível à voz do Espírito Santo. A insensibilidade poderá torná-lo confuso e, consequentemente, ser tentado a desistir do propósito de Deus; desistir de liderar; desistir de exercer uma função no Reino de Deus; desistir do seu casamento; desistir de acreditar na transformação de um filho; desistir de acreditar na restauração da sua vida financeira; desistir de cumprir a vontade de Deus; desistir do ministério... Invista diariamente em um tempo de solitude com Deus! Sua sensibilidade espiritual irá crescer progressivamente.

Oração: Pai, peço que me ajude a caminhar na Tua vontade. Quero discernir e entender qual a Tua direção, a Tua orientação específica, amado Espírito Santo. Em Nome de Jesus, oro de todo o meu coração. Amém.

1 Coríntios 10-13

02 DEZEMBRO — CAMINHE PELA MATURIDADE

"Pois todos os que são guiados pelo Espírito de Deus são filhos de Deus." Rm 8.14

Maturidade cristã não é um lugar que a gente alcança, mas sim um caminho a ser trilhado por a toda vida. Quem se interessa pela maturidade reconhece que há necessidade de se investir em tempo de solitude - "a sós" - com Deus. Quem zela pelo seu casamento, pela sua família, reconhece a necessidade de se investir numa vida consagrada a Deus, a qual envolve solitude com Deus. A maturidade leva a ter uma responsabilidade com o exercício da função assumida no Reino de Deus, surgindo a necessidade de se buscar a Deus para se ter sensibilidade. Se você exerce uma função no Reino de Deus, não abra mão dessa função por preguiça ou desânimo ou qualquer outro motivo.

Ao invés de desistir, vá para os pés do Senhor em oração e invista intensamente em solitude com Deus. Se você ainda se contenta em viver uma vida cristã sem investir em tempo de solitude com Deus, digo com amor e carinho que você ainda é uma criança ou no máximo um adolescente espiritualmente falando.

Oração: Eu Te honro, Senhor, porque és o Deus da minha vida. Eu Te busco porque é um prazer e um deleite poder estar em Tua presença. Sou transformado de glória em glória, pelo Teu Espírito. Obrigado pela Tua obra em mim. Amém.

O ALVO DE MOISÉS

03 DEZEMBRO

"Meus irmãos, considerem motivo de grande alegria o fato de passarem por diversas provações, pois vocês sabem que a prova da sua fé produz perseverança. E a perseverança deve ter ação completa, a fim de que vocês sejam maduros e íntegros, sem lhes faltar coisa alguma." Tg 1.2-4 NVI

Moisés tinha um alvo e, por isso, ele orou a Deus diante do mar vermelho. Ele tinha o alvo de tomar posse de Canaã, porém surgiram muitos obstáculos. Somente indo a Deus em oração e meditação na Sua Palavra é que iremos vencer os obstáculos, e estar em fé para o cumprimento dos alvos que o Senhor nos coloca como desafios a serem alcançados. Você tem alvos? Não ter alvos é como focar em nada e acertar em cheio. Quero lhe despertar a orar ao Senhor e buscar ter alvos nos diferentes setores da sua vida, pois isso nos motiva a investir em solitude – tempos a "sós" com Deus.

Independentemente de quais são os seus alvos espirituais, financeiros, familiares, profissionais, ministeriais, com certeza surgirão dificuldades, e a minha oração é que elas estimulem você a buscar a presença de Deus, a presença sagrada do Nosso Senhor, aquele que merece tudo e mais um pouco de nossas vidas. Não há limites de primícias para entregar a Deus.

Oração: Senhor, oro para que o Teu Espírito me dê sabedoria para estabelecer alvos específicos para atingir. Metas a conquistar. Eu quero, Senhor, caminhar, avançar e prosseguir para o alvo. Tenho, Senhor, o privilégio de ter a Ti como o meu ajudador e encorajador. Eu agradeço a Ti por isso. Vou em frente para alcançar as minhas metas. Em Nome de Jesus. Amém.

2 Coríntios 1-4

04
DEZEMBRO

ESTEJA PRONTO PARA GUERREAR

Revesti-vos de toda a armadura de Deus, para que possais estar firmes contra as astutas ciladas do diabo; porque não temos que lutar contra carne e sangue, mas, sim, contra os principados, contra as potestades, contra os príncipes das trevas deste século, contra as hostes espirituais da maldade, nos lugares celestiais." Ef 6:11-12.

O cristão vive em guerra espiritual. Nessa guerra, somos mais que vencedores, portanto, já saímos de uma posição de vitória. Cristo já venceu na cruz por nós, logo, não temos que buscar vitória nessa guerra, já somos vencedores em Cristo Jesus. Estamos revestidos da armadura divina (Ef 6.14-17): lombos cingidos com a verdade (a verdade é a Palavra de Deus, ela nos une às bençãos de Deus); vestidos com a couraça da justiça (somos justos); com os pés calçados na preparação do Evangelho da paz (o evangelho nos guia, e a responsabilidade de anuncia-lo nos guarda); o escudo da fé (vivemos por fé e não por vista); o capacete da salvação (somos filhos amados, fomos salvos); a espada do Espírito (O Espírito Santo habita em nós e temos o Seu consolo, ajuda e intercessão contínua.

Oração: Diante de Ti ó Pai, eu me prostro e ofereço a minha oração. Espírito Santo, mantenha-me revestido destas peças preciosas da tua armadura, sei que haja o que for, o Senhor está comigo e já sou vencedor em todas as batalhas. Amém.

ORE

"Orai sem cessar." 1 Ts 5.17

05
DEZEMBRO

Paulo nos exorta a orar sem cessar. Além do tempo de solitude com Deus diariamente, devemos nos manter em constante oração. Invista em orar em línguas o máximo que puder: no trânsito, cozinhando, caminhando, praticando esportes, trabalhando, etc. Enquanto você ora em línguas, busque meditar em versículos da Palavra de Deus que você leu no seu tempo de solitude. Quando vierem os ataques do diabo e dos demônios, terá a plena convicção que você já é mais que vencedor em Cristo Jesus. Jesus vivia orando para ter poder e amarrar o valente. Temos que nos levantar e amarrar o valente.

Só tem disposição para guerrear quem separa tempo a sós com Deus, para ter o poder dínamus do Espírito Santo e então amarrar o valente. Como saber qual é a potestade que está agindo para lhe impedir de receber o cumprimento das promessas de Deus? Investindo em tempo de solitude com Deus. Não investir em oração, em tempo de solitude com Deus, é ser independente de Deus, é ser arrogante, presunçoso e orgulhoso.

Oração: Eu quero, doce Espírito, a Tua inspiração. Eu clamo para que Tu me enchas, me transbordes do Teu Espírito, oh Senhor, da Tua unção e da Tua glória. Dá-me espírito de clamor e intercessão. Ajuda-me, Senhor, em Nome de Jesus. Não me deixe esmorecer ou desanimar. Clamo por isso, Pai. Amém! Agradeço-te.

2 Coríntios 10-13

06 DEZEMBRO
SEJA CONDUZIDO PELO ESPÍRITO

"Então, foi conduzido Jesus pelo Espírito ao deserto, para ser tentado pelo diabo. e, tendo jejuado quarenta dias e quarenta noites, depois teve fome; E, chegando-se a ele o tentador, disse: Se tu és o Filho de Deus, manda que estas pedras se tornem em pães. Ele, porém, respondendo, disse: Está escrito: Nem só de pão viverá o homem, mas de toda a palavra que sai da boca de Deus. Então o diabo o transportou à Cidade Santa, e colocou-o sobre o pináculo do templo, e disse-lhe: Se tu és o Filho de Deus, lança-te daqui abaixo; porque está escrito: Aos seus anjos dará ordens a teu respeito, e tomar-te-ão nas mãos, para que nunca tropeces em alguma pedra. Disse-lhe Jesus: Também está escrito: Não tentarás o Senhor, teu Deus. Novamente, o transportou o diabo a um monte muito alto; e mostrou-lhe todos os reinos do mundo e a glória deles. E disse-lhe: Tudo isto te darei se, prostrado, me adorares. Então, disse lhe Jesus: Vai-te, Satanás, porque está escrito: Ao Senhor, teu Deus, adorarás e só a ele servirás." Mt. 4:1-10.

Sensibilidade ao Espírito Santo está diretamente relacionada ao tempo de solitude com Deus. O Espírito Santo conduziu Jesus ao deserto para ser tentado pelo diabo. Ele foi tentado em três áreas, porém venceu em todas elas. Nos evangelhos, vemos Jesus levantando bem cedo, de madrugada, e indo para os montes orar, investindo tempo de solitude com o Pai. Esse tempo a sós com Deus fortalecia Sua conexão espiritual e era essencial para Seu ministério, mostrando-nos a importância de buscarmos intimidade com o Pai para enfrentarmos nossas próprias batalhas diárias com fé e vitória.

Oração: Pai Santo, quero me dedicar a Ti através da consagração. Venho me dedicar em Te buscar, sem pressa, com qualidade de tempo. Dá-me coração para Te buscar, desvencilhar-me das distrações, afazeres e compromissos. Em nome do Senhor Jesus! Amém.

ESCAPE NAS TENTAÇÕES

07 DEZEMBRO

"Ninguém, sendo tentado, diga: De Deus sou tentado; porque Deus não pode ser tentado pelo mal e a ninguém tenta. Mas cada um é tentado, quando atraído e engodado pela sua própria concupiscência." Tg 1.13-14

Quando alguém for tentado, não diga: "Esta tentação vem de Deus". Lemos em versão diversa: "Pois Deus não pode ser tentado pelo mal e ele mesmo não tenta ninguém. Mas as pessoas são tentadas quando são atraídas e enganadas pelos seus próprios maus desejos." Tg 1.13-14 NTLH. A tentação nunca vem de Deus. Ela é proveniente do diabo. A maneira de vencermos a tentação é obedecendo o conselho do Senhor Jesus Cristo.

Para ter escape nas tentações você precisa: 1. Ter disposição de ser conduzido pelo Espírito Santo, e assim terá experiências com Deus; 2. Ter disposição de investir tempo de solitude para ler a Sua palavra e meditar nela; 3. Vigiar e orar. A solitude com Deus produz paixão e amor pelo Senhor, pela Sua Palavra, pelo Seu Reino e pelo cumprimento do propósito eterno. Ele lhe criou para esse propósito. Você é muito privilegiado por isso. Para sermos exitosos, temos que ser sensíveis ao Espírito Santo. Para sermos sensíveis ao Espírito Santo devemos investir tempo de solitude com Deus todos os dias.

Oração: Doce Espírito Santo, ajuda-me a ser vigilante e a fugir da aparência do mal. Desperta em meu coração fome pela Palavra de Deus. Gera em minhas entranhas o desejo ardente por intimidade contigo. Ensina-me a orar intensamente, a desejar ardentemente, todos os dias, um tempo a sós contigo.

Gálatas 4-6

08 DEZEMBRO
SEJA PRÓSPERO!

"Amado, acima de tudo, faço votos por tua prosperidade e saúde, assim como é próspera a tua alma." 3 João 1:2

O desejo de Deus é que todos os seus filhos desfrutem da prosperidade. Esse é o estilo de vida de um justo. Em Cristo fomos justificados no momento do novo nascimento. Legalmente somos justificados. O justo é amado e está apto em Cristo para ser próspero e saudável. João escreve a sua terceira carta, endereçada a Gaio, onde faz as declarações do texto de hoje.

João reconhecia o testemunho de Gaio, alguém que foi acompanhado, treinado e enviado por ele, que tinha uma vida íntegra com a mensagem, ele vivia a verdade de Cristo, João o amava muito e desejava que assim como a mensagem do Evangelho foi tão claramente compreendida por Gaio e tão profundamente provada, que Gaio pudesse ser fisicamente saudável, emocionalmente pleno e próspero em todas as áreas de sua vida.

Não aceite viver outro estilo de vida, pois, em Jr. 29.11, o Senhor diz: "Porque eu bem sei os pensamentos que penso de vós, diz o Senhor; pensamentos de paz e não de mal, para vos dar o fim que esperais".

Oração: Eu oro, Senhor Jesus, em fé, pedindo que eu seja cheio do Teu amor paternal, cheio de saúde, prosperidade física e na alma. Eu declaro que já tenho que o que Te pedi, em Nome de Jesus Cristo! Te agradeço. Amém.

TÃO AMADO

"O presbítero ao amado Gaio, a quem eu amo na verdade." 3 João 1:1

09
DEZEMBRO

A velha aliança ordena que amemos a Deus. A nova aliança declara que somos amados por Deus. Em Romanos 5.8, Paulo diz que Deus prova o Seu amor para conosco em que Cristo morreu por nós quando ainda éramos pecadores e inimigos de Deus. Deus não está lhe questionando: você me ama? O desejo de Deus é que você se sinta amado. Quanto mais você se sentir amado, tanto mais será constrangido a amar a Deus e ao seu próximo. O apóstolo João fez essa afirmação a Gaio: você é amado.

Saiba que essa afirmação diz respeito a todo cristão. "Que diremos, pois, a estas coisas? Se Deus é por nós, quem será contra nós? Aquele que nem mesmo a seu próprio Filho poupou, antes, o entregou por todos nós, como nos não dará também com ele todas as coisas?" Rm 8.31-32.

Querido leitor! Você é tão amado a ponto de o Pai não ter negado a morte do Seu Filho para resgatar você do pecado, do diabo e da condenação do fogo eterno do inferno. Alegre-se, nisso!

Oração: Agradeço-te ó Pai, pelo Teu grande amor por mim. Sei que sou amado. Sei que o meu amor por Ti é consequência do Teu amor por mim. Por isso lhe peço, acrescenta-me revelação do Teu amor, pois quero lhe amar mais. Quão privilegiado sou em poder desfrutar do Teu amor todos os dias, em todo tempo. Aleluia!

Efésios 4-6

LINGUAGEM DE FÉ

10 DEZEMBRO

"E temos, portanto, o mesmo espírito de fé, como está escrito: Cri; por isso, falei. Nós cremos também; por isso, também falamos," 2 Co 4.13

O desejo de Deus é que todos os seus filhos desfrutem de uma vida cristã cheia de amor paternal, com prosperidade e saúde, e prosperidade na alma. Esse é o estilo de vida de um justo. A revelação mais importante que todo cristão precisa ter é acerca do amor de Deus para com a sua própria vida. Quero lhe dar uma dica: logo ao amanhecer, pense: Sou tão amado a ponto de Ele ter se entregado na cruz no meu lugar para me salvar. Sou tão amado que Ele me deu o privilégio de vir habitar em mim desde o momento em que nasci de novo através da graça de Deus".

Paulo nos ensina a falarmos o que a Bíblia diz acerca de quem somos e das promessas de Deus. Sejamos proféticos. Falemos das promessas bíblicas. Você é o que a nova aliança diz que você é em Cristo. Você tem o que a nova aliança diz que você tem. Você pode o que a nova aliança em Cristo diz que você pode. Não faça economia de palavras. Seja ousado e faça declarações frequentes acerca das promessas da nova aliança em Cristo.

Oração: Pai, a Tua obra na cruz, motivada pelo Teu amor, me dá paz, porque o castigo foi direcionado e colocado sobre Cristo. Muito obrigado porque eu posso desfrutar de plena paz. Quão abençoado sou! Quão amado sou e Te agradeço por isso. Em oro no nome do teu Filho amado Jesus Cristo.

Filipenses 1-4

ACIMA DE TUDO

"Amado, acima de tudo, faço votos por tua prosperidade e saúde, assim como é próspera a tua alma." 3 Jo 1.2

11 DEZEMBRO

Quando o apóstolo João faz a afirmação "acima de tudo", fica claro que ele coloca algumas coisas em prioridade. Ele continua dizendo: "acima de tudo, faço votos". Fazer votos significa clamar, orar, pedir, interceder a favor de. Daí podemos concluir o seguinte: ao orarmos por um irmão em Cristo, devemos seguir as prioridades apontadas por João como alvos a serem intercedidos, tal qual ele fazia a favor de seu irmão Gaio.

Ao dizer "faço votos por tua prosperidade e saúde", João aponta dois alvos de oração que ele fazia a favor de Gaio. Assim, também devemos interceder uns pelos outros, respeitando essa ordem de prioridades a serem intercedidas a favor dos nossos irmãos: prosperidade e saúde. Meditando nesse versículo de 3 João 1.2, questionei-me o porquê de João ter mencionado que fazia votos pela prosperidade e saúde de Gaio. A resposta me ocorreu prontamente: porque Gaio era amado do Pai.

Oração: Senhor Jesus, obrigado por não desistir de mim. Obrigado pelas novas chances, que sempre me dá, sempre que preciso. Conforta-me e encoraja-me a prosseguir, sabendo que o Senhor é longânimo e não desistirá de mim, que nunca me deixará e nem me desamparará. Aleluia, Senhor! Obrigado por tudo!

Colossenses 1-4

DESFRUTE

12 DEZEMBRO

"Pedi, e dar-se-vos-á; buscai e encontrareis; batei, e abrir-se-vos-á. Porque aquele que pede recebe; e o que busca encontra; e, ao que bate, se abre. E qual dentre vós é o homem que, pedindo-lhe pão o seu filho, lhe dará uma pedra? E, pedindo-lhe peixe, lhe dará uma serpente? Se, vós, pois, sendo maus, sabeis dar boas coisas aos vossos filhos, quanto mais vosso Pai, que está nos céus, dará bens aos que lhe pedirem?" Mt 7.7-11

Senhor Jesus Cristo deixa claro nesse ensino de Mateus 7.7-11, que o nosso Pai Celestial tem prazer em nos abençoar. Se nós, que somos falhos, temos prazer em abençoar aos nossos filhos, quanto mais o Pai Celestial abençoará as pessoas pelas quais intercedemos. Descarte da sua mente todo pensamento de dúvida. O Pai lhe ama e tem prazer em sua prosperidade e saúde. "Pois tu, SENHOR, abençoarás ao justo; circundá-lo-ás da tua benevolência como de um escudo." Sl 5.12. "Bem-aventurado o varão que não anda segundo o conselho dos ímpios, nem se detém no caminho dos pecadores, nem se assenta na roda dos escarnecedores. Antes, tem o seu prazer na lei do SENHOR, e na sua lei medita de dia e de noite. Pois será como a árvore plantada junto a ribeiros de águas, a qual dá o seu fruto na estação própria, e cujas folhas não caem, e tudo quanto fizer prosperará." Sl 1.1-3

Oração: Obrigado, Jesus, porque eu vejo que tenho tudo o que preciso e além do que preciso. Provisão, abundância, bens, saúde, tudo isso já está provisionado por Ti a meu respeito. Alegro-me no Teu amor e cuidado! Amém. Aleluia.

TUDO

"Pelo que, como por um homem entrou o pecado no mundo, e pelo pecado, a morte, assim também a morte passou a todos os homens, por isso que todos pecaram." Rm 5.12

Você não teve que pecar para ser tido como pecador. Bastou que o primeiro Adão pecasse. "Porque, se, pela ofensa de um só, a morte reinou por esse, muito mais os que recebem a abundância da graça e do dom da justiça reinarão em vida por um só, Jesus Cristo." Rm 5.17. Assim como você não teve que pecar para ser tido como pecador, pois bastou que o seu representante legal pecasse (o primeiro Adão). Assim também, você não teve que praticar justiça para ser tido como justo. Bastou que Jesus Cristo (o segundo Adão) praticasse a justiça como seu representante legal.

Ele lhe presenteou com o dom da justiça. E como justo, você vive a prosperidade que o Senhor Jesus Cristo conquistou para você. Que privilégio! Aleluia! Devemos agradecer diariamente, entregando nossas primícias de adoração, de louvor, de agradecimentos, pois Ele é o Nome sobre todo nome.

Oração: Hoje, Senhor, agradeço a Ti porque estou alegre em meditar na Tua justiça. É um presente que o Senhor me deu. Alegro-me, também, na prosperidade que é destinada ao que crê. Dou-Te aleluia! Obrigado Deus.

14 DEZEMBRO

FOI SARADO

"Levando ele mesmo em seu corpo os nossos pecados sobre o madeiro, para que, mortos para os pecados, pudéssemos viver para a justiça; e pelas suas feridas fostes sarados." 1 Pe 2.24

Jesus Cristo levou sobre si, no madeiro, todos os nossos pecados, e pelas Suas pisaduras fomos sarados. Ao surgir alguma dor ou enfermidade no seu corpo, não vá imediatamente tomando um remédio. Em primeiro lugar, ore. Você terá experiências de cura com Cristo e verá o quanto a oração da fé funciona. O Senhor Jesus Cristo é o médico dos médicos. É aquele que sara todas nossas enfermidades materiais, biológicas e, sobretudo, espirituais. Graças ao Senhor que protege, cura e guia nossas vidas.

Lembre-se: Ele levou sobre si todas as nossas dores e enfermidades, e pelas Suas feridas fomos sarados. Gostaria de orar com você nesse momento pela sua prosperidade e saúde, e que eu e você a cada dia mais interceda pela saúde de amigos, familiares, colegas. Pois a verdade de Cristo é essa: amar o próximo como a si mesmo.

Oração: Oh, Senhor Jesus Cristo! Muito obrigado porque o Senhor me presenteou com o dom da justiça. Eu sou a justiça de Deus por meio do Seu sangue derramado na cruz. Eu não aceito viver como justo legalmente e não experimentar dessa justiça na minha vida quotidiana. Como justo, eu declaro que sou próspero em tudo quanto faço. Desfruto de plena saúde no corpo e na alma. O Senhor Jesus levou sobre si todas as dores e enfermidades que querem me assolar. Declaro que pelas pisaduras de Cristo sou sarado! Amém.

SARADO

15
DEZEMBRO

"E o mesmo Deus de paz vos santifique em tudo; e todo o vosso espírito, e alma, e corpo sejam plenamente conservados irrepreensíveis para a vinda de nosso Senhor Jesus Cristo." 1 Ts 5.2

Esse texto menciona espírito, alma e corpo. Essa é a teologia da tricotomia. Portanto, à luz da Bíblia, o homem é espírito, alma e corpo físico. Quando Cristo lhe encontrou e proporcionou a você o milagre do novo nascimento, o seu espírito foi salvo. A sua alma está sendo salva a cada dia através da transformação operada pela Palavra de Deus. E o seu corpo será salvo (glorificado) na volta do Senhor Jesus Cristo. "Jesus respondeu e disse-lhe: Na verdade, na verdade te digo que aquele que não nascer de novo não pode ver o Reino de Deus. Disse-lhe Nicodemos: Como pode um homem nascer, sendo velho? Porventura, pode tornar a entrar no ventre de sua mãe e nascer? Jesus respondeu: Na verdade, na verdade te digo que aquele que não nascer da água e do Espírito não pode entrar no Reino de Deus." Jo 3.3-5.

Esse novo nascimento ao qual Jesus fez menção a Nicodemos é a regeneração do espírito humano. O espírito regenerado do cristão é a casa de habitação do Espírito Santo. No Velho Testamento, Deus habitava no tabernáculo – no lugar santíssimo em cima do propiciatório (tampa da arca da aliança) entre as asas dos dois anjos querubins. No Novo Testamento Deus habita no espírito do cristão.

Oração: Senhor, vem com a Tua cura completa em meu ser. Cura o meu corpo físico de dores, doenças e enfermidades. Cura a minha alma. Cura a minha mente dos traumas, complexos e decepções. Cura a minha memória. Cura as minhas emoções. Oro por isso, Senhor, em Nome de Jesus, Amém!

2 Timóteo 1-4

16 DEZEMBRO

ÚLTIMO ESTÁGIO

"Tendo por certo isto mesmo: que aquele que em vós começou a boa obra a aperfeiçoará até ao Dia de Jesus Cristo." Fp 1.6

O espírito do cristão já está salvo, glorificado. Mas a sua alma está sendo salva, glorificada, à medida que o cristão vai crescendo no processo de maturidade cristã. Esse é o processo de transformação ou aperfeiçoamento da alma. A alma é a sede da personalidade humana. Pode-se afirmar que à medida que a alma vai sendo salva ou transformada, a personalidade vai sendo restaurada. Quanto mais transformada a alma do cristão, mais maduro espiritualmente ele se torna. Como é bom e glorioso conviver com cristãos que já tem um certo nível de maturidade na alma. Essa transformação se dá pela Palavra de Deus e pelo Espírito Santo. Cada cristão deve anelar por essa transformação, não aceitando ser um cristão neófito, imaturo e carnal. "E aos que predestinou, a esses também chamou; e aos que chamou, a esses também justificou; e aos que justificou, a esses também glorificou." Rm 8.30.

O último estágio da salvação é a glorificação do corpo que se dará na volta de Cristo. Deve haver um clamor no coração de todo cristão: "Maranata, ora vem Senhor Jesus!"

Oração: Como é maravilhoso, Senhor, saber que o Senhor começou a boa obra em minha vida e a aperfeiçoará até o dia de Cristo. Obrigado pelo privilégio de poder ser participante do que o Senhor está fazendo na terra.

PERSONALIDADE RESTAURADA

17 DEZEMBRO

"Amado, acima de tudo, faço votos por tua prosperidade e saúde, assim como é próspera a tua alma." 3 Jo 1.2

A última afirmação do apóstolo João nesse versículo é: "Assim como é próspera a tua alma". Alma próspera aponta para um cristão de personalidade restaurada. Alguém de fácil convívio e de bom relacionamento. Alguém cuja a presença é leve, amorosa, bondosa; assim como é a presença do nosso Jesus Cristo. Devemos nos assemelhar, sempre, a Ele. Aponta para um cristão maduro na fé e no caráter cristão. Alguém cheio do Espírito Santo e poderosamente usado por Deus para salvar vidas, curar enfermos, restaurar casamentos e edificar o Reino de Deus. Aponta para um cristão vencedor, que vence dificuldades e impõe as verdades de Cristo sobre as desavenças espirituais no mundo terreno. Gostaria de terminar orando pela prosperidade das nossas almas, pois esse é o desejo do Espírito Santo para cada cristão: prosperidade da alma, que em cada restauração exista a vitória e a prosperidade que Cristo trouxe para nós.

Oração: Papai querido, dou-Lhe graças pela salvação das nossas almas através do sacrifício perfeito de Cristo, o qual cumpriu plenamente a justiça do Senhor. Eu clamo para que o Senhor nos conceda a manifestação de um espírito de sabedoria e revelação, no pleno conhecimento do Senhor, para que saibamos qual a esperança do nosso chamamento, quais as riquezas da glória de Eu oro com ações de graças em nome do Senhor Jesus Cristo, convicto que somos cristãos mais que vencedores pela justiça de Cristo. Amém.

Hebreus 1-4

18 DEZEMBRO

VALORES

"Ou qual é a mulher que, tendo dez dracmas, se perder uma, não acende a candeia, varre a casa e a procura diligentemente até encontrá-la? E, tendo-a achado, reúne as amigas e vizinhas, dizendo: Alegrai-vos comigo, porque achei a dracma que eu tinha perdido." Lc 15.8-9

Em Lucas 15, Jesus narra uma curta parábola sobre a dracma perdida. Com apenas dois versículos dessa parábola Ele nos dá ensinamentos poderosos sobre recuperarmos algo que venhamos a perder. Obviamente, sabemos que o texto fala da dracma, que era uma moeda da época. Mas aqui, nesse capítulo, trataremos a dracma como um valor. E mais especificamente, esse valor como a graça. Jesus começa a parábola falando de uma mulher que possuía dez dracmas, ou então, ela possuía dez valores e acabou perdendo um. Interessante observar que é uma mulher na parábola e não um homem. Você já imaginou que isso pode acontecer comigo e com você? Podemos ter tantas coisas, tantos valores, tantas "dracmas", mas perder justamente o valor da graça? Uma observação: uma igreja só é igreja, ou só pode ser igreja, por causa da graça. Mas, e quando uma igreja perde a graça? Poderíamos afirmar então que uma igreja que perde a graça perde a sua essência?

Oração: Senhor, em Nome de Jesus, Eu te agradeço por tantas coisas que tens me dado. Mas eu Te peço que o Senhor me ajude a recuperar o valor da graça em minha vida. Se tenho desvalorizado, caído dela, ou mesmo a perdi e estou andando na lei, me ajude a retomar o caminho, e me arrepender, em Nome de Jesus Cristo. Amém.

LUZ

19 DEZEMBRO

"Ou qual é a mulher que, tendo dez dracmas, se perder uma, não acende a candeia, varre a casa e a procura diligentemente até encontrá-la? E, tendo-a achado, reúne as amigas e vizinhas, dizendo: Alegrai-vos comigo, porque achei a dracma que eu tinha perdido." Lc 15.8-9.

Voltando à parábola, interessante observar que a primeira coisa que essa mulher faz não é sair procurando a dracma perdida. A primeira coisa que ela faz é acender o lampião. Uau! Que ensinamento poderoso! Antes de resolver qualquer coisa na nossa vida ou igreja é preciso acender o lampião! O lampião obviamente remete à pessoa do Espírito Santo. A segunda atitude da mulher da parábola é pegar a vassoura para varrer. Outro ensinamento poderoso: ela usa o instrumento de limpeza. Isso indica certamente o uso das ferramentas que Deus nos deu: a Palavra, a oração e o jejum. Outro fato interessante é que ela varre a sujeira da casa. A casa está suja. Sujeira dentro de casa não é uma coisa normal. Mas por que será que a casa estava suja? A pergunta pode parecer óbvia, mas certamente faltava iluminação! Por isso ela acendeu o lampião. Quando acendeu, pôde enxergar a sujeira. Devemos fazer isso constantemente em nossa vida, em nosso espírito, em nossos hábitos. Onde você precisa acender a luz e enxergar melhor?

Oração: Senhor, nesse instante eu quero Te pedir que o Senhor venha com a Tua luz. Ilumina a minha casa. Derrama o Teu óleo e que eu seja cheio da Tua presença.

Hebreus 9-10

20 DEZEMBRO

SEM MISTURA

"Ou qual é a mulher que, tendo dez dracmas, se perder uma, não acende a candeia, varre a casa e a procura diligentemente até encontrá-la? E, tendo-a achado, reúne as amigas e vizinhas, dizendo: Alegrai-vos comigo, porque achei a dracma que eu tinha perdido." Lc 15.8-9

Jesus falou diretamente para os fariseus na parábola de Lucas 15. O farisaísmo é o ambiente de um legalismo religioso, ele torna as pessoas intransigentes e insensíveis ao verdadeiro espírito da Palavra. Aqueles fariseus e mestres da lei murmuravam contra Jesus porque Jesus estava assentado com aqueles publicanos e outros pecadores, segundo narra o texto. Jesus estava mostrando que há moedas perdidas dentro da casa. É triste quando dentro da Igreja perdemos o nosso valor, a "dracma da graça" e a casa, por consequência, estava cheia de sujeira, você percebe? Jesus está mostrando que é necessário varrer a sujeira e achar a dracma, há uma poderosa celebração quando ela é encontrada.

Se por um lado Jesus mostra sua alegria ao reencontrar o perdido na parábola da ovelha perdida e do filho pródigo; por outro lado a dracma perdida e o filho mais velho falam daqueles que se perderam dentro da casa. Deus deseja que possamos preservar a pureza da palavra, e essa pureza está preservada à medida que não misturemos a graça e a lei. Paulo escreveu aos Gálatas: "Quem os enfeitiçou". Sim, amados, o apego à lei é como um encantamento, uma sedução que nos hipnotiza e aliena da verdade da Graça de Deus.

Oração: Senhor, peço-te perdão pela mistura entre lei e graça que faço em minha vida. Quando dou valor às minhas obras e reputação, achando que sou eu quem faço e por isso mereço. Perdoa-me, Senhor.

Hebreus 11-13

LIMPEZA

21 DEZEMBRO

"Ou qual é a mulher que, tendo dez dracmas, se perder uma, não acende a candeia, varre a casa e a procura diligentemente até encontrá-la? E, tendo-a achado, reúne as amigas e vizinhas, dizendo: Alegrai-vos comigo, porque achei a dracma que eu tinha perdido." Lc 15.8-9

Continuando com a parábola, a mulher perde a dracma dentro de casa. Aqui é importante notar que ela perdeu a dracma e isso é uma má notícia, uma coisa ruim; no entanto, a boa notícia é que ela perdeu dentro de casa. Ou seja, ainda está dentro do controle dela – e em segurança, não corre o risco de ser pego por alguém e levar para outra cidade. Quando você perde alguma coisa na rua, fora de casa, praticamente, você dá adeus e perde as esperanças de recuperar. Mas quando perdemos algo dentro de casa, fica aquela sensação de "está perdido, mas está aqui dentro, uma hora eu encontro; está bagunçado, desorganizado, mas está aqui dentro". Fica a esperança de que uma hora ou outra a gente vai encontrar. Assim é com nossa vida espiritual e cristã, devemos ter sempre essa esperança, essa certeza de que os valores de Cristo está dentro de cada cristão que vaga pela terra..

Oração: Pai querido, ajude-me a encontrar valores que foram perdidos. Dá-me luz e sabedoria para resgatar e consertar o que o Senhor me deu e que eu vim a perder. Restitui, Senhor, o que foi perdido.

Tiago 1-5

22 DEZEMBRO

ALEGRIA

"Ou qual é a mulher que, tendo dez dracmas, se perder uma, não acende a candeia, varre a casa e a procura diligentemente até encontrá-la? E, tendo-a achado, reúne as amigas e vizinhas, dizendo: Alegrai-vos comigo, porque achei a dracma que eu tinha perdido." Lc 15.8-9

Finalmente, ela encontra a dracma que havia perdido ou, contextualizando, a graça que havia perdido. Qual o resultado dessa busca e desse encontro? Alegria. Esse é o resultado de quando a graça está presente: a alegria! Quando uma pessoa é cheia da graça, ela é alegre. O resultado de uma igreja cheia da graça é uma igreja alegre. O contrário também é verdadeiro. Quando vemos uma igreja alegre, vemos uma igreja cheia da graça. Portanto, se você se identificou com pontos dessa parábola em que: ou você perdeu, ou você precisa acender o lampião, ou não tem mais alegria; enfim qualquer ponto, siga os conselhos que Jesus deu nessa parábola.

Porque, como a mulher da parábola, quem é cheio da graça não vai para nenhuma festa em busca de alegria. Ela dá uma festa e diz para os outros: "venham se alegrar comigo porque eu sou alegre, porque eu tenho a graça, porque eu reencontrei a graça"

Oração: Espírito Santo, encha-me da Tua alegria. Encha-me do gozo, de júbilo pela Tua presença em mim. Como a mulher da parábola se alegrou, eu quero me alegrar porque o Senhor vive em mim.

SÁBIO

"O fruto do justo é árvore de vida, e o que ganha almas é sábio." Provérbios 11.30

23
DEZEMBRO

O sábio conhece o coração de Deus, pois busca seus ensinamentos na Palavra viva do Pai. De tudo o que você pode dar de presente para o Pai, você certamente daria o que há de mais valioso para Ele. Deus enviou Jesus, Seu único Filho, para salvar a todos os que estavam perdidos. Ele não poupou. Não negou. Muitos podem querer dar todo tipo de ofertas, sacrifícios, votos, entregas, rendições, consagrações, meditações, orações. E olhem, tudo isso é muito bom e o agrada. Mas nada se compara a você presentear o Senhor com almas perdidas. Assim, se sacrificar pelo "IDE" de Jesus é o maior dever do cristão, pregar o evangelho e trazer Cristo para a vida de pessoas, trazendo amor, alegria, bondade, perdão, justiça... Quanta coisa boa o evangelho traz para nossas vidas. Por que não passar adiante, para todos que conhecemos?

Encha suas mãos com esses presentes, entregue-os para o Senhor e assim, você verá o que é ser sábio. Acredite no amor e na sabedoria de Cristo, isso trará discernimento para você trazer almas ao Reino de Deus.

Oração: Senhor, coloque vidas preciosas no meu caminho. Multiplique-as no meu ministério, Grupo de conexão (célula), trabalho, casa. Por onde eu andar, que elas sejam muitas. Amém.

1 João 1-5

24 DEZEMBRO — UNIDADE

"a fim de que todos sejam um; e como és tu, ó Pai, em mim e eu em ti, também sejam eles em nós; para que o mundo creia que tu me enviaste." João 17:21

Jesus, na oração sacerdotal, intercedeu pelos discípulos, e por nós os que cremos nEle, mesmo sem o termos visto. Foi uma oração muito abrangente e eficaz. E nela, Ele faz um pedido ao Pai: que fôssemos um, como Ele e o Pai são um. Cristo é o cabeça e nós somos o Corpo. Como o corpo de Cristo, devemos estar unidos uns com os outros, trazendo harmonia, paz e amor. Não se pode imaginar uma mão desligada do braço, um pé desligado da perna, um joelho ausente, desconectando a parte inferior da perna da superior. Devemos ser um. Somos diferentes, mas um. Ter consciência disso é extremamente importante, pois assim evitamos opiniões equivocadas sobre como cada cristão deve se portar. Cada um de nós temos uma missão, um direcionamento e um dom. Somos ligados e conectados. Assim, cada cristão desempenha um papel vital diante do corpo total de Cristo. Isso deve nos motivar a continuar expandindo esse corpo, trazendo mais pessoas e engrandecendo essa unidade espiritual que é o corpo de Cristo: a Igreja.

Oração: Pai, faz-nos um. Para que o mundo saiba que enviaste Jesus, faz-nos um. Um: no modo de falar, de proceder, de amar, de se preocupar, de considerar o outro superior a nós mesmos. Queremos ganhar o mundo, e essa é a forma que o Senhor indicou para testificar ao mundo e revelar a unidade do Senhor com o Pai! Te amamos Senhor. Faz-nos um!

2 João; 3 João; Judas

FILIAÇÃO

25
DEZEMBRO

"Mas, a todos quantos o receberam, deu-lhes o poder de serem feitos filhos de Deus, a saber, aos que creem no seu nome." João 1.12

Existe uma expressão popular na qual as pessoas costumam dizer: eu também sou filho de Deus. Seria bom se fosse verdade. Nem todo mundo é filho. Todos somos criaturas. Esse verso de João diz isso. Filho é feito. Deus é espírito e seus filhos são espirituais, não físicos. Foi exatamente isso que Nicodemos não entendia e Jesus teve que explicar para ele.

O novo nascimento que nos torna filhos é exigência. A filiação se dá quando nascemos de novo, da água e do Espírito. Se você recebeu a Cristo, você recebeu poder para ser feito filho de Deus. A regeneração ou novo nascimento é instantâneo, no ato da conversão. Mas ser feito filho, no sentido maduro, é um processo. Independente de qual estágio você está, se alegre, porque todos os benefícios da filiação são seus. Se alegre, filho de Deus! A Eternidade com Cristo está a chegar, e é necessário, assim como eu e você fizemos, confessá-lo como nosso Senhor e Salvador!

Oração: Deus Pai, querido Senhor, obrigado por ter me encontrado através do sacrifício perfeito de Jesus Cristo na cruz. Foi o Senhor quem me escolheu e me deu poder para ser feito seu filho, pois eu reconheço Jesus Cristo como meu único e suficiente salvador.

Apocalipse 1-3

26 DEZEMBRO

POTENCIAL

"Então, o Anjo do SENHOR lhe apareceu e lhe disse: O SENHOR é contigo, homem valente." Juízes 6.12

Gideão estava trabalhando escondido. Sua origem era humilde, sua família idem. Ele era da menor tribo de Israel. Havia uma inferioridade natural, em termos de status. E essa palavra é surpreende porque o Anjo - com "A" maiúsculo - era o Cristo pré-encarnado, que disse para ele: "homem valente". Como assim? Porque Deus não vê como o homem!

Assim como Samuel aprendeu isso de Deus, podemos aprender nessa história de Gideão. Não importa o lugar onde mora, sua origem humilde, o que as pessoas acham de você. Importa mesmo, de verdade, o que Deus vê em você: o seu potencial, a sua honestidade, a sua submissão diante do poder de Deus. Potencial nunca é certeza de nada, mas é um "vir a ser". E esse é o lugar em nós onde o Senhor olha e fala conosco, é a respeito disso que Ele fala e testifica. Você tem potencial, pois o Senhor é contigo. Quando buscamos o Pai, ele está sobre nós, nos enchendo do seu amor e poder, que traz vitória em abundância. Acredite e peça pela mão do Senhor sobre a sua vida.

Oração: Obrigado Senhor, por acreditar em mim! O Senhor me tirou de um lugar onde ninguém acreditava, nem eu mesmo, talvez. Mas estou hoje aqui, aprendendo de Ti. O Senhor é Criador, pode fazer coisas surgirem onde não existe nada, então o Senhor pode fazer algo em mim e através de mim.

LOUVORES

"Bom é render graças ao Senhor e cantar louvores ao teu nome, ó Altíssimo."
Salmo 92.1 ARA

27 DEZEMBRO

Os louvores para Deus são tão importantes que existe um livro na Bíblia só falando disso. São os Salmos. Não existe um livro específico para oração, ou jejum, ou outra disciplina espiritual. Você já havia reparado nisso?

O louvor acaba com a guerra. Aconteceu com Josafá. O louvor atrai a presença de Deus. O louvor traz alegria. O louvor traz quebrantamento. O louvor é arma de guerra. O louvor é celestial, não é terreno. Existe até o antigo ditado que diz que "quem canta, seus males espantam". Até o ímpio sabe os efeitos de uma música! Nós, como filhos amados, devemos amar o que Deus ama, gostar do que Deus gosta. Cante louvores ao Senhor, no seu devocional, no seu carro, a caminho do trabalho, enquanto trabalha, fazendo os seus afazeres, cante! Louve ao Senhor, porque Ele se agrada dos louvores do seu povo! Separe um tempo e coloque sua mente, seu coração e, sobretudo, seu espírito em cada louvor. Deus sabe quando louvamos com amor, clamor, paixão.

Oração: Papai, ofereço meus louvores como expressão de gratidão por sua graça incomparável, pelo teu poderoso amor e o seu cuidado completo. Aleluia, amém.

Apocalipse 8-11

28 DEZEMBRO

SOZO

"Porque o Filho do Homem veio buscar e salvar o perdido." Lucas 19:10

No original grego do Novo Testamento, a tradução para "salvar" é sozo, que significa restaurar, reconstruir, transformar. É exatamente isso que o Espírito Santo espera de mim e de você, uma vez que já tivemos o privilégio de sermos alcançados pela graça de Cristo com a consequente salvação imediata do nosso espírito. Porém, quanto à salvação ou aperfeiçoamento da nossa alma, é necessário que esmurremos a nosso ego e nos permitamos ser quebrantados pelo Espírito Santo. À medida que Deus traz luz a uma determinada área de nossa vida, Ele nos concede a graça do Espírito Santo de darmos uma resposta positiva, o que nos leva a crescer um pouco mais em maturidade cristã. Então, Deus traz mais luz, recebemos mais graça, respondemos numa outra medida e o Senhor nos conduz a outra área a ser aperfeiçoada.

É assim que Deus segue trabalhando em cada área de nossas vidas. O desenvolvimento ou aperfeiçoamento da salvação da alma parece algo complicado, difícil. De fato, é muito mais do que complicado e difícil: É algo impossível! É uma obra que só o Espírito de Deus pode operar na vida do homem. E tem mais, demanda vontade própria de cada um de nós! Deus é amor! Ele é tão amor, que respeita o seu livre arbítrio.

Oração: Senhor Jesus, eu aceito teu trabalhar, teu agir em mim. Eu necessito disso. Ainda que isso me custe o ego, projetos pessoais, eu sei que é questão de sobrevivência. Preciso da tua mão. Eu me rendo, Amém.

O HOMEM

"E tomou o SENHOR Deus o homem e o pôs no jardim do Éden para o lavrar e o guardar" Gn 2.15

29 DEZEMBRO

Quando Deus criou o homem, Ele o fez com liberdade de escolha. O homem tem livre arbítrio. Por que Deus fez isso? Porque Deus é grande e generoso. Não é vontade de Deus forçar o homem a aceitá-lo, mas era sua vontade responder à acusação de Satanás. No livro de Jó, temos essa última questão colocada. "E disse o SENHOR a Satanás: Observaste tu a meu servo Jó? Porque ninguém há na terra semelhante a ele, homem sincero, e reto, e temente a Deus, e desviando-se do mal." Jó 1.8 O diabo acusou Deus de subornar o homem com bênçãos. A grande questão é essa: Deus é amado pelo que é ou pelo que dá?

A única forma de Adão escolher Deus é tendo alternativas. Por isso, Deus colocou o homem diante de duas árvores: a árvore da vida e a árvore do conhecimento do bem e do mal. A primeira simbolizava o próprio Deus, enquanto a segunda simbolizava tudo, menos Deus. Simbolizava inclusive o diabo. Essa ilustração é a mais apropriada para definir o que é o homem: um ser moral, com vontade própria e livre arbítrio. Ilustra perfeitamente a essência do homem: imagem de Deus.

Oração: Muda-me Senhor. Quebranta-me. Que eu seja a cada dia mais maleável, disposto a mudar e não tenha em mim resistências, áreas e reservas de domínio. Eu me rendo ao teu mover. Em Nome do Senhor Jesus Cristo, Amém!

Apocalipse 15-17

30 DEZEMBRO — GRAÇAS NA TRIBULAÇÃO

"regozijai-vos na esperança, sede pacientes na tribulação, na oração, perseverantes" Romanos 12:12

Como dar graças a Deus na tribulação? Diante de uma aflição, sofrimento, tentação, provação, adversidade, tempestade, agrura, intempérie, tribulação, como dar graças em vez de murmurar? Sabemos que a mente humana é egoísta e indisciplinada, rebelde, que tem dificuldade em aceitar os imprevistos diante da sua expectativa. Mas o que Deus pede da nova criatura? O que Deus pede para os renascidos no Espírito?

Lembrando do que a Palavra de Deus diz sobre o benefício da tribulação e contemplando pela fé o fruto que ela nos trará. "E não somente isto, mas também nos gloriamos nas tribulações, sabendo que a tribulação produz a paciência; e a paciência, a experiência; e a experiência, a esperança. E a esperança não traz confusão, porquanto o amor de Deus está derramado em nosso coração pelo Espírito Santo que nos foi dado." Romanos 5.3-5. O fruto da tribulação é paciência. Então, mesmo em situações de dificuldade, devemos ter ciência que frutos bons e amadurecimentos acontecem em nossa vida espiritual. As provações nos fortalecem e ensinam.

Oração: Pai, dou-te graças porque tudo coopera para o meu bem. O Senhor usa todas as coisas para me aperfeiçoar, para me fazer crescer e para avançar na tua obra.

COMPLETO

"Combati o bom combate, completei a carreira, guardei a fé." 2 Timóteo 4:7

31 DEZEMBRO

Tudo na vida tem começo, meio e fim. Não falo, óbvio, da eternidade. Mas nessa vida, as coisas têm tempos determinados. Paulo, nesse texto, fala de combate, carreira e guardar. O combate: é o da fé em Cristo e no evangelho, que ele defendeu e levou adiante desde que teve um encontro face a face com o Senhor no deserto de Damasco. Completar a carreira: fala do cumprimento do propósito, o que ele fez enquanto pôde e que era seu dever fazer. Guardei a fé: ele fala que o mais importante ele preservou, a fé no Senhor, sendo fiel até o fim. Paulo sabia que seu fim estava próximo.

Nós precisamos ter clareza em nossas vidas, no sentido de que não temos o controle de tudo, mas que aquilo que sabemos, precisamos fazer com todas as nossas forças, sem reservas. Devemos ser intencionais no propósito de nossas vidas, sabermos quais caminhos e quem estamos seguindo: nosso Senhor Jesus Cristo. E, acima de tudo, saber que o Senhor tem planos e propósitos para nós e que devemos estar preparados.

Oração: Pai, obrigado pelo fim de ciclos em nossas vidas. O Senhor projetou isso. A Tua palavra mesmo diz que: debaixo do céu há tempo determinado para todas as coisas. Dê-me um coração sábio para discernir e perceber momentos e fases, etapas, ciclos espirituais e que eu saiba realmente o que é importante. Que haja desilusão e até frustração com aquilo que não é do Senhor, mas prosperidade, realização e sucesso naquilo que o Senhor abençoa.

Apocalipse 20-22

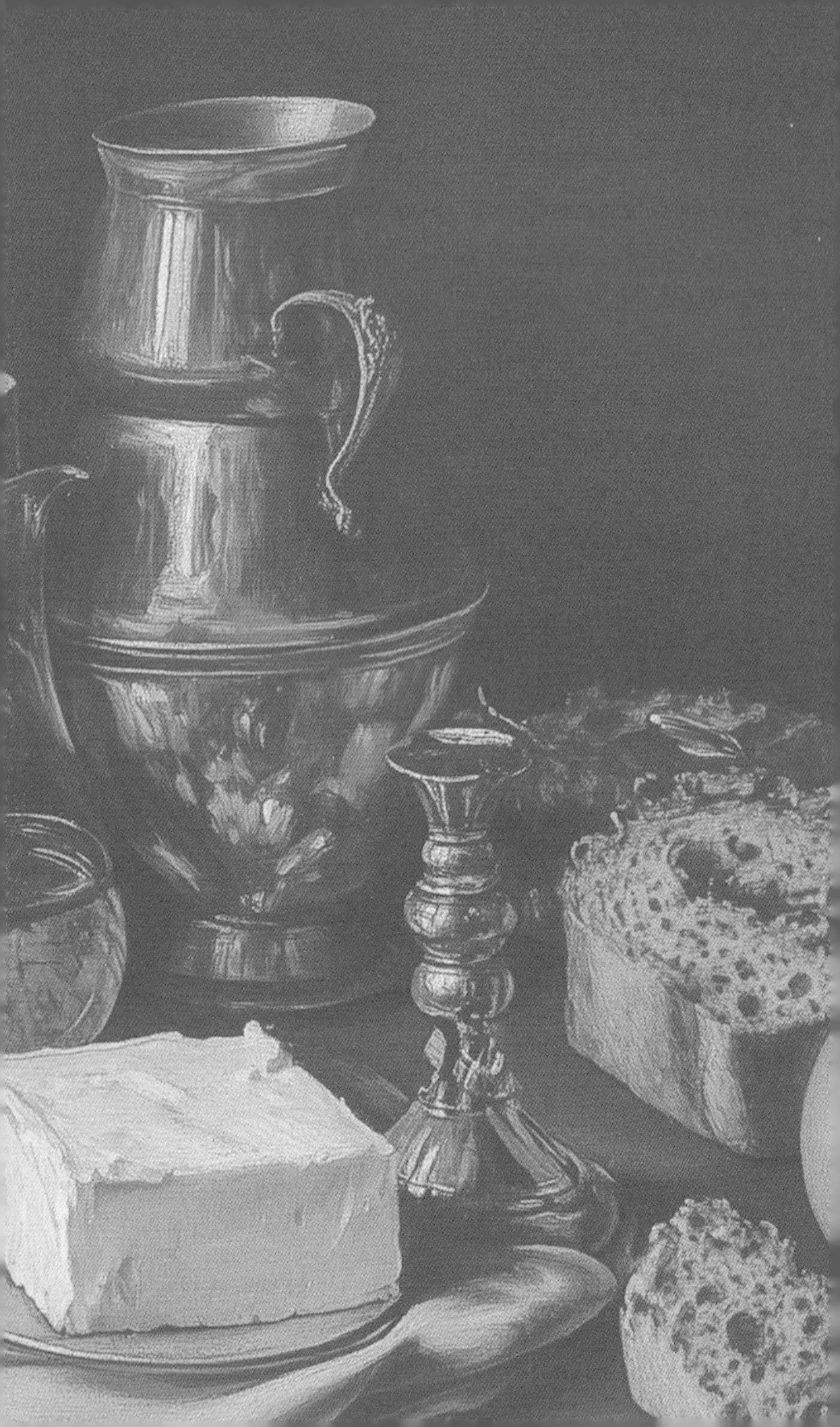

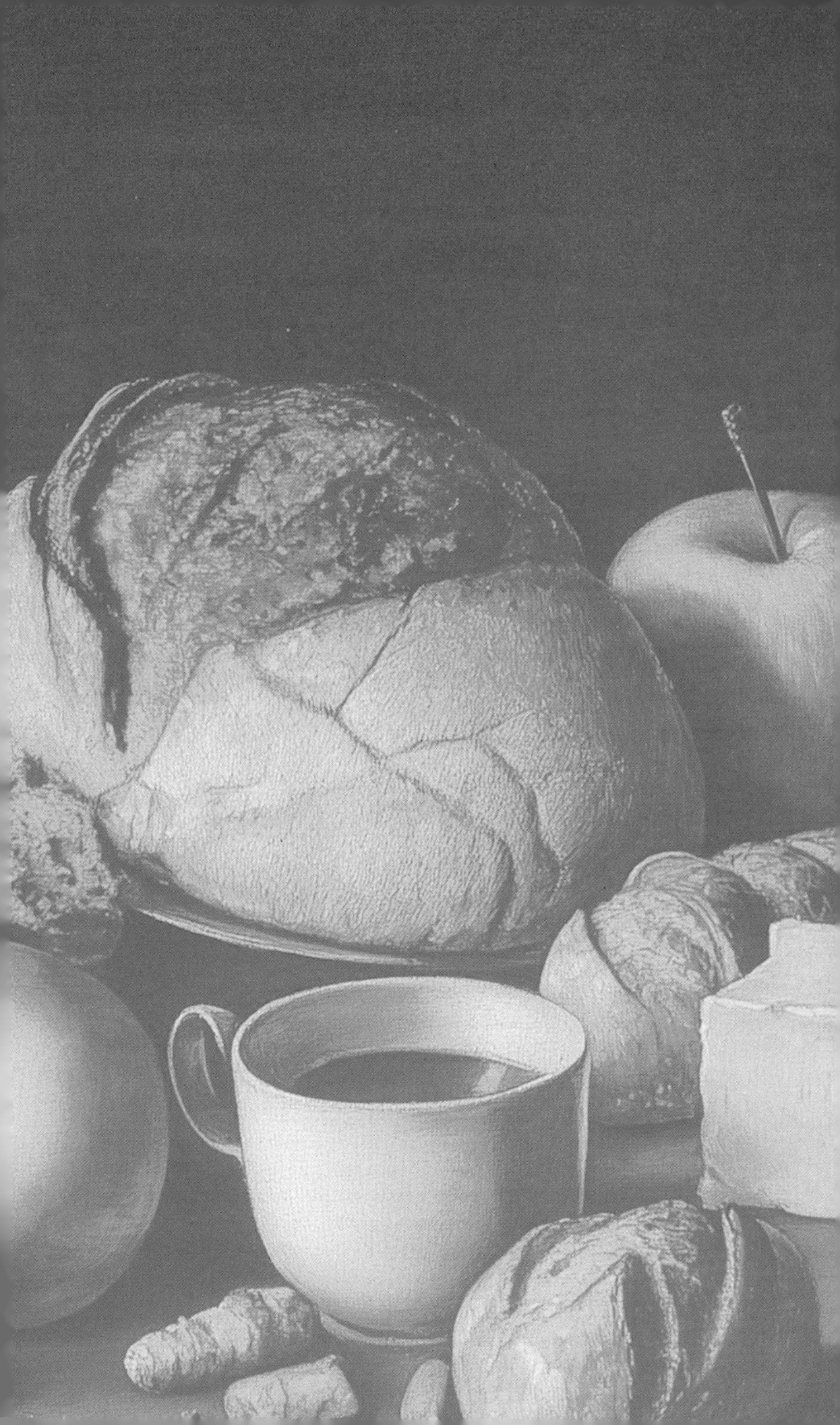

CONHEÇA OUTROS DEVOCIONAIS

Lado a lado com os discípulos

Lucas e João poderiam viver hoje, tal a atualidade do que escreveram e ensinaram. Eles falaram de vida, de conflitos, de descobertas, relacionamentos, família, fé, autoestima, inclusão e muitos outros temas caros a todos nós. *Dose bíblica* é um devocional descolado, que traz os ensinamentos de dois apóstolos com muito conteúdo para a galera do século 21. Totalmente interativo, com conexões virtuais e espaço para que o leitor faça sacadas geniais, *Dose bíblica* tem potencial para transformar uma vida. E não é sobre religião — é sobre curtir a vida da melhor maneira que existe.

Nome sobre todo nome

Emanuel, Todo-Poderoso, Elohim, Yahweh, Pai da Eternidade, Adonai... são 50 nomes para Deus, mas Ele é o mesmo. *Orando os Nomes de Deus* explora a importância desses nomes na vida espiritual diária, detalhando a escrita original e a pronúncia em português. O livro revela o significado de cada nome no contexto bíblico e fornece versículos de referência que mostram como eram usados esses nomes pelo povo de Israel em celebrações e súplicas.

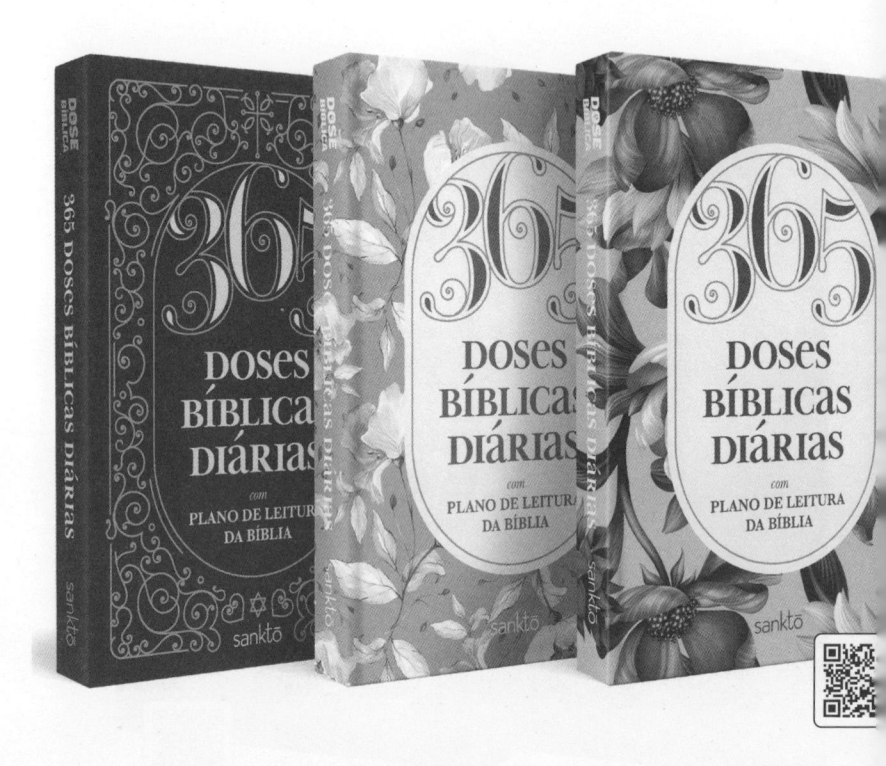

Transforme seu cotidiano cultivando a comunhão com deus

O tempo pode ser preenchido por muitas tarefas que nos afastam de Deus, e a correria do dia a dia pode roubar momentos preciosos com o Senhor. A leitura da Palavra, a oração e a comunhão com a igreja são essenciais para manter essa conexão. Este devocional visa melhorar seu cotidiano e fortalecer sua comunhão com Deus através da oração, leitura bíblica e louvor. Vamos resgatar nossa conexão com Deus e permitir que nossas vidas sejam transformadas por Cristo Jesus.

PR. DÊNIO LARA

Siga o autor no instagram:
◉ prdeniolara

Esta obra foi composta por Maquinaria Editorial nas famílias tipográficas FreightText Pro, Le Monde Livre e Proxima Nova. Impresso pela gráfica Viena em setembro de 2024.